축복을 갈망하는 현대인의 이중적 욕망
내 안의 야곱DNA

(주)죠이북스는 그리스도를 대신한 사신으로
문서를 통한 지상 명령 성취와 하나님 나라 확장을 위해 노력합니다.

내 안의 야곱DNA
ⓒ 2011, 2019 by 김기현

이 책의 저작권은 저자와 (주)죠이북스에 있습니다. 신 저작권법에 의하여 한국 내에서 보호
받는 저작물이므로 무단 전재와 무단 복제를 금합니다.

축복을 갈망하는 현대인의 이중적 욕망

내 안의 야곱DNA

김기현 지음

죠이북스

추천사

인간은 누구나 이중성을 갖습니다. 하나님의 형상과 타락한 죄성 때문입니다. 야곱은 그 대표적인 인물입니다. 그렇기 때문에 야곱에 대한 인물 연구가 적지 않게 나온 것도 사실입니다. 그러나 김기현 목사의 연구는 군계일학입니다. 성서의 텍스트에 성실하면서도 그 현장의 적용은 칼날처럼 예리합니다. 그러면서도 은혜의 희망을 놓치지 않습니다.

이중적 인간 야곱에서 성화된 야곱의 내일을 보고자 하는 이들, 진지한 성서 연구와 실제적인 인간 실존을 고민하는 모든 분들, 강단의 치열한 변화를 모색하는 모든 동역자들에게 이 책은 실천적인 희망을 바라보게 할 것입니다. 그리고 이 책을 손에 잡고 읽는 모든 분들이 이 책을 놓는 순간 독서의 고귀한 감동을 선물 받을 것입니다. 그런 감동이 모아질 때 이 땅의 내일은 어둡지만은 않을 것입니다. 그리고 우리는 훨씬 더 균형 잡힌 통전적 인간군을 만나게 될 것입니다.

함께 야곱의 고민을 붙들고 사는 이웃들에게 열렬하게 이 책을 추천합니다.

이동원 지구촌교회 원로목사

야곱은 성경의 인물 중 축복을 가장 많이 받은 사람 가운데 하나입니다. 그러나 야곱은 자신이 표현한 대로 인생에서 맛볼 수 있는 온갖 어려움을 모두 경험한, 험악한 인생을 산 사람을 대표하기도 합니다. 이러한 야곱의 삶을 조금만 들여다보면 누구라도 그 속에서 자신의 모습을 발견하게 됩니다. 김기현 목사님 책 제목처럼 우리 안에는 야곱의 DNA가 있는 것입니다.

예수님을 우주 만물의 하나님으로, 자신의 인생의 주±로 고백하는 사람은 하나님의 영광을 드러내는 것을 인생 최고의 목표로 삼습니다. 그러나 이 고상한 목표를 향해 달려가는 과정에는 끊임없이 내 야망이 끼어들게 되는데, 이것이 우리 안에 숨어 있는 야곱DNA입니다.

이 책은 내 안에 야곱과 닮은 점이 있다는 것을 발견하는 것이 축복이라는 사실을 깨닫게 합니다. 에서의 삶처럼 그저 자신의 욕망과 정욕을 따라 살지 않고 야곱처럼 끊임없이 하나님의 축복을 구하는 것은 이미 죄의 굴레에서 벗어난 삶을 살기 시작했다는 분명한 증거입니다.

이 땅에서 성도의 삶은 하나님의 기준을 향해 달려가는 긴 여행과 같습니다. 하나님은 이 여행의 동반자이자 인도자이십니다. 물론 이 여행을 계획하고 출발하도록 하신 분도 하나님입니다. 그러므로 성도는 하나님의 음성에 귀를 기울여야 합니다. 내면에서 들려오는 야망의 소리 대신 하나님 음성에 순종해야 합니다. 김기현 목사님의 책은 자신 안의 욕망의 소리가 무엇인지 발견하고, 하나님 음성에 순종하는 삶을 살도록 돕는 지침서가 됩니다. 이 책을 통해 많은 성도가 하나님을 위한 삶에 더 깊이 헌신하게 되는 은혜를 받으리라 확신합니다.

정필도 수영로교회 원로목사

야곱 이야기는 얼핏 글로 다루기 쉬운 듯해 보이지만 막상 읽고 묵상하다 보면 쉽게 다루기가 어려운 소재입니다. 이미 많은 설교자와 작가, 그리고 하나님과 지혜를 구하는 이들이 수천 년 동안 다루어온 소재이기 때문입니다. 오리지널한 글을 써내기가 쉽지 않습니다. 이런 의미에서 이 책은 전통적인 해석을 지향하면서도 창의적이고, 어떻게 보면 진부한 인물 이야기를 톡톡 살아서 움직이는 생명력 있는 인물로 살려내었습니다. 책 제목 그대로, 저도 이 책을 읽으면서 내 안에 있는 야곱의 DNA를 명확하게 다시 보고는 성경 말씀의 진리 됨과 글을 쓴 저자의 깊이 있는 묵상과 통찰력에 감동받았습니다. 거룩한 척하지만 속물적인 내 이중성, 은혜와 축복을 사모하면서도 세상적인 것에 마음을 두는 위선적인 모습, 여차하면 어떤 수단도 가리지 않는 나, 참으로 잘 변하지 않는 성격, 그래서 험악한 세월을 살아온 나를 야곱 안에서 다시 보게 하는, 그리고 그런 허물 많은 나를 축복하셔서 세상을 축복하게 하시는 하나님의 깊은 은혜를 깨닫는 귀한 시간이었습니다. 누구나 죄성이 있는 인간이므로 야곱DNA가 있지만 특히 저와 같은 목회자들 가운데 야곱과 같은 사람이 많은 것 같습니다. 그래서 이 책은 평신도에게도 유익하겠지만, 특히 거룩함을 추구하는 모든 목사님께 필독을 권합니다. 참된 거룩은 내 참 모습을 바로 직면하는 데서 시작된다고 믿기 때문입니다. 이 책을 읽으시면 참 "나"를 직면하게 될 것입니다.

눈 속에 파묻힌 아름다운 메릴랜드에서

송영선 빌립보교회 원로목사

성경 인물 야곱을 현대인으로 능숙하게 재구성해낸 이 책은 축복을 갈망하는 현대인에게 울림과 감동을 안겨준다. 복을 갈망하는 인간의 본성을 저자는 따뜻한 시선으로 관조하며 야곱의 내면 풍경을 해부학적인 문체로 그려내고 있다. 저자의 견실한 성경주석과 인문학적 상상력이 견결하게 제휴하여 독자로 하여금 단숨에 독파하도록 격려한다. 이 책을 다 읽고 나면 하나님의 축복을 위해 분투하는 삶은 파란과 우여곡절을 거쳐서라도 결국 성숙과 성화에 이르며 마침내 하나님의 구원에 이를 수 있다는 희망에 고취될 것이다. 이 책은 저자 김기현 목사가 평소에도 풍성한 상상력으로 성경을 읽는 열렬한 성경애독자일 뿐만 아니라 성경이 얼마나 재미있게 읽힐 수 있는가를 예증하는 재능 있는 작가임을 보여준다.

김회권 숭실대학교 기독교학 교수

우리의 혈관 속에는 야곱의 유전인자가 흐른다. 야곱 이야기를 통해 우리는 우리 자신의 이야기를 듣는다. 우리는 일그러진 영웅의 삶 속에 일하시는 하나님의 은혜로운 손길을 느낀다. 인간적 속임과 야망, 모순과 부조리를 넘어 하나님의 은혜는 궁극적으로 승리한다. 김기현 목사의 단단한 신학과 풍부한 상상력은 야곱의 "장엄한 패배" 속에 드리워진 하나님의 영광을 선명하게 보여준다. 탁월한 글쟁이의 손에서 야곱은 새롭게 거듭난다.

류호준 백석대학교 신학대학원 은퇴 교수

저자는 야곱을 신구약 성경에 나오는 수많은 인물 가운데 가장 인간적인 인물이라고 보고, 야곱의 삶을 통해 그가 어떻게 "세속적이고 이기적인 모습에서 영적이고 거룩한 모습으로", "축복을 구하는 자의 모습에서 축복하는 자의 모습으로" 변화되어 왔는지를 아주 잘 설명하고 있다. 나는 이 책에서 내 안에 있는 야곱의 DNA를 분명히 확인할 수 있었다. 독자들이 이 책을 통하여 각자의 자화상을 발견하며, 야곱처럼 하나님의 은혜로 지극히 세속적인 모습에서 벗어나 하나님의 축복을 충분히 누리고 이를 이웃과 나누는 삶을 살 수 있게 되기를 간절히 바라며 이 책을 추천한다.

권오승 서울대 명예교수, 크리스천 리더십 아카데미 대표,
「법으로 사랑하다」(홍성사) 저자

"야곱의 하나님은 산 자의 하나님이시다."

마태복음에 "아브라함과 이삭, 야곱의 하나님은 죽은 자의 하나님이 아니요, 살아 있는 자의 하나님이시니라"(22:32)라는 구절이 나옵니다. 아브라함과 이삭은 그렇다 치더라도 "야곱은 살아 있는 자"라는 말이 쉽게 와 닿지 않습니다. 철저히 이중적이며 모순투성이인 야곱이 성경의 다른 위대한 인물들이 받지 못한 "산 자"라는 칭호를 어떻게 얻었는지가 궁금했습니다.

김기현 목사님이 쓴 이 책을 통해 마침내 그 궁금증의 실마리를 풀 수 있었습니다. 우리와 똑같은 "지렁이 같은" 성정의 소유자 야곱이 "하나님의 왕자"라는 의미의 이스라엘이 될 수 있었던 비결이 이 책에 담

겨 있더군요. 책을 읽다보면 야망과 수단, 은혜라는 세 가지 키워드를 통해서 야곱의 삶을 분석해낸 저자의 묵직한 내공을 느낄 수 있습니다. 우리 모두 야곱과 같이 이 땅에서 "험악한 세월"을 보내고 있습니다. 거룩으로 치장된 적절한 야망의 소유자들입니다. 결국 야곱 안에서 우리를 볼 수밖에 없습니다. 그래서 그는 친숙합니다. 그 야곱의 하나님이 "산 자의 하나님"이라는 사실은 저에게 희망을 줍니다. 부랑아 같은 우리 역시 하나님의 은혜 안에서 왕자가 될 수 있다는 가능성을 야곱은 보여줬습니다. 탁월한 "글 사역자"인 저자는 이 점을 놓치지 않았습니다. 그래서 이 책이 귀합니다. 일독을 권합니다.

이태형 국민일보 I미션라이프부 부장,
「배부르리라」(좋은생각), 「아직, 끝나지 않았다」(생명의말씀사) 저자

이 책은 욕망이 살아 있는 시퍼런 자아와 깊은 영성이 공존하는 현대인의 자화상, 야곱을 예리하게 그려냅니다. 한국의 필립 얀시, 김기현 목사님이 우리와 매우 닮은 인간적인 야곱의 모습을 때로는 숨 막히는 프레스토로, 때로는 느릿느릿 라르고로 연주하듯 그려낼 때 독자들은 야곱과 똑같은 자신의 모습을 아프게 발견할 것입니다. 또한 몹시도 나약하고 비겁하던 야곱이 하나님께 붙들려 영적 거장이 되는 이야기를 보며 하나님의 위대함과 탁월하심에 무릎을 꿇을 것입니다. 이 책을 꼭 일독하시고 인간적인, 너무나 인간적인 우리도 야곱처럼 그분의 손에 붙들려 쓰임받기를 소망합니다.

김경화 극동방송 PD

김기현 목사님의 하나님 말씀은 성경聖鏡입니다. 먼저 자신을 비추는 전신거울입니다. 그 후에 하나님 나라를 소망하는 망원경으로, 이 시대의 적용을 위한 현미경으로 바라봅니다. 한 개인의 통痛찰을 넘어서는 하나님과의 통通찰을 보게 합니다.

김기현 목사님은 이 시대의 영적 청진기입니다. 진단과 처방을 위해 글을 씁니다. 이 책을 읽는 순간 영적 진단이 시작됩니다. 책을 덮는 순간 영적 종합 검진의 결과가 나올 것입니다.

당신의 영적 건강상태는 어떻습니까? 전 C로 나왔습니다. "Christian."

최형만 글 읽는 그리스도인 개그맨

차례

서문 12

프롤로그 **버러지 같은 너 야곱아** 17

1장 **출생의 비밀** 운명 vs. 의지 35
2장 **소중한 것을 먼저 하라** 시간 vs. 방향 57
3장 **축복을 탈취하다** 축복 vs. 기복 73
4장 **벧엘에서** 벧엘 vs. 벧엘 91
5장 **사랑과 노동** 일상 vs. 신앙 111
6장 **하란에서 보낸 스무 해** 심판 vs. 훈련 131
7장 **얍복강에서** 지혜 vs. 술수 153
8장 **하나님의 얼굴** 원수의 얼굴 vs. 하나님의 얼굴 173
9장 **열정과 실용 너머** 세상 안 vs. 세상 밖 193
10장 **내 나그네 길의 세월** 살아온 날 vs. 살아갈 날 213

에필로그 **최후 승리를 얻기까지** 233
주 255

■ 본문에 인용한 성경은 새번역입니다.

서문

이 책은 야곱의 이야기다. 동시에 나와 우리 모두의 이야기다. 축복에 대한 열망, 영적이면서도 속물적인 이중성을 지닌 축복을 애타게 소망하는 야곱에게서 내 얼굴이 어른거린다. 야곱의 일거수일투족이 그렇다. 장자권을 지닌 자는 아브라함과 이삭의 영적 계보를 잇는 동시에 두 배의 유산을 거머쥘 수 있다. 라헬을 사랑한 이유에는 그의 신앙과 당찬 성품도 있지만 아름다운 외모도 빠트릴 수 없다. 에서의 얼굴이 하나님의 얼굴이라는 야곱의 말은 자신을 죽일지도 모를 원수의 얼굴에서 하나님을 보는 최고의 영성가적 면모를 보이지만, 형의 호의를 얻어내려는 입에 발린 접대성 멘트라는 점 또한 진실이다.

이렇게 하늘과 땅이 뒤섞인 야곱의 이중적 면모는 우리 인간의 보편적인 모습이기도 하다. 그러니까 나 역시 다르지 않다. 솔직하게 말해서 나는 야곱이다. 겉으로는 거룩하게 말하지만 이기적인 욕망을 숨기고 있다. 그 욕망을 쟁취하기 위해서라면 앞서 가는 자가 누구든, 즉 그가 가족이든, 교인이든, 친구든 상관없이 얼마든지 속임수로 가로챌 수 있고, 그러고 싶고, 그러지 못해서 혼자 씩씩거린다. 바로 그런 내가, 그리고 우리가 야곱이다.

이중적인 대상에는 하나님도 포함된다. 우리는 하나님을 신앙하는 듯하지만, 그 하나님은 기실 자기 자신일 따름이다. 그러니까 내 욕망의 화신이 하나님이고, 그 하나님은 내 욕망을 충족시켜주는 대상일 뿐이다. 하나님을 믿는다지만, 나를 축복해 주는 하나님을 믿을 뿐이다. 나는 종종 내가 목사인가 싶다. 하나님의 종이 아니라 하나님을 부리는 주인으로 행세하려는 나를 보면 섬뜩하다. 하나님께 사용되기보다는 하나님을 이용하고 싶어하는 우리는 모두 야곱의 아들, 딸이다.

그러나 지금 여기서 축복에 눈이 먼 야곱인 우리에게, 야곱은 우리가 살아내야만 하는 이야기이기도 하다. 야곱은 내가 되어야 할 모습이다. 내가 다다라야 할 푯대다. 축복에 목을 매고 사는 형편없는 내가 **마침내** 모든 사람을 축복해 주는 야곱이 되어간다. 야곱 한 사람 때문에 주위가 늘 소란스러웠으나 이제 야곱 한 사람으로 주변이 평화롭다. 야곱은 축복을 구하는 자에서 축복하는 자가 되었으며, 자기와 불화를 빚는 일체의 이중성과 화해하였다. 이것이 이 책의 핵심이다.

영혼에 DNA가 있다면, 그리고 그 구조를 분석할 수 있다면, 내 영혼의 DNA는 야곱의 것과 같을 것이다. 영적 DNA의 이중 나선은 영적 갈망과 육적 욕망이라는 두 개의 가닥이 배배 꼬인 사슬 모양임이 틀림없다. 그리고 그 이중 나선을 한 발자국 뒤로 물러서서 전체를 볼라치면 결국 축복이라는 한 가닥이다. 그것이 내 영혼을 흐르는 인간적인, 지극히 인간적인 유전인자인 것이다. 그 유전자에는 스토리가 없다. 내 삶의 애환과 역경이라는 한 이야기와, 나를 축복의 유통자로 만드시려는 집요한 하나님의 이야기라는 더 큰 이중 나선이 있다. 그것이 바로 내 영혼의 DNA다.

내 야곱살이에 함께해 준 이들이 여럿 있다. 먼저 김광성 목사, 임종례 사모, 서옥희 권사, 임영혜 사모가 예비 저자와 첫 독자의 시선으로 읽어주었다. 이들은 나와 함께 1년 동안 50권의 책을 읽고 50개의 서평과 50개의 칼럼(또는 에세이)을 쓰는 혹독한 글쓰기 수련을 통과한 로고스서원의 1기 연구원이자 첫 졸업생이다. 얼마나 행복하고 축복된 시간이었던지, 나는 복에 겨워 울먹인 적이 한두 번이 아니었다. 이들이 제출한 글을 첨삭해서 돌려주었는데, 이번에는 내가 첨삭을 받은 셈이다. 내게 배운 대로, 아니 그 이상으로 꼼꼼하고 철저하게 읽고 내용과 문장을 고쳐주었다. 흐뭇하기 그지없다.

이동원 목사님께 감사드린다. 내 손을 꼭 잡으시고는 "김 목사는 한국의 필립 얀시야!"라고 하시던 말씀을 잊을 수 없다. 내게는 매우 과분한 칭찬이라 감당키 어렵다. 하나님이 야곱에게서 이스라엘을 보신 것같이, 예수님이 시몬에게서 베드로를 보신 것같이, 장차 그리 되라고 하신 말씀일 게다. 이 책이 출간되는 이면에 많은 도움을 주시고 수고하셨으나 내가 미욱한 탓에 기대에 부응하지 못해 죄송하다. 그럼에도 아낌없이 지지해 주셨다. 더없이 행복하다.

이 원고 가운데 일부, 특히 8장은 몇 군데에서 설교하거나 발표할 기회가 있었다. 2009년 휘튼칼리지에서 열린 코스타KOSTA 주제는 '예수의 평화, 세상을 향한 용기"였다. 전체 집회인 주제 특강에서 예수의 평화는 삼중적 차원을 갖고 있는데, 그 평화는 다름 아닌 원수와의 화해이고, 그 살아 있는 예증이 바로 야곱이라고 증거했다. 초대해 준 미국 코스타, 웨스트민스터신학대학원 채플에서 설교할 기회를 준 이필찬 교수, 〈그 말씀〉 2009년 9월호 지면을 허락해 주신 최원준 편집장에게도 감사드린다. 또한 추천해 주신 모든 분들에게 깊이 감사의 마음을 전한다.

로고스교회(구 수정로침례교회) 성도들에게도 진심으로 감사하다는 인사를 전한다. 이 책은 일 년 동안 세 번에 걸쳐 야곱에 대해 설교한 열매다. 연속으로 12주 동안 두 번 설교하고, 3개월 쉬었다가 다시 한 번 설교했다. 내가 지금껏 한 어떤 설교보다 깊고 뜨겁게 반응해 주었다. 모두들 야곱 이야기가 바로 자신의 이야기라고 말해 주었다. 하여 나, 감히 이 책을 독자들에게 내놓을 용기를 얻었다. 그런 점에서 이 책은 나와 성도의 공동작품이라 할 만하다. 특히 진순배 형제와 박진휘 형제는 원고를 읽고 교우와 독자의 관점에서 많은 조언을 해주었다. 함께 성서를 읽고 독서하는 교회 공동체를 세워가는 내 사랑하는 성도들에게 다시금 감사를 드린다.

「내 안의 야곱DNA」는 죠이선교회에서 출간한 네 번째 책이다. 또한 내 열 번째 책이기도 하다. 감개무량하다. 늘 느끼는 것이지만, 모든 글이 책이 되지는 않는다. 글이 책이 되기까지는 작가의 몫도 크지만, 출판사와 편집자의 역량이 작가 못지않게 중요하다. 독자와 작가를 모두 배려하는 마음 씀씀이가 남다른 곳을 만난 것은 내게 큰 행운이다. 편집회의에 참여하고 싶다는 제안에 선뜻 문을 열어주었다. 출판부 대표와 편집장, 편집자, 영업자, 디자이너와 함께 나눈 한나절의 열띤 토론은 이 책의 완성도를 높여주었다. 출판부에 진실로 감사하다.

아내 이선숙, 아들 김희림, 딸 김서은에게 사랑을 전한다. 글쟁이들이 하나같이 풀어야 할 숙제는 글과 삶이 동떨어져 있다는 것이다. 설교자에게는 설교와 삶이 일치해야 한다는 사실이 늘 버겁다. 목사요 작가인 내 말과 글의 이면을 누구보다도 잘 알면서도, 고린도전서 13장의 사랑으로 사랑해 주는 가족은 교회와 더불어 천국을 미리 맛보게 해준다. 희림이와 서은이가 성서와 독서로 하나님의 사람으로 자라가길 기도한다.

야곱은 라헬을 연모하여 칠 년을 수일같이 보냈다. 이 책을 쓰는 기간이 그와 같았다. 야곱을 읽으면서 나를 보았고 내 미래를 가늠할 수 있었다. 그리고 하나님을 알았다. 야곱을 서서히 성숙케 하신 하나님의 손길을, 낯짝 두꺼운 야곱을 흐뭇하게 바라보시는 하나님의 얼굴을, 교활하기 짝이 없는 야곱을 사랑으로 인내하며 만들어가신 하나님의 마음을 얼추 알게 되었다. 오로지 축복을 받고자 하는 야곱 같은 이들, 마침내 축복하는 야곱이고자 하는 모든 이들이 읽길 바란다. 하여, 이 땅의 모든 야곱이 원조 야곱의 하나님을 자기의 도움으로 삼고 자기의 하나님인 주님께 희망을 거는 복된 사람(시 146:5)이 되기를 축복한다.

로고스서원에서
김기현

프롤로그

버러지 같은 너 야곱아

너 지렁이 같은 야곱아, 벌레 같은 이스라엘아, 두려워하지 말아라. 주님께서 말씀하시기를 '내가 너를 돕겠다. 나 이스라엘의 거룩한 하나님이 너를 속량한다'고 하셨다.

_이사야 41장 14절

인간적인, 너무나 인간적인

성경에서 누가 가장 인간적일까? 성경에 나오는 많은 인물 가운데 가장 인간적인, 그래서 끈적끈적한 땀 냄새가 나고 좀 만만해 보이는 사람이 누굴까? 교우들에게 물어보았다. 한 자매는 베드로라고 답했다. 예수님을 세 번 부인하고 많이 울던 모습이 인간적이란다. 한 형제는 가룟 유다나 데마라고 했다. 예수님을 따랐지만 버렸거나, 예수님을 믿었지만 끝내 세상을 사랑하여 떠나간 그들이 가장 인간 냄새가 난다나. 베드로와 유다의 공통점은 실패다. 이런 면모가 친근함과 연민을 자아내는 모양이다. 우리도 자주 실패하니까 말이다.

 인간다운 인간형 모델에서 빠질 수 없는 또 한 사람이 있으니 바로 다윗이다. 다윗의 일거수일투족을 유심히 살펴보면, 고도로 계산된 정치적 행동과 누구도 모방할 수 없는 깊은 영성을 동시에 볼 수 있다. 다윗은 정치와 영성이 기묘하게 통일된 사람이다. 사울을 죽일 절호의 기회를 포기하는 것이나 아브넬의 죽음을 둘러싼 음모와 혐의를 한바탕 울음으로 한 방에 해결하는 모습은 가히 천재적이다. 음악과 문학, 연극과 무술, 정치와 영성을 모두 아우르고 있는 다윗은 인간적이긴 하지만 때로 가까이 하기에는 너무 먼 당신이다.

다윗이 인간적이지만 완벽형에 가깝다면, 삼손은 인간적이다 못해 지나치게 망가진 유형이다. 한마디로 삼손은 여자 없이 잠 못 자는 호색한이다. 사사라는 사람이, 나실인이라는 작자가 고작 하는 짓이 여성을, 그것도 이교도인 이방 여인 꽁무니를 쫓아다니는 꼬락서니라니 한심하기 그지없다. 어떻게 그런 사람이 사사가 될 수 있었는지 좀체 납득하기 어렵다. 그러나 어찌되었든 삼손도 하나님의 사람이고 우리 내면을 닮았다. 삼손은 인간적이지만 가까이 하기에는 매우 싫다.

신구약성경 전체를 통틀어 가장 인간적인 사람으로 나는 단연코 야곱을 꼽는다. 성경의 사실주의 덕택에 우리는 야곱이 얼마나 허물 많은 인간인지 잘 알고 있다. 거짓말쟁이에, 수단과 방법을 가리지 않는 교활함, 끝까지 물고 늘어지는 집요함, 한 여인을 죽도록 사랑하는 순애보, 그러면서도 선조 아브라함부터 이어진 믿음의 계보에 포함되기를 애타게 열망한 사람, 그가 바로 야곱이다.

야곱은 인간적이되 다윗 같은 완성형도, 삼손 같은 막가파도 아니다. 영적이고 거룩한가 싶다가도 은근히 세속적이고 이기적인 욕망이 들끓는 이중적 인간형이다. 다윗처럼 두 가지 모습을 다 소유하면서도 다윗보다 속물이다. 삼손처럼 세상을 향한 사랑으로 절절 매지만, 삼손보다 더할 나위 없이 교활하다. 다윗보다는 덜 거룩하니 더 세속적이고, 삼손보다는 덜 세속적이니 더 거룩한 게 야곱이다. 그러니까 대충 거룩하고 알맞게 세속적인 것이 야곱이다. 하나님과 세상을 겸하여 얻고자 발버둥치는 게 오늘 우리네 자화상이니, 야곱이야말로 너무도 인간적인 우리 모습이다.

다음으로 야곱이 인간적인 까닭은 구약성경의 전형적인 인간상이 다름 아닌 야곱이기 때문이다. 구약성경의 백성은 자신을 이스라엘이라 불렀다. 이스라엘은 야곱의 새 이름이다. 믿음의 조상 아브라함이나 출애굽의 영도자 모세, 불세출의 영웅 다윗도 있는데, 이스라엘 사람들은 자신의 역사와 신앙을 설명하는 데 그런 조상들의 이름을 쓰지 않았다. 다른 어떤 인물보다도 야곱이 민족적 정체성을 뚜렷이 예시하고, 그들의 진면목과 잘 어울린다고 보았다. 인격적인 결함도 많고 이율배반적인 야곱이 어떻게 아브라함과 이삭과 야곱의 하나님으로 불릴 때의 야곱이 될 수 있는지 실로 놀랍다. 사실 이것은 성경 안의 난제 중 하나다.

> 우리가 인간적으로 용납할 수 없는 모순의 인물로 손꼽히는 선조가 바로 야곱이라 할 수 있다. 그러므로 이러한 인격적으로 모순이 많은 야곱이 어떻게 하여 이스라엘 형성의 주도적 요소인 12지파의 족장들의 아버지일 수 있으며, 그가 곧 "이스라엘"이라는 이름을 받은 이스라엘 민족의 직접적인 선조로서 높임을 받을 수 있느냐 하는 문제는 또한 풀기 어려운 수수께끼라고 할 수 있다.[1]

야곱이 이스라엘이라 불리는 민족의 선조이자 시조가 된 점은 정말 기이하다. 어찌되었든 하나님의 백성 이스라엘의 이스라엘다움, 또는 성경이 보는 인간상의 전형은 바로 야곱이다.

야곱은 고대 사람일 뿐만 아니라 철두철미 현대인이다. 지금부터 4천 년 전, 그야말로 호랑이 담배 피우던 시대의 사람인 야곱이 현대인이라니, 얼토당토않은 말이다. 그러나 야곱은 현대인이다. 왜 그런가? 야곱은 하나님의 뜻에 저항한 성경 속 대표 선수다. 타고난 생물학적 질서를 뒤집고, 형과 겨루며, 아버지와 대결하고, 끝내는 하나님과도 크게 씨름한다. 어디 한구석 고분고분한 면모를 찾기 어렵다.

현대인도 반항인이다. 일체의 전통과 관습, 규범과 권위는 폐기하거나 일단 "No!"라고 선언하고 본다. 그래서 마르크스주의자는 제우스한테서 불을 훔치다가 인간에게 주어 인간의 삶을 풍요롭게 한 프로메테우스에게서 현대인의 이상을 찾는다. 이 이상에는 신에게 저항하고 역사의 굴곡을 극복하려는 그리스인의 꿈이 묻어나고, 그런 그들의 자화상이 배어난다.

그러나 야곱은 프로메테우스보다 더 반항적이었다. 신화에 나오는 신은 프로메테우스적 인간을 경쟁자로 간주하고 정죄한다. 프로메테우스는 제우스가 내린 벌을 묵묵히 감내하고 따른다. 기존 질서에 순응하는 것이다. 반란이란 것도 사실 기성 질서를 교란한 행위에 지나지 않는다. 반면 야곱은 형과 동생이라는 고정불변의 위계질서에 동의하지 않았다. 그 질서 자체를 전복한다. 위와 아래가 뒤집히는 새 세상을 희망한다. 그러나 그 세상은 고정되어 있지 않다. 아래에 있던 것이 위가 되고, 그것은 다시금 아래가 되기 때문이다.

놀랍게도 하나님은 그런 야곱을 축복한다. 하나님은 제우스가 아니며, 야곱은 프로메테우스가 아니다. 야곱의 세계관은 상하도치의 세계관이다. 그러니까 야곱은 기존 질서를 뒤집는 전복적 세계관의 산 증인이다.

구약에 나타난 인간은 열려 있는 가능성을 지닌 역사적 인간이자 창조적 행위의 주체며, 자신의 역사적 조건을 초월하는 인간이다.[2] 그러기에 그때나 지금이나 야곱은 인간을 진정으로 이해하게 해주는 요체다. 때문에 야곱은 하나님께 반항하면서도 그분의 축복을 받아내고자 하는 오늘날의 그리스도인과 많이 닮았다. 내 의지나 노력과 상관없이 결정된 질서를 운명으로 받아들이지 않고 거부하면서 하나님이 주시는 복된 삶을 열망한다는 점에서 현대인의 이상과 매일반이다.

이중적이고 모순적인 모습, 즉 전형적인 인간의 모습 말고 마지막으로 하나 덧붙이자면, 야곱은 고통을 아는 사람이다. "저의 조상들이 세상을 떠돌던 햇수에 비하면, 제가 누린 햇수는 얼마 되지 않지만, 험악한 세월을 보냈습니다"(47:9). 야곱의 인생 회고다. "삶이야말로 고난"이라는 말은 삶에 관한 거짓 없는 진실이다. 고난 없는 생을 누군들 바라지 않을까마는, 고난을 피하거나 건너뛸 수 있는 이는 아무도 없다. 하나님의 아들도 고난 속에서 울부짖고 기도했거늘 하물며 우리랴. 그런 우리네 범인들은 야곱이 말한 바, "험악한 세월"이라는 말에 깊이 공감한다. "아, 야곱도 나와 별반 다르지 않은 삶을 살았구나." 나는 야곱이고, 야곱은 나의 다른 이름이다.

그런 야곱의 삶을 읽어내는 핵심어는 무엇일까? 야곱을 야곱답게 한 것, 야곱의 생애를 험악하다고 말하게 한 것, 그러나 하나님을 부를 때 아브라함과 이삭의 뒤를 이어 자신의 이름을 추가하게 만든 것, 한 민족과 국가의 이름이 되게 한 것, 그 동력과 비밀은 무엇일까? 바로 그것이 우리 삶을 이해하는 열쇠기도 하다. 열쇠 말은 세 단어다. **야망, 수단, 은혜.**

야곱의 야망

야곱은 야망의 사람이다. 비전이라 해도 무방하지만, 야망이라는 단어가 야곱에게 더 어울린다. 숱한 약함과 악함, 실수와 실패에도 야곱이 위대한 족장의 반열에 올라설 수 있는 것은 야망으로 설명된다. 그것을 비전이라 부르기에는 그리 순수하거나 아름다워 보이지 않는다. 그렇다고 천박한 욕망이라 부르기에는 성스러운 하나님의 축복이다. 육체의 사람, 에서가 감히 넘볼 수 없는 하나님을 소망하기에 비전과 욕망 사이 어디엔가 자리한 야망을 끌어들여 야망의 사람이라 부르는 것이다. 하나님의 축복을 탐하는 야곱은 야망의 인간이다.

야망이 없다면 야곱은 더 이상 야곱이 아니다. 야곱답게 해준 것이 야망이고, 야곱이 험난한 세월을 보내게 만든 것도 야망이다. 에서와 비교해 보면 단박에 알 수 있다. 모든 것을 가지고도 다 잃어버린 에서와 아무것도 없으면서 다 얻은 야곱이 서로 다른 점은 야망이 있고 없음, 단 하나다. 아브라함이 믿음의 사람이고 요셉이 비전의 사람이며 모세가 온유의 사람이라면, 야곱은 야망의 사람이다.

야망 때문에 야곱은 태어나기 전부터 형과 씨름했으며, 끝내는 형의 발꿈치를 붙잡고 태어났다. 야망 때문에 기회를 틈타 어수룩한 형을 속여 장자권을 탈취했고, 눈먼 아버지를 속여 축복을 받았으며, 하란에서 보낸 20년 동안 눈 붙일 겨를 없이 일했고, 한 여자, 라헬을 정말 미치도록 연모했으며, 하나님과 죽기를 각오하고 크게 한 판 붙었다. 야망 때문에 그의 삶은 공격적이고 전투적이었다. 험악한 세월이었다고 술회할 정도로 말이다. 그러나 결국 야망 때문에 그토록 바라던 축복을 받았다.

그러면 야곱이 품은 야망의 실체는 무엇일까? 축복이다. 창세기 전체에 "축복"이 도합 84회나 나타나는데, 창세기 26-28장에 31회 사용되고, 특별히 야곱과 에서가 대립하는 대목부터 벧엘에서 하나님을 만나는 이야기(27-28장)까지 무려 21회나 등장한다.[3] 그야말로 축복을 받기 위한 처절한 투쟁이 야곱의 생애를 지배한다고 해도 과언이 아니다.

축복에 비추어본 야곱 역시 이중적이다. 에서와 견주어 거룩한 것을 사모하는 점에서는 영적인 사람이지만, 언제나 하나님께 조건을 제시한다는 점에서 야곱은 상당히 육적인 사람이다. 벧엘에서도, 얍복강 나루터에서도 그는 조건을 내걸었다. 순수한 듯하면서 결코 순수하지 않은 사람, "이건 아냐, 순수하지 않아"라며 내치기에는 그럭저럭 순수한 사람, 그가 야곱이다.

"이런 저열한 인간을 선택하다니 말도 안 돼! 하나님은 그러실 수 없어!" 이렇게 말하는 사람이 있다면, 기만과 오해에 사로잡혀 있는 사람이다. 기만이라 함은 자기는 안 그런 척한다는 것이다. 터놓고 말하자. 너나 나나 모두 악하고 약하다. 그런 우리도 하나님이 사랑하시는데, 야곱을 사랑하는 것이 왜 이상한가. 못되고도 야릇한 야곱을 사랑하셨기에 하나님은 야곱과 닮은 나를 사랑하시는 것이다. 나를 선택하면 이상하지 않고, 야곱을 선택하면 이상한가?

오해라 함은 하나님이 사람을 부르시는 기준을 그릇 이해한다는 것이다. 하나님의 사람치고 완전한 사람 하나 없다. 하나님은 "통"을 좋아하신다. 하나님은 당신이 부른 사람을 전부, 곧 통째로 사랑하시고 사용하신다. 하여 악함과 약함도 사용하시고, 한 가지 장점만으로도 능히 선택하신다.

성경에서 야곱만큼이나 기이한 사람인 삼손을 보자. 아무리 생각해도 삼손 같은 사람이 한 민족의 영도자인 사사라는 것은 이해하기 어렵다. 그러나 그런 그의 약함과 악함을 이용해서, 그것도 삼손의 성욕을 통해서 당신의 역사를 펼쳐 가시는 하나님의 경륜 역시 도무지 종잡을 수 없다. 호세아는 또 어떤가. 본래 그랬는지 결혼한 뒤부터 그랬는지를 두고 학자들 사이에 이견이 있지만, 그의 아내 고멜이 바람을 피우고 나가서 남의 집 아이를 낳아 온 부도덕한 여인이라는 점에서는 모두 일치한다. 호세아는 자신의 경험을 통해 자신과 이스라엘이 고멜과 같음을, 그런 창녀 같은 이스라엘을 포기하지 않으시는 하나님의 사랑을 보았다. 이에 비해 야곱이 지닌 단 하나의 장점, 그를 도드라지게 만드는 점은 야망이다. 열심과 욕심, 열망과 욕망이 뒤죽박죽 뒤섞여 있지만 야망 하나만으로도 하나님은 기꺼이 사용하신다.

참으로 알다가도 모를 하나님의 신비스러운 역사다. 인간의 이성으로는 불가해한 하나님이다. 그러나 이것 하나만은 분명하다. 하나님은 그들의 약함마저 사용하신다는 것이다. 하나님은 우리의 강점을 들어 사용하시지, 강한 자를 사용하시는 것이 아니다. 하나님은 우리의 약점을 들어 사용하시며 약한 자로 강하게 하신다.

하나님을 사랑하면서도 억제할 수 없는 자신의 야망 때문에, 비전과 욕망 사이 어디쯤엔가 위치한 야망 때문에 몸부림치는 한 인간의 고뇌를 본다. 파스칼은 인간을 천사면서 동물이라고 했다. 인간은 천사처럼 고결하면서 동물처럼 야만적이다. 자칫 잘못하면 동물적 삶으로 전락하지만, 잘 승화시키면 천사처럼 아름다운 삶을 산다. 이 양면성은 인간다우면서도 큰 골칫거리다. 파스칼이 야곱을 의식했더라면, 천사이자 동물인 대표적 인간으로 야곱을 지목했을 것이다.

야곱의 수단

야곱의 야망은 어디서 온 걸까? 야곱의 신앙에 이중적인 욕망과 포부가 혼재해서 나타난 걸까? 타고난 그의 성격과 성품 때문인가? 앞서가는 자의 뒷덜미를 낚아채기 위해 쫓아가는 자의 속성 탓인가, 아니면 어머니 리브가가 야곱을 부채질한 뒤로 강화된 것인가? 어느 하나로 딱히 단정할 수 없다. 이 모두라 해도 무방하다. 야곱은 온갖 권모술수를 동원해서 야망을 이루고자 애쓴다.

나면서부터 먼저 태어나지 못한 게 서러워 형의 발꿈치를 붙들고 놓지 않고, 형의 약점을 이용해 팥죽 한 그릇으로 간단히 장자권을 앗아버리고, 늙으신 아버지의 눈과 귀, 손을 속여 형이 받을 축복을 가로챈다. 야곱은 야망의 사람인 동시에 거짓의 사람이다. 야망을 위해서라면 무슨 짓도 불사할 수 있는 사람, 형과 아비를 속이고 어머니마저 이용할 수 있는 사람이다. 우리도 그렇다. 눈앞의 작은 이익을 위해서라면 예수고 뭐고, 가족이라도 뒷전에 두니 말이다.

그 결과 야곱은 엄청난 소득을 얻어냈지만 참담한 날을 보내야 했다. 아버지의 노여움과 형의 증오, 행여나 제 몸으로 나온 자식들끼리

칼부림 나지 않을까 노심초사하는 어머니의 염려를 뒤로 한 채 낯선 땅으로 들어가, 사기라면 한 수 위인 외삼촌 라반 밑에서 수모와 경계 속에 눈칫밥으로 이십 년 가까이 보내야 했다. 잠깐이겠거니 했는데 그 뒤로 야곱은 어머니를 영영 보지 못했다. 인생은 그렇게 모질다.

그래서 야곱은 자신의 인생 백삼십 년을 험악한 세월이라고 했다. 그 세월을 NIV는 "힘들고 까다롭다"difficult, KJV은 "악하다"evil, NASB는 "불쾌하다"unpleasant, 공동번역은 "궂다"라고 표현한다. 하나같이 결코 순탄치 못한 인생을 표현하는 단어들이다. 그가 바라마지 않던 야망, 어려서부터 아니 나기 전부터 품은 포부를 이룬 다음에도 행복하지 않다. 고되고 고생스럽기 짝이 없는 인생이다.

왜 그런가? KJV 번역처럼 악한 삶, 즉 선한 목적을 위해 악한 방법도 마다하지 않은 삶이기 때문이다. 그가 얻은 것에 비해 스스로의 내면은 그리 즐겁지 않았다. 쉬운 성경은 정말 쉽게 번역했다. "제 조상들보다는 짧게 살았지만 고통스러운 삶이었습니다"(47:9). 그렇다. 야곱은 고통스러운 삶을 살았다. 고통 없는 인생이란 없으니, 그가 겪은 고통은 일면 인간이라는 조건 탓도 없지 않다. 허나, 그가 자초한 측면도 크다. 그로 인해 많은 사람이 피해를 입었다.

그리하여 야곱은 대가를 톡톡히 치렀다. 도망가듯 고향을 떠났고, 어머니와 생이별하여 끝내 다시 만나지 못했고, 라반에게는 누차 사기를 당했다. 아들들도 야곱에게 거짓말을 일삼았다. 아버지에게 형들의 흉을 일러바친 요셉은 미움을 받아 거의 죽을 뻔했다. 자식들은 요셉이 죽었다고 야곱을 속인다. 그러니까 야곱이 에서와 이삭을 속인 것처럼, 야곱의 자식들은 요셉을 죽이려고 하다가 노예로 판 다음 능청스럽게 염소 피를 바른 채색 옷을 들고 와서는 그가 죽은 것이 맞지 않느냐며 확인해 보라 한다.

야망을 성취했으되 왜 고달팠다고 고백하는 걸까? 바울에게서 답을 찾을 수 있다. 바울은 로마로 가는 길에 대작하는 광풍을 만나 죽음 직전까지 간다. 그런데도 그는 눈 하나 깜짝하지 않는다. 외적 시련에 까딱하지 않는다. 왜? 하나님의 약속이 있기 때문이다. 로마 황제 앞에 서야 한다는 말씀, 승선한 모든 사람의 안전을 바다와 배에 관한 한 문외한인 바울 한 사람의 손에 맡겨놓으셨다는 간밤의 말씀이 있었던 탓이다. "나는 하나님께서 나에게 말씀하신 그대로 되리라고 믿습니다"(행 27:25). 그러나 그것만으로는 바울의 의연함을 설명하기 어렵다. 야곱에게도 약속이 있지 않았나.

야곱은 기다리지 못했고, 바울은 기다렸다. 야곱은 수단과 방법을 가리지 않고 그 때를 당기려 했고, 바울은 하나님이 말씀하신 대로 하시리라 믿어 의심치 않았다. 두 사람 모두 말씀을 믿었다. 생각해 보라. 야곱이 믿지 않았다면 그렇게 대담하고 뻔뻔한 행동을 어떻게 자행하겠는가. 다만 인간의 방법으로 하나님의 뜻을 이루고자 했으니 인생 고달플 수밖에.

에베소서는 우리에게 영적 전투에 참여하라고 권한다. 그런데 싸움 대상은 마귀가 아니다. 마귀의 "메토디아"*methodia*다. 메토디아는 역본에 따라 "궤계"(개역한글), "간계"(개정개정, 새번역), "속임수"(공동번역)라고 번역된다. 즉, 방법method이다.[4] 마귀는 하나님 뜻에 명백히 반하는 것으로 우리를 유혹하는 것이 아니다. 애매모호한 경계에 서 있는 지점, 곧 대의의 정당성에 기대어 수단의 정당화를 꾀하는 것이 마귀의 전략이다.

요즘처럼 비전을 중시하는 때에, 비전이 없으면 방자해진다고, 비전을 품지 않으면 안 된다고 윽박지르는 때에도 비전을 이루는 방법은 그 누구도 일러주지 않는 듯하다. 여전히 고지론이 횡행하지만, 정작 그 고지에 올라가는 방법을 말하는 목소리는 들리지 않는다. 평화에 이르는 유일한 길은 다름 아닌 평화라 했다. 야곱이 품은 야망이 하나님의 것이고 그분에게서 온 것이라면, 하나님의 방법으로 행하고 하나님의 시간을 기다려야 했다. 그러나 안타깝게도 야곱은 그러지 못했다.

우리 방법이 과연 하나님 나라에 합당한지 돌아본다. 야곱은 우리에게 묻는다. 너는 하나님을 향한 큰 포부를 품고 있는가, 라고. 야곱은 재차 묻는다. 너는 하나님을 위한다는 명목과 명분으로 그분을 거스르고 있지 않은가. 그래서 네 인생을 험악한 세월로 만들고 있지 않은가. 그리고 당부한다. 야곱의 야망을 예수의 방법으로 성취하지 않겠는가, 라고.

하나님의 은혜

야곱의 초상화에 걸맞은 이름은 지렁이다. "너 지렁이 같은 야곱아, 벌레 같은 이스라엘아"(사 41:14). 공동번역은 아예 "구더기" 같다고 하고, 개역개정은 "버러지"라고 한다. 주님은 당신이 창조하신 동물을 불결한 존재로 기억하지 않으신다. 지렁이나 벌레는 말 그대로 버러지를 뜻하는 표상일 따름이다. 한마디로 보잘것없는 미물이라는 뜻의 당시 관용어다. 가치 없다는 말을 그리 표현한 것이다.

하지만 말이다, 야곱이 구더기요 버러지라면, 대체 하나님은 누구신 가? 하나님이 야곱의 하나님이고 야곱이 버러지라면, 하나님은 버러지 의 하나님이 되신다. 지금 하나님은 이스라엘을 낮추어 말씀하신 것이 아니다. "너희는 정말 버러지 같은 존재야." 이건 마귀의 말이다. 그렇게 읽으면 시험 들기 딱 좋다. 지금 하나님은 야곱에 대해서, 우리에 대해 서 말씀하고 계신 것이 아니다. 하나님 자신에 대해 말씀하신다. "너희 는 진짜 버러지다. 나는 너희 버러지를 사랑하는 하나님이다."

기막힌 일이다. 아니, 기가 찰 노릇이다. 어떻게 하나님이 버러지의 하나님일 수 있는가! 성경에는 받을 만한 가치가 없는 이들을 사랑하 는 것, 그들에게 크나큰 선물을 공짜로 마구 주시는 것을 가리키는 단 어가 있다. 은혜다. 야곱이 야곱 된 것은 야망도, 수단도 아니다. 하나 님의 은혜다. 야곱의 야곱 됨과 무관하게 베푸시는 그분의 미친 사랑 의 결과가 이스라엘 된 야곱이다. 우리를 향한 하나님 사랑은 끊을 수 없다. 하나님을 향한 우리의 사랑이 아니다. 우리를 위한 하나님 사랑 이다. 야곱의 생애는 하나님의 약속을 이루고 축복을 얻기까지 분투 한 야곱의 인내가 아니라, 지렁이 같은 야곱을 참아주신 하나님의 인 내를 증거한다.

야곱의 새 이름 이스라엘은 하나님과 겨루어 이긴 것을 기념하여 받은 것이다. 정직하자. 야곱이 이긴 게 아니다. 하나님이 져주신 거다. 은혜다. 야곱이 프로메테우스와 다른 점은 그가 제우스 아닌 야훼 하 나님을 신앙했다는 단 하나다. 야곱이 믿는 신이 야훼가 아니라 제우 스였다면, 진작 그는 벼락을 맞아 죽었을 것이다. 감히 누구한테 개기 냐고 말이다. 이스라엘은 "하나님의 왕자"라는 뜻이다. 버러지인 야곱은 동시에 하나님도 능히 이기는 사자다. 어떻게 고약한 야곱이 왕자며, 버러지가 사자란 말인가? 이게 어디 될 법한 말인가? 오로지 은혜일 따름이다.

야곱의 일생에는 이런 놀라운 은혜가 비일비재하다. 우선 나기 전부터 하나님의 사랑을 받았다. 하란에서는 큰 부자가 되었다. 양과 염소가 교미할 때, 얼룩무늬 나뭇가지를 눈앞에 두면 얼룩이 있는 새끼가 태어났다. 정말 말도 안 되는 일이다. 상식적으로 해괴망측하다. 이러니 과학계 일부에서 성경을 비과학적이고 미신이라고 하는 거다. 그렇다면 성경 기자는 왜 그 이야기를 무식할 정도로 용감하고 **뻔뻔하게** 기술한 것인가? 전능하신 하나님은 못하실 일이 없다. 과학 지식으로 말이 안 되는 것도 능히 하실 수 있다. 하나님이 야곱에게 거저 주셨다.

야곱은 은혜를 구하는 사람이다. 창세기를 읽어보면, 에서는 아쉬운 것이 없다. 그는 태어나는 순간, 장자라는 신분과 더불어 특권을 누리게 되어 있다. 그러다 보니 갈망이 없다. 하나님도 그리 필요치 않다. 결국 경홀히 여긴 것이다. 반면 야곱은 하나님의 도움이 없으면 아무것도 아닌 존재다. 하나님의 은혜에 목마르다. 어디에 있든, 무엇을 하든, 야곱은 하나님을 부른다. 은혜를 아는 자다. 하여, 성경은 하나님을 만나야 할 필요를 전혀 느끼지 않아 그분을 찾지 않는 에서가 아니라, 하나님이 없으면 안 되는, 그래서 하나님을 강력히 찾은 야곱의 손을 들어 올린다.

야곱이 은혜를 구한 자라는 것만으로는 부족하다. 다른 이야기를 하나 하자. 시편 22편은 고통으로 자아상에 큰 손상을 입은 한 사람의 슬픈 노래다. 6절은 이렇다. "나는 사람도 아닌 벌레요, 사람들의 비방거리, 백성의 모욕거리일 뿐입니다." 이 사람은 다윗임이 틀림없다. 그런데 이 시편은 주인공을 다윗으로 한정하는 것을 용납하지 않는다. "나를 보는 사람은 누구나 나를 빗대어서 조롱하며, 입술을 비쭉거리고 머리를 흔들면서 얄밉게 빈정댑니다"(7절). 여기 말고 다른 곳에서 본 듯한 구절이고 대목이지 않은가?

혹여 그래도 기억나지 않는다면 한 가지 실마리를 주고 싶다. 이 시편은 이렇게 시작한다. "나의 하나님, 나의 하나님, 어찌하여 나를 버리십니까? 어찌하여 그리 멀리 계셔서, 살려 달라고 울부짖는 나의 간구를 듣지 아니하십니까?" 이제야 생각나는가? 그렇다. 십자가의 예수 그리스도! 그분은 자기 자신을 벌레로 인식하신다. 공동번역은 적절한 단어로 번역했다. "나는 사람도 아닌 구더기, 세상에서 천더기"라고. 다윗도, 예수님도 심한 고통 속에서 구더기만도 못하다고 탄식했다.

자신이 그러했기에 우리 예수님은 버러지와 구더기 같은 사람들을 귀히 여기신다. 어부, 세리, 여인, 죄인……. 하나같이 좀 있다 하는 사람들 눈에는 지렁이 같을 게다. 그건 단지 사람들 눈에 비친 모습일 뿐 진실이 아니다. 스스로 그런 존재가 되어보신 그분에 따르면 그들은 하나님의 얼굴을 하고 있으며, 내면에는 하나님의 이미지를 지니고 있다. 몸소 버러지가 되어보신 분, 그래서 버러지 같은 야곱을, 버러지보다 못한 나를 그분이 사랑하신다. 이것이 은혜다. 아, 하나님의 은혜!

1장

출생의 비밀

운명 vs. 의지

리브가는 쌍둥이를 배었는데, 그 둘이 태 안에서 서로 싸웠다. 그래서 리브가는 "이렇게 괴로워서야, 내가 어떻게 견디겠는가?" 하면서, 이 일을 알아보려고 주님께로 나아갔다. 주님께서 그에게 대답하셨다. "두 민족이 너의 태 안에 들어 있다. 너의 태 안에서 두 백성이 나뉠 것이다. 한 백성이 다른 백성보다 강할 것이다. 형이 동생을 섬길 것이다."
_창세기 25장 22-23절

이른 새벽, 아이를 낳기 위해 밤새 진통을 겪으며 이를 악문 리브가가 마지막 힘을 다하고 있었다.
"아기 머리가 보여요! 조금만 더 힘을 주세요!"
"으흠!"
"으앙! 으앙!"
아들이었다. 갓 태어난 아이답지 않게 온몸이 털투성이인데다 살결이 붉은 남자아기. 아기는 금방이라도 들판을 휘젓고 뛰어다닐 것처럼 우렁차게 울어댔다.
"어머, 쌍둥이잖아요? 세상에, 또 다른 아기가 형 발꿈치를 잡고 나왔어요!"

창세기 25장 20-26절

한계와 경계를 넘어

인간에게는 태어나기도 전에 미리 결정된 것들이 있다. 인종, 민족, 가족, 성^性 등이다. 내가 황인종을 선택한 것이 아니라 선택당한 것이다. 내게 한민족은 내 의사와 무관하게 주어진 것이다. 내 부모는 내가 결정한 것이 아니다. 내가 남성으로 태어난 것은 내 의지와 아무런 관계가 없다. 이런 것들은 내 삶을 어느 정도 결정하는 제약이면서도 내 삶을 개척하는 토대가 된다. 그렇더라도 내게 묻지 않고 결정된 것이라는 사실은 변함없다.

달리 어찌해 볼 도리 없는 불가항력적 현실 앞에 우리는 대부분 속수무책으로 좌절하거나 비관한다. 아이러니하게도 한편에는 가난한 부모가 물려준 빈곤을 원망하는 이들이 있고, 반대편에는 바쁘고 똑똑한 부모의 따뜻한 말 한마디를 몹시 그리워하는 이들이 있다. 허나 그 현실은 장애물이기도 하지만, 디딤돌이기도 하다. "땅에서 넘어진 자, 땅을 딛고 일어서라"고 했다. 우리를 넘어뜨린 땅이지만, 그 땅이 없다면 일어설 수도, 존립할 수도 없다. 우리를 무기력하게 만드는 요소는 달리 보면 도약을 가능케 하는 발판이 된다.

태어날 때부터 야곱은 형 에서에 비해 불리한 점이 많았다. 고대 사회에서, 가부장 질서에서 차자는 장자와 견주어 손해가 이만저만이 아니다. 하나는 물질적인 것이고, 다른 하나는 영적인 것이다. 경제적으로 형은 동생보다 두 배 몫을 가진다. 부모의 재산을 삼등분해서 둘을 취하는 것이다. 나중에 야곱은 요셉의 두 아들 에브라임과 므낫세를 자기 아들로 받아들여 각각 지파를 이루게 한다. 즉 요셉은 두 지파를 형성한다. 야곱에게 장자는 요셉이기 때문이다.

영적으로도 차이가 많다. 첫째 아들은 아브라함과 이삭의 계보를 잇는 믿음의 가문을 계승한다. 또한 하나님이 세상을 창조하면서 주신 언약과 노아와 아브라함에게 주신 언약의 계승자가 된다. 계승자는 제사할 수 있는 특권을 얻는다. 하나님과 교제하며, 그분을 대리하고 대표하여 세상을 다스린다. 제사를 드려야 하기에 재산도 더 많이 물려받는다. 유교 문화에서 장자가 제사를 가져가고 더 많은 재산을 상속받는 것과 비슷하다.

이런 영적이고 물질적인 축복이 관련된 장자와 차자라는 선천적 조건은 본인의 의사와 상관없이 미리 결정된 것이다. 야곱은 이것을 거부한다. 운명이라는 말, 팔자소관이라는 말을 그는 알지 못한다. 전前 독일 대통령 요하네스 라우의 책 제목이 생각난다. 「어쩔 수 없는 숙명이라는 말은 무신론자나 하는 말입니다」(살림). 사주팔자 운운하는 것은 그리스도인이 입에 담을 소리가 아니다.

그의 야망은 이 모든 것을 인정하기보다는 일거에 뒤집도록 선동한다. 나폴레옹이 "내 사전에 불가능은 없다"고 했던가? 야곱이라면 "내 사전에 운명은 없다"라고 했을 것이다. 야곱은 인생에 애초부터 결정된 것이란 없다고 생각한다. 그러므로 야곱의 출생 자체도 결코 선천적으로 결정되지 않았다는 관점으로 읽을 수 있다.

하나님의 선택

야곱은 숙명에 철저하게, 그리고 처절하게 저항했다. 험악한 인생을 보건대 그렇다. 그러나 그의 출생을 보면 의아스럽다. 하나님이 태어나기 전부터 그를 선택하지 않았느냐 말이다. 하나님의 뜻과 의지를 어찌 인간이 거스를 수 있는가? 그럴 수 있다면 인간은 인간이 아닐 테고, 하나님은 하나님이 아닐 것이다. 그러지 못하니까 인간이고, 하나님이다.

에서 대신에 야곱을 선택한 것도 쉬 납득이 되지 않는다. 임신한 리브가가 몹시 힘들어 하나님께 여쭈어보았다.

> 그런데 리브가는 쌍둥이를 배었는데, 그 둘이 태 안에서 서로 싸웠다. 그래서 리브가는 "이렇게 괴로워서야, 내가 어떻게 견디겠는가?" 하면서, 이 일을 알아보려고 주님께로 나아갔다. 주님께서 그에게 대답하셨다. "두 민족이 너의 태 안에 들어 있다. 너의 태 안에서 두 백성이 나뉠 것이다. 한 백성이 다른 백성보다 강할 것이다. 형이 동생을 섬길 것이다"(창 25:22-23).

바울은 말한다. "내(하나님)가 야곱을 사랑하고 에서는 미워하였다"(롬 9:13. 말라기 1장 2-3절을 참고하라). 그러면서 반문한다. "그렇다고 하나님이 공정하지 못하다고 말할 수 있겠습니까? 절대로 그럴 수 없습니다"(9:14, 공동번역).

바울은 절대로 그럴 수 없다고 단호하게 부정하지만, 논란을 자초하는 말이 아닐 수 없다. 하나님이 인생을 예정하셨다면, 사람이 할 일이란 무엇이란 말인가? 내 생이 이다지도 배배 꼬이고 꼬인 것은 삶을 시작하기도 전에 하나님이 결정하신 것이다. 책임도 하나님에게 귀속된다. 남다른 고통에 처한 이로서는 황당하기 그지없고, 하나님이 과연 사랑과 은혜가 풍성한 분인지 의문스럽다. 아니, 그런 하나님을 믿어야 할지 심사숙고하지 않을 수 없다.

에서로서는 억울하고, 야곱은 횡재한 거다. 하나님은 불공평하다. 100미터 달리기를 하는데, 한 사람은 원점에서 출발하고 다른 한 사람은 50미터 지점에서 출발하는 것과 전혀 다를 바 없다. 그러고도 하나님이란 말인가? 정말 인생 불공정하다. 최소한의 규칙도 없다면 살아야 할 어떤 이유나 희망조차 없지 않은가? 사람들은 대부분 에서의 처지에서 묻는다. 나도 야곱의 시선으로 보아야 한다고 믿지만, 그래도 찝찝하다.

오랫동안 인도에서 선교 사역을 한 레슬리 뉴비긴은 복음주의자와 자유주의자 모두에게 존경받는 보기 드문 신학자다. 그는 기독교의 선택 교리를 새롭게 인식한다. "기독교의 가르침 가운데 선택 교리만큼 심한 조롱과 분노의 대상이 되었던 것은 없을 것이다."[1] 전능하고 사랑이 많으신 하나님이 특정한 한 사람이나 한 부족을 선택해서 특별한 사랑과 관심을 두신다는 것은 이해하기 어려울 뿐더러 "무식한 이

기주의"로 비쳐진다. "그럼에도 선택 교리는 성경의 핵심 가르침임이 틀림없다." 아브라함과 이스라엘, 그리고 예수님의 제자들과 바울은 자신들이 선택받은 공동체와 사랑받는 백성이라는 자부심을 감추지 않기 때문이다.

사람들로 불편케 하는 불온한 진리가 왜 떡하니 성경 중심에 놓여 있는 걸까? 그렇다면 조롱하고 분노하기 전에 왜 그리고 어떤 의미인지를 헤아려보아야 하지 않을까? 하나님의 선택은 은혜이자 사명이다. 어째서 불공정이 아니라 은혜이고, 무책임이 아니라 사명인가? 선택이 어떻게 하나님을 독재자로 각인시키지 않고 자애로운 아버지의 은혜와 연결되는 걸까? 거역할 수 없는 하나님을 절대자로 공표하는 선택이 인간의 무책임을 조장하기보다 도리어 사명감을 일으킨다는 것이 말이 될 법하느냐 말이다. 서로 끌어당기는 개념쌍이 아니라 밀어내는 것이지 않은가? 배척하고 배제하는 단어들이 포용하고 포옹한다니 자꾸 질문이 많아진다. 그렇다면 선택은 무엇인가?

먼저, 선택은 은혜다. 선택의 결정권은 하나님께 있다. 그분은 우리 모습과 무관하게, 더 정확히 말하면 우리가 저지른 온갖 죄악에 합당하지 않은 상반된 결정을 하셨다. 바로 용서다. 하나님을 거역하고 반역을 도모한 죄인인 우리를 정죄하지 않고 용서하겠다는 결정을 선택하셨기에 은혜다. 은혜는 선물이다. 이 선물은 거래나 교환이 아니다. 거저 주는 것을 거저 받는다. 하여, 배타적 특권을 주장하거나 요구할 권리를 갖지 못한다. 조건 없이 주신 것이기에 하나님 앞에서나 사람들 앞에서 자신을 주장할 수 있는 조건이 될 수 없다.

그러기에 선택은 자랑하지 못하게 만든다. 내 삶의 주인이 내가 아니라 하나님이라는 사실을 깨우쳐준다. 삶이란 그분이 주시는 선물이라는 것을 일깨운다. 이 선택은 에서에게도 은혜다. 어떻게 에서에게 하나님의 선택이 은혜인가? 하나님의 선택은 에서의 입에서 절대로 이런 말을 못하게 만든다. "나는 장자야, 그러니 하나님의 축복은 떼놓은 당상이야. 누구도 건드릴 수 없어." 어쩌면 마음속으로 이렇게 생각하고 있는지도 모른다. "그가 설령 하나님일지라도 말이야. 그러니 야곱 네까짓 것은 턱도 없어. 암, 그렇고말고."

반상의 구별이 엄격한 신분제 사회에서, 장자와 차자, 적자와 서자의 구분이 가혹한 가부장적 질서에서, 세금과 교육 등으로 부를 세습하고 그 체제에서 멀어진 자들은 가난을 대물림하는 못된 사회에서, 신분과 제도와 질서 가장 꼭대기에서 아무런 수고도 없이 받기만 하는 이들에게 하나님의 선택은 경고를 날린다. "안심하지 마. 안심하기에는 일러. 암, 그렇고말고. 언제든 뒤바뀔 수 있으니까 말이야. 그러니 조심하는 게 좋을 걸."

출생 조건 하나만으로 평생이 결정되는 사회는 결코 좋은 사회가 아니다. 자기들끼리 만들어낸 틀 속에 다른 사람마저 주조해내려는 생각에 하나님은 동의하지 않는다. 착각하지 말라. 왕포과 주포는 사람이 아니라 하나님이다. 그분은 인간들이 제멋대로 그어놓은 경계를 허물어뜨리신다. 그래서 그들로 하여금 말 한마디도 조심하게 하신다. 행동거지를 주의해야 마땅하다. 없이 산다고 우습게 여기지 못하게 하신다. 언제든 인생이 역전될 수 있으니 경계할 수밖에.

에서처럼 태어나면서 모든 것을 가진 이들에게 똥침을 날리는 것이 하나님의 선택이라면, 이것은 야곱처럼 지지리도 못나게 난 자들, 그래서 남의 발꿈치나 잡고 살아가야 하는 그런 이들에게는 희소식이 아닐 수 없다. 다른 분도 아니고 하나님이 우리를 선택하셨단다. 사랑하신단다. 하여, 선택 교의는 우리로 웃게 하고 노래하게 한다. "그때에 우리의 입은 웃음으로 가득 찼고, 우리의 혀는 찬양의 함성으로 가득 찼다. 그때에 다른 나라 백성들도 말하였다. 주님께서 그들의 편이 되셔서 큰 일을 하셨다"(시 126:2).

둘째, 선택은 배제가 아니다. 한 사람을 선택한 것이 다른 한 사람을 버렸다는 의미는 아니다. 선택은 하나님을 독점하는 것도, 다른 사람을 배척하는 것도 아니다. 하나님은 야곱의 후손 이스라엘이 선택받은 백성의 신분과 사명을 감당하지 못하자 신약 교회와 성도를 선택하셨다. 그렇다면 구약의 이스라엘은 선민의 위치를 영원히 상실하는 것인가? 다시 말해 신약 교회가 구약 이스라엘을 대신하고 있으니 그들은 버림받은 것인가?

바울은 그렇지 않다고 선언한다. "하나님께서 주시는 고마운 선물과 부르심은 철회되지 않습니다"(롬 11:29). 만약 선택이 철회된다면 새롭게 선택받은 신약 성도도 동일한 운명에 처할 수 있다. 바울은 한발 더 나아간다. 그들을 대신하는 교회를 통해 자극을 받은 이스라엘이 하나님 백성이 될 것이다(롬 11:11-12). 그러니 선택받았다고 해서 교만한 마음으로 우쭐거리거나 타인을 무시해서는 안 된다. 도리어 두려워해야 한다(롬 11:18-20). 좌우간에 이스라엘이 버림받은 것은 아니다.

에서도 마찬가지다. 에서 대신 야곱을, 이스마엘 대신 이삭을 선택했다고 해서 에서와 이스마엘이 버림받은 것은 결코 아니다. 추후 일생을 보면 에서는 넉넉하게 복을 받았다. 한 민족을 이루었다. 이스마엘도 다르지 않다. 그들은 그들 분량대로, 아니 평범한 이들과 견주어 풍성한 축복을 받았다. 그러니 하나님에게 에서와 야곱은 이것이냐 저것이냐의 양자택일이 아니다. 각자 쓰임 받았고 자기 몫을 받았다. 다시 말하건대, 선택은 공평한 은혜다.

셋째, 선택은 사명이다. 이건 좀 이해가 간다. 부르실 때는 뭔가 시킬 일이 있을 테니까. 주님이 말씀하신다.

> 너희가 나를 택한 것이 아니라, 내가 너희를 택하여 세운 것이다. 그것은 너희가 가서 열매를 맺고, 그 열매가 언제나 남아 있게 하려는 것이다. 그리하여 너희가 내 이름으로 아버지께 구하는 것은 무엇이든지 다 받게 하려는 것이다(요 15:16).

레슬리 뉴비긴의 말도 덧붙이자.

> 그러므로 선택받는다는 것은, 택함 받은 자로 구원받고 나머지는 멸망당한다는 것을 의미하지 않는다. 그리스도 예수 안에서 선택받은 것(이 밖의 다른 선택은 없다)은 세상을 향한 그분의 사역에 편입되는 것이요, 온 세상을 향한 하나님의 구원의 목적을 짊어지는 자가 되는 것이며, 만인을 위한 하나님 나라의 표지가 되고 일꾼이 되고 첫 열매가 되는 것을 의미한다.[2]

뉴비긴은 삶의 주도권이 인간이 아니라 그분께 있다고 거듭 천명한다. 선택은 은혜다! 부르신 목적은 열매 맺는 삶이다. 이보다 야곱에게 어울릴 만한 구절은 있을 수 없다. 하나님의 은혜에 따른 선택, 하나님의 목적을 이루고자 하는 야곱의 야망과 갈망, 끝내 이스라엘로 하나님 앞에 서고, 만방 앞에 서게 되는 자, 그는 사명을 따라 산 사람이다.

야곱의 사명, 그러니까 야곱이 부름 받은 목적은 그의 할아버지 아브라함을 부르실 때 하나님이 하신 말씀에 명시되어 있다. "내가 너로 큰 민족이 되게 하고, 너에게 복을 주어서, 네가 크게 이름을 떨치게 하겠다. 너는 복의 근원이 될 것이다"(12:2). 하나님은 야곱을 선택해서 엄청난 축복을 받게 하신다. 복을 많이 받는 것에서 끝나지 않는다. 복의 근원이란 곧 복 자체가 된다는 말이다. 그를 축복하는 자는 축복받고 저주하는 자는 저주받는다는 말은 아브라함이나 야곱이나 우리가 축복의 통로요 유통자가 된다는 뜻이다. 그런 점에서 야곱이 축복을 갈망한 것은 하나님의 뜻을 이루려는 열망에 다름 아니다.

마지막으로 선택은 고난이다. 야곱은 하나님의 선택에 따른 대가를 톡톡히 치렀다. 거저 받지 않았다. 하나님은 당신이 선택한 자를 그냥 내버려두시지 않는다. 연단하신다. 아주 혹독하게 훈련하신다. 군대에서도 특수부대원을 특별 관리하고 훈련시키는데, 하나님이랴. 야곱뿐 아니라 그의 아들 요셉도, 후손인 모세도, 다윗도 하나님께 부름 받은 뒤에 곧바로 정상에 올라선 것이 아니다. 거칠고 메마른 광야로 내보내졌다. 선택받았다고 깝죽거리지 말아야 한다.

하나님 편에서는 연단이지만, 야곱 편에서는 험악했다. 왜 몸소 선택하신 야곱을 그리도 모질게 대하신 걸까? 선택은 자동이 아니다. 선택은 결정론도, 운명론도 아니다. 에서도 그저 가만히 앉아서 평생 안일하게 살 수 없게 만들고, 야곱도 인생의 모든 순간과 경로가 알아서

척척 돌아가도록 프로그래밍하지 않았다는 점에서 모두 같다. 선택은 끝이 아니라 시작이다. 그러니 둘 다 자기 힘이 아니라 은혜로 살지 않으면 안 된다. 그러니 선택은 공평한 은혜다.

성경 곳곳에서 선택받은 하나님의 백성이 된다는 것은 특권이 아니라 고난, 책망, 치욕을 의미한다. 구약 이스라엘은 하나님께 등을 돌리고 불순종하는 세상을 사랑하고 구원하시려는 하나님의 염려를 몸소 구현해야 했다. 신약도 마찬가지다. 예수님과 교회는 사랑받는 자요, 선택받은 자로서 모든 민족을 대신하여 하나님의 저주를 짊어지고 그 죽음의 고통을 겪도록 부름 받았다. 이 사명을 감당하지 못할 때 이스라엘과 교회는 더 가혹한 심판을 감수해야 했다. 그러니 선택은 특권이나 지위가 아니라 사명이요 은혜다.

하나님이 선택하셨다. 여러분과 나를 말이다. 출생으로 저절로 획득되는 신분의 차이를 부정하고 오랜 연단과 훈련이 뒤따르는 길이다. 예수 그리스도로 말미암아 이제 누구나 그 선택에 포함된다. 요는 나도 야곱처럼 하나님께 선택받았다는 것, 그리고 필연적으로 선택에 따른 사명도 받았다는 것이다. 우리는 하나님의 선택을 왈가왈부하면서도 그 선택을 감사하는가? 사명 따라 사는가? 그러고도 나는 선택받은 자인가?

부모의 기도

하나님과의 관계에서 말하자면, 야곱은 그분의 선택 가운데 태어났다. 타인, 곧 부모와의 관계에서 보면, 그는 부모가 지극하게 기도한 열매다. 어머니 리브가는 시어머니 사라처럼 오랫동안 불임이었다. 이삭이 결혼한 것이 40세고 출산한 것이 60세니, 불임 상태가 20년 가까이 지속된 것이다. 아이를 낳지 못하는 여인네의 슬픔은 사무엘의 어머니 한나가 드린 간절한 기도에서 절실하게 느낄 수 있다.

> 한나는 괴로운 마음으로 주님께 나아가, 흐느껴 울면서 기도하였다. 한나는 서원하며 아뢰었다. "만군의 주님, 주님께서 주님의 종의 이 비천한 모습을 참으로 불쌍히 보시고, 저를 기억하셔서, 주님의 종을 잊지 않으시고, 이 종에게 아들을 하나 허락하여 주시면, 저는 그 아이의 한평생을 주님께 바치고, 삭도를 그의 머리에 대지 않도록 하겠습니다"(삼상 1:10-11).

당대 문화에서 불임은 여자 책임으로 돌려졌다. 이런 불임 상태로는 하나님이 아브라함을 부르시면서 약속하시고 축복하신, 큰 민족이 되는 꿈 또한 요원해진다.

아브라함은 아이를 낳지 못하자 첩을 들인다. 하갈은 아이 낳는 도구, 곧 씨받이였다. 그로 인해 아브라함은 난처해지고, 사라는 소외를 느꼈으며, 하갈은 쫓겨나고, 이스마엘은 천덕꾸러기로 자랐다. 결국 하나님이 개입하셔서 고통 받는 하갈을 돌아보신 끝에 모두 형통해졌다. 이 와중에 아브라함이나 사라가 자녀를 낳게 해달라고 기도한 흔적은 보이지 않는다. 하나님은 그들이 세운 계획과 방법이 모두 수포로 돌아가고 자포자기할 즈음에야 이삭을 허락하셨다.

그런 아버지와 어머니 이야기를 익히 들었던 것일까? 이삭 부부는 아브라함과 사라에서 진일보한 모습을 보인다. 이삭은 기도했다. 리브가도 기도했다. 아버지의 전철을 따라 아내 리브가를 누이라고 속인 이삭이다. 이 대목에서는 부전자전이다. 아브라함과 사라는 부부이기도 하지만 사촌지간이니, 아브라함의 거짓말에는 일말의 진실도 포함되어 있다. 허나, 이삭과 리브가는 훨씬 더 먼 친척뻘이니 이삭이 한 술 더 뜬 셈이다. 그러나 자녀 문제에 관해서는 달랐다. 기도했다. 꾀를 부리지 않았다.

아버지 이삭이 먼저 기도한다(25:21). 그가 기도한 동기는 아내 사랑이다. 영어성경은 거의 대부분 이삭이 "아내를 위해" 또는 "아내 때문에" 기도했다고 말한다(NIV, NRSV, NASB, KJV, 개역개정, 쉬운성경). 자녀를 생산하지 못하는 아내가 겪은 고초와 고민을 20년간 지켜보면서 참다못해 대신 기도한 것이다. 아이 낳기 위해 결혼하는 것이 아니라, 사랑해서 결혼하고 자녀를 얻는 것이 가정이다. 아버지 아브라함의 황당하기 그지없는 요구에 묵묵히 순종한 이삭의 성품과 신앙이 다시 한 번 아내 사랑으로 연주되고 있다.

어머니 리브가도 지아비 따라 기도한다. 반면, 리브가가 기도한 동기는 고통이다. 태중의 두 아이가 하도 싸워 괴롭다 못해 하나님께 하소연한 것이다. "이렇게 괴로워서야 내가 어떻게 견디겠는가?"(25:22) 리브가는 정말 당찬 여인이다. 주저 없이 하루 만에 고향과 가족을 등지고 이삭을 만나러 길을 떠난 여장부다. 그런 그가 견디지 못할 통증을 호소한다는 것은 그만큼 힘들다는 방증이다. 한 몸에서 낳았지만 서로 심하게 다투는 자녀들 때문에 예나 지금이나 어머니들은 아프다. 그리고 그때 리브가가 그랬듯이 지금의 어머니들도 하나님께 기도한다.

하나님의 은혜와 인간의 신앙이 잘 어울린다. 자녀를 달라고 기도하는 것은 인간의 공로가 아니라 하나님의 자비를 강청하는 것이다. 이미 큰 민족을 이루겠다는 약속을 굳건히 신뢰한 기도다. 그런 점에서 하나님의 은혜와 인간의 믿음이 서로 호응한다. 그랬기에 야곱은 하나님의 은혜를 누리기 위해 누구보다도 고군분투했다. 하나님의 약속과 은혜가 이미 그 앞에 있었기 때문이다. 그것을 붙잡으려고 좌고우면하지 않고 달려 나갔다.

자녀를 위해 부모가 해줄 가장 중요한 책무는 기도다. 기도가 부모의 몫이다. "이 탄생 이야기에서 어머니와 아버지의 역할은 기도다. 오로지 하나님에게 자신을 내던지는 것이 그들이 해야 할 일이다."[3] 내 경험으로 보면 기도가 적을수록 잔소리의 빈도와 강도는 높아진다. 그러다 뼈저리게 느낀다. 잔소리가 아니라 기도가 자녀를 향한 최고의 사랑이라는 것을. 잔소리와 달리 기도는 어떤 역효과도 없다. 물론 효과는 최상이다.

어떤 이들은 탄식할런지 모르겠다. 왜 나는 기도하는 부모가 아니란 말인가? 왜 우리 아빠와 엄마는 이삭과 리브가처럼 기도로 날 낳지 않으셨는가? 나도 한때 그게 그렇게 약이 올랐다. 내 부친은 긴 투병생활과 때 이른 죽음으로 그간 힘들게 쌓아놓은 모든 것을 일거에 앗아갔고, 어머니는 아들의 신앙과 목회를 마뜩잖아 하셨다. 기도는 언감생심 그림의 떡이다. 지지체계가 결여된 것이다. 부모의 기도가 자녀의 운명을 가른다는 말을 들었을 때 아팠고 쓰렸다. 몸이 시리도록 외로웠다.

어느 가난한 마을 어귀에 벤츠가 등장했다. 동네 아이들이 죄다 몰려들었다. 차에서 동네 아저씨가 내려 자랑한다. 형이 이 차를 유산으로 상속해 주었다고. 모두들 부자 형을 둔 아저씨가 부럽다고 난리다. 자기도 그런 형이 있으면 좋겠다고 한다. 유독 한 소년의 눈이 빛난다. 동네 아저씨가 다가가 묻는다.

"얘, 너도 이런 차를 물려받은 내가 부럽니?"

"아니요."

"……."

"저는 나중에 제 동생에게 차를 사주는 그런 형이 될래요."

부모가 이삭과 리브가가 아닌 것을 탓하지 말자. 이제 나는 이삭과 리브가 같은 기도하는 부모가 되리라 다짐하고, 그런 부모 된 것을 감사한다.

야곱의 결정

나면서부터 야곱에게는 하나님의 은혜로운 선택과 부모의 눈물겨운 기도가 있었다. 다시 한 번 불공평하지 아니한가, 라는 의문이 속에서 스멀거린다. 거듭 이 질문을 끄집어내는 것은 다른 누구도 아닌 바로 나 자신이 문제인 탓이다. 모태신앙도, 기도하는 부모를 만난 것도 아닌 내게(아주 오랜 시간이 지난 지금에서야 어머니는 기도하는 분이 되셨다) 야곱은 "나도 그랬으면" 하는 선망의 대상인 동시에 "그러니까 너는 그렇지"라는 질투의 대상이다. 부당한 하나님에게도 은근히 화가 난다. 그러면서도 어떻게 공의롭다 할 수 있는가? 그러나 곰곰이 생각해 본 결과, 결코 불공정하지 않으며 불평할 수 없다는 결론을 얻었다. 왜 그런가?

첫째, 하나님의 선택과 부모의 기도가 모든 것을 결정하는 것은 아니다. 바로 그러한 고정관념을 전복하는 것이 성경의 세계관이다. 창세기가 포함된 모세오경은 출애굽이라는 문맥에서 읽어야 한다. 애굽의 질서는 주인과 종의 체제다. 따라서 이를 뒤바꾸려는 모든 시도는 반란이다. 체제 수호자들은 어떻게든 장벽을 세워 진입 문턱을 높이려 한다. 그들 말대로 체제가 확정된 것이라면, 노예살이하는 히브리인은 영원히 그렇게 살아야 한다. 허나, 그렇지 않다. 그래서도 안 된다. 더군다나 그럴 수 없다. 출애굽은 정당하다. 정당성의 역사적 기원이 바로 야곱이다.

둘째, 내게 아무 득이 되지 않기 때문이다. 하나님과 부모를 탓한다고 해결될 것도, 바뀔 것도 전혀 없다. 내 심사만 자꾸 뒤틀릴 뿐이다. 스캇 펙의 말이다. "내가 악한 사람이라고 부르는 이 사람들의 행동에 가장 지배적인 특징은 곧 남에게 죄를 덮어씌우는 책임 전가다."⁴ 그러므로 차라리 "탓"을 하지 말고, 그 속에 담긴 "뜻"을 찾아야 한다는 것이 내 생각이다. 과거란 되돌아볼 수는 있어도 돌이킬 수는 없다. 과거를 바꿀 수는 없지만, 과거를 바라보는 시각은 바꿀 수 있다.

셋째, 야곱은 결코 하나님의 선택과 부모의 기도에 무임승차하지 않았다. 무임승차한 것은 에서지 야곱이 아니다. 그가 하나님의 축복을 얻으려는 열망에 사로잡혀 얼마나 이전투구(泥田鬪狗)하였는가. 눈물겨운 야곱의 분투가 에서를 제치고 장자의 자리를 차지하게 한 것이 아닌가. 야곱은 어머니의 지혜를 빌리고, 한 여인을 죽도록 사랑했으며, 밤잠 자지 않고 일했고, 밤새 하나님과 씨름했다. 가만히 앉아서 덩굴째

들어온 호박을 넙죽 집어삼키지 않았다. 단연코 아니다.

야곱의 이름이 증거다. 그의 이름은 그의 야망만큼이나 이중적이다. 야곱은 히브리어로 "야아콥"Yaakov이다. 발꿈치를 잡고 태어났다고 해서 붙여진 이름이다. 발꿈치를 뜻하는 히브리어 "아켑"과 관련되어 있다. 이는 이스라엘 민속씨름에서 상대방을 교묘히 속이는 기술과 연관되어 있다. 우리나라 씨름을 연상한다면, 뒤집기와 같다. 넘어지는 척하면서 상대방의 힘을 끌어당겨서 되레 넘어뜨리는 기술이다. 그래서 "야곱"은 속이는 자, 교활한 자라는 의미다. 그렇지만 "어원학적으로 '야곱'은 '하나님이 보호하신다'를 의미하는 '야아콥-엘'Yaakov-el의 준말로 여겨진다."[5]

야곱은 하나님과 하나님이 주시는 축복에 악착같이 달라붙었다. 수단과 방법을 가리지 않는 저돌적인 행동, 집요한 추구, 한없는 야망이 없었다면, 그는 에서보다 못한 삶을 살았을 것이다. 둘째로 태어난 것을 탓하면서 말이다. 아이들이 생일날 불러주는 "왜 태어났니?"를 십팔 번 삼아 신세 한탄하며 허송세월을 보냈을 법하다. 아니면 꿈쩍하지 않는 세상의 질서를 하나님의 질서로 승인하고 착한 아들, 고분고분한 동생으로 별 탈 없이 그럭저럭 만족하며 살았을 것이다.

야곱의 삶은 그가 내린 결정의 결과다. 남다른 복을 받은 것은 그가 내린 선택의 결과다. 남달리 고생을 한 것도 그의 결심 때문이다. 야곱은 하나님의 선택을 자기 것으로 받아들였고 부모의 기도를 올라탔다. 뜻을 세우기 전까지는 하나님의 은총과 부모의 사랑도 그저 그림의 떡에 지나지 않는다. 그러한 조건이 주어지더라도 야곱처럼 되지 않는다. 야곱처럼 결정하지 않았기 때문이다. 야곱은 불리한 조건에도 굴하지 않고 떨쳐 일어나 자기 것으로 삼았다.

  선택의 중요성을 말해 주는 두 가지 예를 보자. 하나는 경험이다. 빅터 프랭클은 아우슈비츠 수용소 체험을 통해 인간에게 선택권이 있다는 사실을 배웠다. 인간이 인간일 수 없는 그곳에서도 인간의 자존심을 지킨 이들이 있다. 제 한 몸 건사하기도 고달픈 강제수용소에서 다른 사람을 보살피며 마지막으로 남겨둔 빵을 나누어준 극소수의 사람들이 있었다. 그들을 보며 프랭클은 인간에게 모든 것을 빼앗아가도 단 하나 앗아갈 수 없는 것이 있는데, 그것이 바로 자유라는 사실을 깨달았다. "인간의 자유, 주어진 환경에서 자신의 태도를 결정하고 자기 자신의 길을 선택할 수 있는 자유만은 빼앗아갈 수 없다."[6]

  아무리 열악한 환경일지라도 에서가 될 것인지 야곱이 될 것인지를 결정하는 것은 자기 자신이다. 하나님은 우리에게 결정할 자유를 주셨다. 비록 타락으로 말미암아 상당히 뒤틀려 있음에도 그 자유는 여전히 남아 있다. 수용소에서 자신만 살아남겠다고 바동대며 살 것인지, 그런 곳일지라도 타인을 도우며 살 것인지 결단할 수 있다. 부당한 권력의 횡포에도 자유와 자아를 잃지 않겠다는 의연한 결의로 자신을 보호할 것인지, 아니면 맥없이 굴종할 것인지를 선택할 여지는 있는 것이다. 프랭클도 인정했듯이, 극소수만이 내면의 자유를 지키는 것이 현실이다. 쉽지 않다. 그렇지만 불가능한 것은 아니다. 야곱도 그러지 않았는가.

  다른 하나는 성경이다. 예수님은 침례(세례) 요한을 평가하면서 하나님 나라를 설명한다. "세례 요한의 때부터 지금까지 천국은 침노를 당하나니 침노하는 자는 빼앗느니라"(마 11:12, 개역개정). 신약학자들에 따르면 이 구절은 해석하는 데 난점이 많다. "침노하다"(비아제타이 *biazetai*)와 "빼앗다"(하르파주신 *harpazousin*)가 긍정과 부정 두 가지 의미로 읽힐 수 있기 때문이다.[7] 긍정으로 읽으면 하나님 나라가 세상에 강력하게 침투하고 있고, 그 나라는 적극적으로 반응하는 자의 것이라는 의미다. 부정으로 읽으면 하나님 나라가 대적에게 폭력을 당하고 있고, 그 나라에 속한 자들은 많은 고통을 받는다는 뜻이 된다.

어느 한 편을 지지하는 것이 쉽지 않다. 이 경우처럼 두 가지 견해가 나름 타당성이 충분할 때, 나는 대부분 양자를 다 받아들인다. 어떤 점에서는 성경이 스스로를 열어두었는데 서로 통하는 문의 한쪽을 걸어 잠가 다른 쪽도 닫아버리는 결과를 초래할 수 있기 때문이다. 그러니 둘 다를 취하는 것이 안전하며, 더 나아가 풍성하다. 이 구절에 따르면 야곱의 결정이 정확하게 해석된다. 야곱은 이 구절의 속뜻을 여실하게 드러낸다.

야곱은 열린 하나님 나라의 장자권과 축복을 받기 위해 적극적으로 반응하였다. 그러니 그 나라의 장자와 축복은 야곱의 것이다. 야곱의 생애를 긍정적으로 읽으면 이렇게 해석된다. 반대로 하나님 나라를 그분의 지혜가 아닌 자신의 잔머리로 취하고자 할 때, 가족 모두는 물론 당사자인 본인도 고된 시련을 겪었다. 야곱은 하나님 나라의 축복을 사모하여 적극적으로 응답하면서도 부당한 방법으로 도모하다가 그에 상응하는 고생을 자초하였다. 야곱의 일생은 하나님의 선택과 부모의 기도, 자신의 결심이라는 삼겹줄로 이루어졌다. 하나님의 선택과 부모의 기도를 자신의 것으로 만들었기에 가능했다.

야곱은 참으로 이중적이고도 양면적인 인간이다. 그가 품은 야망이 서로 상반된 모순을 함의하고 있기에 이중적이며, 그 모순이 서로 보완될 때에 하나님의 구원 이야기의 큰 그림이 완성되기에 양면적이다. 어느 한 면만 보면 저속함에 실망하거나 영웅으로 숭배하게 된다. 둘 다 보아야 한다. 야곱은 그러한 분열적 모습을 결국 통합하였다. 곱게 조정된 것이 아니라 요란한 소리를 내면서 맞추어졌다. 나는 야곱 이야기의 일부고, 야곱 이야기는 나를 읽는 표준적 이야기다. 나는 야곱이고, 야곱은 나다.

2장

소중한 것을 먼저 하라

시간 vs. 방향

야곱이 빵과 팥죽 얼마를 에서에게 주니, 에서가 먹고 마시고, 일어나서 나갔다. 에서는 이와 같이 맏아들의 권리를 가볍게 여겼다.

_창세기 25장 34절

'이게 무슨 냄새지? 어디서 맛있는 냄새가 나는데······.'
에서는 한창 사냥을 하고 난 뒤라 배가 고팠다. 그날따라 사냥감이 어찌나 빨리 도망 다니던지, 한 마리도 잡을 수가 없었다. 허기진 배를 움켜쥐고 집으로 들어선 에서 눈에 팥죽을 끓이고 있는 야곱이 보였다. 달콤하고 따뜻한 팥죽이라니! 에서는 당장 열 그릇도 먹을 수 있을 것 같았다.
"야곱! 이 형님이 사냥을 하고 왔더니 배가 고프다. 그 붉은 죽 좀 먹자. 빨리 이리 줘봐."
에서도 보았을까? 순간 야곱의 눈이 빛났다.
"잠시만요, 형님. 이 팥죽을 드시려거든 먼저 형님이 가지신 장자권을 저한테 파시지요."

창세기 25장 27-34절

장남은 에서, 차남은 야곱?

"참, 목사님, 요즘 어떤 설교하세요?"
"응, 야곱 인물 설교하고 있지."
"야곱이라고요?"
"그래, 근데 왜 그런 뜨악한 표정이야?"
"사실 궁금한 게 있거든요. 왜 하나님은 에서를 버리셨을까요?"

지난주에 만나 진로 상담을 나눈 한 형제와의 대화다. 장남이란다. 이런 질문을 하는 이들은 십중팔구 장남이나 장녀다. 동생이 있는데 부모가 동생을 좀 더 사랑한다든가, 아니면 동생에게 조금 치인다고 느끼는 이들이다. 그러기에 자신을 에서에, 동생을 야곱에 대입한다. 야곱을 설교할 때마다 장남, 장녀들의 분개가 피부로 느껴진다. "그럼, 나는 에서란 말인가?"

나를 퍽 따르던 전도사가 있었다. 그는 마음에 상처가 많았다. 그는 계획도 없이 태어났고, 어머니는 출산 과정에서 거의 죽을 뻔한지라 그를 무척 미워한다고 했다. 아버지는 그를 아껴주었지만, 워낙 헌걸찬 어머니 앞에 기를 펴지 못했고, 일찍 돌아가셨다. 장남인 자신은 에서고 동생은 야곱이라는 말을 어머니에게 숱하게 들었다. 해도 해도 너무 했다 싶다. 이럴 수는 없다.

에서와 야곱의 관계를 장남과 차남, 형제와 자매의 갈등으로 읽는 것은 무리가 따른다. 우선 성경을 읽는 방법으로 부적합하다. 성경은 하나님의 구원 이야기다. 그 이야기에는 정치, 경제, 역사, 문학에서 한 개인의 내면과 가족 이야기도 포함된다. 그러니 형제간의 갈등도 있다. 그러나 그것을 심리학으로 축소하면 성경을 오해하게 된다. 성경은 성경으로 읽어야 제격이다. 내면의 무의식과 성적 욕망의 이야기가 아니라 하나님이 인간과 세계를 구원하는 드라마의 전개다.

형제의 갈등으로 봐서는 안 될 둘째 이유는 주 안에서 우리 모두 장자이기 때문이다. 로마서 말씀을 보자.

> 자녀이면 상속자이기도 합니다. 우리가 그리스도와 함께 영광을 받으려고 그와 함께 고난을 받으면, 우리는 하나님이 정하신 상속자요, 그리스도와 더불어 공동 상속자입니다(롬 8:17).

바울은 성령을 그 마음 가운데 모시어 들인 이를 하나님의 자녀라 선언한다. 뿐만 아니라 예수님과 공동 상속자라 선포한다. 신자는 그리스도가 받은 고난을 같이 받으면서 그리스도가 받는 영광을 함께 누린다. 그러므로 그리스도인은 누구나 장자다. 하나님 나라의 장자요 장녀다.

셋째, 누구나 야곱이고 누구나 에서다. 장남 중에도 야곱이 있고, 차남 중에도 에서가 있다. 장남이라고 해서 모두 에서가 아니고, 차남이라고 해서 모두 야곱이 아니다. 현실에 안주하고 중요한 것을 소홀히 여기면, 누구라도 에서가 된다. 현실을 숙명이라 여기지 않고 도전하며 이 세상에서 가장 중요한 가치를 붙잡고 분투한다면, 그가 다름 아닌 야곱이다.

넷째, 주 안에서는 첫째, 둘째의 구분이 없다. 성경 기록을 보면, 첫째를 더 사랑하는 듯하다. 그것도 극진히 사랑한다. 많은 성경 본문을 보면 하나님은 "만물이 내 것"이라고 천명하신다. 유월절 사건 이후에도 공표하신다. 처음 난 것은 당신 것이라고. 나는 둘째인지라 이 본문을 읽을 때마다 종종 되물었다. "그럼 둘째는?" 첫째는 둘째 사랑한다는 말에 삐지고, 둘째는 첫째가 우선이라는 말에 섭섭하다. 첫째는 첫째로 감사하고, 둘째는 둘째대로 기뻐하면 그만이다.

게다가 셋 이상인 형제 중에서 가운데는? 그리고 자매는? 그들에게 에서와 야곱 이야기는 남 이야기일 뿐인가? 결정적으로 인간이 되신 예수님은 장남이다. 예수님은 장남인데도 에서가 아니다. 그러니 첫째와 둘째, 형과 동생의 갈등 이야기로만 몰아가서는 안 된다.

내 가족은 유교 영향이 짙은 경남 산청이 고향이다. 어머니는 가부장적 세계관이 확고하셨다. 아버지가 일찍 돌아가셨기에 장남에게 더 의존하셨을 것이다. 게다가 나는 책 밖에 모르는 간서치였으니 세상 물정에 어두웠다. 슬프게도 형은 어머니가 나를 더 사랑한다고 불만이었고 나는 나대로 투덜거렸다. 두 아이의 아비가 된 지금 생각해 보면, 어머니는 우리 다섯 남매를 모두 사랑하셨다. 우리 형제 때문에 가슴 아파하셨을 어머니를 생각하니 죄송스럽기 그지없다. 하나님도 그렇지 않을까?

마지막으로 에서가 야곱이 되고, 야곱이 에서가 된다. 첫째와 둘째는 역전할 가능성이 늘 있다. 생물학적으로는 결코 형이 동생이 되거나, 동생이 형이 될 수 없다. 맏이 죽거나 맏이 위로 입양을 하는 방법이 아니고는 그런 일은 일어날 수 없다. 그런데 어떻게 형제지간의 순서가 뒤바뀔 수 있다는 황당무계한 말을 거리낌 없이 한단 말인가?

영적으로는 가능하기 때문이다. 바울은 구약의 이스라엘 백성과 신약의 교회 성도의 관계를 설명하기 위해 야곱과 에서 이야기를 끌어들인다(롬 9:10-16). 9-11장은 하나님의 은혜란 인간의 공로와 무관하며, 하나님이 에서 대신 야곱을 선택하셨듯이 야곱의 후손인 이스라엘 대신 교회를 선택했다는 것을 촘촘하게 논증한다. 그러면서 교회를 향해 경고한다. 우리도 에서가 될 수 있다고. 하나님의 은혜를 망각하고 사명을 상실하면, 언제든 돌들로도 당신의 일을 이루실 것이라고.

예수님도 말씀하셨다. "그러나 첫째가 된 사람들이 꼴찌가 되고, 꼴찌가 된 사람들이 첫째가 되는 경우가 많을 것이다"(마 19:30). 그러니 안심하긴 이르다. 야곱이 에서가 되고, 에서가 야곱이 된다. 한번 에서라고 영원히 에서는 아니다. 야곱이라고 끝까지 야곱은 아니다. 그 질서를 깬 것이 바로 야곱이다. 한 번 해병은 영원한 해병일지 몰라도 한 번 야곱은 영원한 야곱이 아니다. 믿음의 여정은 아직 끝나지 않았다. "그러니 교만한 마음을 품지 말고, 도리어 두려워하십시오"(롬 11:20).

가치_ 시계 vs. 나침반

에서는 모든 것을 갖고도 다 잃었고, 반대로 야곱은 아무것도 없었으나 모든 것을 얻었다. 무엇이 다른가? 가치관이다. 가치관이 있고 없고가 아니라 그 자체가 매우 달랐다. 에서에게는 눈에 보이는 것이 전부다. 야곱은 눈에 보이지 않는 것이 눈에 보이는 것보다 더 소중했다. 에서는 지금 당장 눈앞에 놓인 것이 시급했지만, 야곱은 그 다음에 벌어질 일을 염두에 두었다. 에서는 한 끼 식사를 더 소중히 여겼고, 야곱은 장자의 명분을 귀하게 여겼다.

에서는 무지 배가 고팠다. 노련한 사냥꾼인 그가 산과 들을 쏘다니다가 돌아와 배가 고파 죽을 지경이라는 말을 두 번이나 내뱉는 언사(25:30, 32)를 보아하니 다음 중 하나다. 사냥하고 돌아와서 먹을 것을 장만할 시간까지 기다리기에는 배가 몹시 고팠든지, 그날따라 아무것도 사냥하지 못해서 정신적으로 허탈하고 육체적으로는 시장했든지, 아니면 그다지 배가 고픈 것은 아니지만 먹는 것을 탐하다 보니 야곱이 끓이는 팥죽에 홀딱 넘어가서 배가 고프다고 야단법석을 떨었든지, 또는 야곱의 음식 솜씨가 워낙 빼어나서 그랬든지.

무엇이든 간에 음식을 좋아한 것 자체를 비난할 수는 없다. 에서같이 남성미가 철철 넘치는 사나이가 사냥을 마치고 돌아온 직후에 배가 고파서 허겁지겁 먹는 것이 뭐 그리 대수며 나무랄 일인가? 그것이 비난당할 일이라면 먹고 마시기를 탐하는 자라는 비난을 들은 예수님(눅 7:34)도 에서와 같은 부류의 인간이 되고 만다. 언제 어디서나 예수가 계신 곳은 밥상 공동체였다. 그것은 완성된 하나님 나라의 예표

이자 도래할 하나님 나라의 실재였다.

문제는 에서가 더 중요한 것을 망각한다는 데 있다. 그는 두 번이나 허기진 배를 움켜잡으면서 "배가 고파 죽겠는데 장자의 명분, 그까짓 게 대수냐"라고 말한다. "그딴 소리 하지 마라"라고 할 법한데 말이다. "어디서 감히 장자권을 거래하려고 들어?" 해야 정상 아닌가? 그래서 얍삽한 동생을 윽박질러서 팥죽을 빼앗아 먹든지 아니면 곱게 타이르고 먹든지 하면 될 텐데 말이다. 그렇지만 그는 본능을 따라 행동한다. 음식 앞에서 생각이 멈춘다. 에서에게는 그것이 전부다.

에서가 올바른 가치를 추구하지 않았거나 잘못된 가치를 지향했다는 점은 여인들에 대한 태도에서도 엿볼 수 있다. 야곱이 사랑하는 한 사람을 얻기 위해 14년이나 노동하고 그 시간 동안 변치 않는 사랑으로 열렬히 연모한 것과 달리, 에서는 단지 아내를 취했는데 그것도 한꺼번에 두 명을 얻었고(26:34) 나중에 또 여인을 구했다(28:9). 이런 점은 에서가 진실한 사랑보다 육체적이고 감각적인 사랑과 쾌락을 추구하였다는 증거다.

에서에게는 바라거나 추구할 것이 없다. 왜? 모든 것이 있으니까. 그러나 이것은 반쪽 진실이다. 진실로 삶에서 그것 없이는 사는 것이 아니게 만드는 것, 그것 없이는 그저 동물처럼 근근이 생명을 연장하고 지속시키는 것에 다름 아니게 만들어버리는 그것, 즉 생의 최고 가치가 없었다. 이것이 에서의 실패와 야곱의 성공을 설명하는 또 하나의 진실이다. 인간은 꿈과 야망이 있어야 인간이다. 그야말로 비전도, 생에 대한 진취성도 결여된 에서는 현재적 순간의 향락에만 관심하고 눈앞의 만족에만 안주하는 자라는 평가 이상을 얻어내지 못하며, 그런 사람의 결말을 보여준다.

그래서 성경은 에서의 행동과 생각을 다음과 같이 판결한다. "에서는 이와 같이 맏아들의 권리를 가볍게 여겼다"(25:34, 표준새번역). 우리말 성경 역본들은 "가볍게 여겼다"(개역개정 등), "대수롭지 않게 여겼다"(쉬운성경, 공동번역 등)라고 번역했지만, 원어인 "바짜"의 본래 의미는 더 적극적이다. "업신여기다", "얕잡아보다"라는 뜻이다. 그는 배고픔을 견디지 못하고 한순간 실수를 저지른 게 아니다. 평상시 생각이 표출된 것이다. 장자의 권리를 무시해 온 그는 이미 장자가 아니다.

히브리서의 판단도 다르지 않다. "음식 한 그릇에 장자권을 팔아넘긴 에서와 같은 속된 사람이 생기지 않도록 주의하십시오"(히 12:16). 한 끼 굶거나 건너뛴다고 해서 죽는 것은 아니다. 그런데도 엄살을 떨고 호들갑을 피우는 것은 그가 가치를 어디에 두고 사는지를 말한다. 일시적 즐거움을 위해 영원한 행복을 버리는 것을 "속되다"라고 한다. 영적인 그리스도인이 아니라 육적인 신자다. 영적인 것을 육적인 것으로 교환하려는 사람이다.

스티븐 코비는 「소중한 것을 먼저 하라」(김영사)에서 인생의 성공과 행복은 시계가 아니라 나침반을 따라 사는 것에 달려 있다고 역설한다. 시간이 속도라면, 나침반은 방향을 일러준다. "중요한 것은 당신이 어떤 일을 얼마나 빨리 하느냐 하는 것이 아니라, 당신이 무슨 일을 하고 왜 그 일을 하느냐 하는 것이다." 제아무리 빨리 달려도 방향이 잘못되었다면 허망하기 그지없다. 운전해서 길을 잘못 들어서면 제자리로 돌아오는 데 시간도 배로 걸리고, 마음도 힘들다.

야곱은 상속권이 얼마나 소중한지 잘 안다. 뿐만 아니라 그것이 지닌 가치도 안다. 장자가 된다는 것은 경제적 가치로는 환원되지 않는 엄청난 영적인 축복도 있다는 사실을 누차 말했다. 추정하건대, 야곱은 장자로 태어났다는 것만으로 으레 그 권리를 부여받는 신분제 사회에 어느 정도 거부감을 느꼈을 것이다. 그런 그였기에 장자가 누릴 축복에 크게 의미를 두지 않는 형을 보면서 만만히 보았을 법하다.

예수님이 광야에서 당한 첫 번째 유혹의 요체는 우선순위의 싸움이다. 빵이냐 말씀이냐! 그분의 사역을 돌아보면 먹고사는 "밥"의 문제를 결코 등한시하지 않았음을 알 수 있다. 그랬기에 예수님은 첫 이적으로 가나의 혼인잔치에서 물로 포도주를 만들기로 결정하시고 신속히 결행하셨다. 오병이어로 장정만 5천 명을, 또 한 번은 4천 명을 먹이고도 남기셨다. 먹지 못하고 주린 이들을 보면 안타까워하시고 먹을 것을 주셨다.

그런데도 왜 그날 그 자리에서는 거절하셨을까? 마귀라서? 그렇다. 마귀란 놈은 우선순위를 뒤바꾼다. 덜 중요한 것을 더 중요한 것보다 먼저 하도록 교묘하게 속인다. 예컨대, 예배와 결혼식이 겹친다고 하자. 둘 다 할 수 있다면 최선이다. 그럴 수 없을 때 어느 것을 선택하느냐가 내 우선순위와 핵심 가치를 말해 준다. 마귀는 이 땅의 양식을 먼저 챙긴 연후에 하나님이 있다고 말한다. 그러나 예수님은 하늘의 양식을 주심으로 일용할 양식도 해결하셨다. 에서는 한 끼 식사를 위해 (어쩌면 간식이었는지도 모르겠다) 장자권을 내팽개쳤다. 그러나 야곱은 장자의 명분을 얻어 엄청난 축복을 누렸다.

나의 가치관은 무엇인가? 아는 방법이 있다. 시간과 돈을 어디에 가장 많이 사용하는지를 보면 된다. 주로 무엇을 걱정하고 무엇을 말하는가? 그것이 바로 나다. 야곱인지, 에서인지. 시계 인생인지, 나침반 인생인지.

당장 vs. 나중

에서는 성급했다. 그것이 그의 패착이다. 눈에 보이는 것, 즉각적인 것을 추구하다 보니 당연히 조급해질 수밖에 없다. 그가 조금도 참지 못하는 성질 머리 고약한 자라는 것은 배고파 죽겠다는 두 번의 언급 말고도 식사 습관을 보면 알 수 있다. 34절은 그가 식사하는 장면을 묘사한다. 그런데 고작 네 단어다. "먹었다", "마셨다", "일어났다", "나갔다." 잉크나 종이가 없는 시대라 절약하려고 이렇게 간결하게 묘사했을까?

    이야기의 구조와 흐름을 관찰하면 더욱 뚜렷하다. 25장은 에서가 서둘러 음식을 먹었다는 기사를 보도하고, 26장은 이방인인 헷 사람의 딸과, 그것도 한꺼번에 두 명과 결혼했다는 기사가 연달아 나온다. 창세기 기자가 에서에 대해 말하려는 바는 이것이다. "이런 배치를 통하여 어려서부터 지극히 속물적 근성을 갖고 살았던 에서가 어른으로 성장했을 때 필연적으로 이목지관耳目之官의 절정 세계, 곧 성性의 세계에 집착할 수밖에 없었음을 보여준다."[2]

    또 하나의 증거가 홧김에 결혼하는 대목이다. 에서는 동생 야곱이 어머니 리브가의 염려와 배려 속에 아버지 이삭의 축복기도를 받고 밧단아람에 있는 외삼촌 라반의 집으로 믿음의 가문에서 나온 신앙 좋은 배필을 얻으러 간다는 소문을 듣는다. 그는 곧장 이스마엘의 딸과 결혼한다. 이스마엘의 딸이라! 육체적으로는 한 집안이지만, 영적으로는 다른 집안이다. 의절하고 살 집안은 결코 아니로되 그렇다고 영적인 교제를 같이 나눌 곳도 아니다. 그만큼 에서는 즉각적이고 즉흥적이다.

그렇다고 에서의 성격 탓으로 일방적으로 몰아가면 안 된다. 그렇게 보자면 베드로, 비느하스도 성격 급하기로는 누구에게도 뒤지지 않는다. 이들 모두 격정적이고 성질 급하기로 둘째가라면 서러운 인물이다. 우리 가운데 에서처럼 먹는 것 좋아하고, 성격도 화통하며, 일을 급하게 서두르는 사람이 어디 한둘인가? 또다시 묻게 된다. "그런 사람은 에서란 말인가? 에서가 되는가?" 물론 급하면 체하는 법이니 실수나 실패가 좀 많을 수 있다. 그러나 성경은 성격 파악 시험 책자가 아니다.

두 사람의 변별점은 세계관에 있다. "야곱과 에서의 차이의 핵심에서는 세계관이 충돌한다. 번영을 뒤로 미루는 관점과 즉각적인 만족을 추구하는 관점이다."[3] 이 말을 조금 수정하면 좋겠다. "당장"과 "나중"은 가치관이 반영된 태도다. 눈에 보이는 것을 전부로 여기는 세계관은 즉각적인 만족을 구하는 삶의 태도로 드러나고, 눈에 보이지 않는 약속을 소망하는 세계관은 눈앞의 이익을 잠시 유보한다. 시쳇말로 그래야 얻는 게 더 많다. 모세도 그러지 않았는가. 애굽에서 왕자로 사는 것보다 광야에서 순례자로 살았다. 하나님 나라에서 받을 상이 훨씬 크니까 그런 것이다.

아무도 없는 방에서 군침 도는 마시멜로를 앞에 두고 15분을 참으면 하나를 더 주는 "만족 유예" 실험이 있었다. 그 결과, 잘 참아낸 아이가 그렇지 않은 아이보다 훗날 성공할 확률이 훨씬 높았다. 바로 이

실험에서 착상을 얻어 성공에 이르는 길을 이야기 형식으로 재미있게 풀어낸 책이 「마시멜로 이야기」(한국경제신문사)다. 이 책 영어 제목은 말하려는 바를 훌륭하게 정리한다. "마시멜로를 먹지 말라…… 아직은!"(Don't Eat the Marshmallow…… Yet!) 먹지 말라는 것이 아니다. **아직은** 먹지 말라는 것이다. 지금 당장 먹지 않고 참으면 더 많은 마시멜로를 얻을 수 있으니 참으라는 말이다. 현재의 만족을 잠시만 유예하면 더 큰 성공을 누린다는 메시지다.

정신과 의사 스캇 펙도 비슷한 말을 한 적 있다.[4] 인생은 고통이고, 고통을 어떻게 직면하느냐에 따라 영적으로나 정신적으로나 성장할 수 있다. 스캇 펙이 제안하는 직면의 자세는 즐거운 일을 뒤로 미루는 것이다. 힘들고 하기 싫은 일, 그러나 중요한 일을 먼저 하는 것이다. 밥 먹는 걸 생각해 보면 단박에 안다. 간식을 먹고 바로 식사하면 정말 밥맛이 없다. 주식을 먹고 나서 간식을 먹어야 한다. 힘든 일을 잘 직면하는 것이 성공과 성장에 이르는 지름길은 아니더라도 바른 길이다.

나중에 누릴 영과 육의 축복이 뻔히 보이는데 어찌 당장 먹는 것에 혈안이 될 수 있으리오. 먹는 것과 족히 견줄 수 없는 절대적이고 영원한 것을 야곱은 보았고, 알았고, 소망했다. 아무 생각 없이 먹고 있는 에서를 보면서 그는 얼마나 가슴 졸이면서도 들떴을까? 내심 쾌재를 불렀을 것이다. "이런 바보야, 이게 뭔지 알기나 해?" 에서가 "아직"을 알았더라면, 그의 삶은 분명 변했을 것이다. 달라졌을 것이다.

은혜_ 때를 아는 삶

야곱은 바른 세계관에 기초한 가치를 알고 소중한 것을 얻고자 했다. 그리고 움켜쥐었다. 이 대목에서 우리의 이성이 슬금슬금 움직이기 시작한다. 에서는 차라리 순진한 것 아닌가? 배고픔을 잘 참지 못하는 형의 약점을 노리고 교활하게 상속권을 탈취하려고 한 야곱이 도덕적으로 나쁜 것 아닐까? 부당한 방법으로 뺏고 뺏긴 자 사이에서 하나님과 성경이 야곱 편을 든다는 것은 천부당만부당하지 않은가? 그러고도 하나님이 선하고 의롭다 할 수 있는가?

목적이 선하다고 방법까지 정당화되지는 않는다. 형의 약점을 미끼로 삼아 장자권을 빼앗은 야곱은 그 행위 자체만을 놓고 볼 때 변명할 여지가 없다. 비도덕적이다. 더군다나 영적이지도 못하다. 야곱이 꾀를 부려 형의 장자권을 차지하려고 하지 않아도 하나님이 어련히 알아서 하시지 않겠는가. 하나님은 우리와 달라서 결코 거짓말을 하시거나 변덕을 부리시지 않는다. 약속은 반드시 지키신다(민 23:19). 야곱은 하나님에 대한 신뢰가 부족했다.

야곱도 형 에서처럼 인내하지 못했다는 점에서 오십보백보다. 에서가 잠깐의 허기를 견디지 못했다면, 야곱은 하나님의 약속이 이루어지는 때를 기다리지 못했다. 하박국은 믿음을 기다림이라 정의한다. "이 묵시는, 정한 때가 되어야 이루어진다. 끝이 곧 온다는 것을 말하고 있다. 이것은 공연한 말이 아니니, 비록 더디더라도 그때를 기다려라. 반드시 오고야 만다. 늦어지지 않을 것이다"(합 2:3).

하박국은 하나님의 약속을 세 가지로 정의한다. 첫째, 반드시 이루어진다. 둘째, 하나님의 때에 이루어진다. 셋째, 그때는 사람의 시간표와 시계로 보자면 더디지만 늦지는 않을 것이다. 그런 다음에 그 유명한 말씀, "의인은 믿음으로 산다"(합 2:4)고 한다. 그러니까 믿음은 인내요, 기다림이다. 그러나 약속한 대로 될지 전혀 알지 못한 채 기다리는, 그런 기약 없는 기다림이 아니다.

> 여기서 그가 선하다거나 정직하다거나 존경할 만하다는 점을 주장하지 않는다. 이야기의 전개 과정에서 그러한 도덕적 구분은 관심을 두지 않는다. 분명한 것은 야곱은 에서와 대조적으로 미래를 믿었다면, 에서는 무관심했다는 것이다.[5]

창세기는 야곱을 착하다고 말하지 않는다. 만약 그렇다면 성경은 도덕 교과서가 될 뿐이다. 모세는 공자가 아니다. 십계명이나 잠언은 분명 삶의 도덕적 교훈과 지혜가 넘쳐난다. 그러나 언제나 기초와 결론은 도덕이 아니라 은혜다. 애굽에서 종 되었으나 특별한 은총으로 구원받았다는 자각은 도덕이지만, 도덕 이상이다. 그 안에 새겨진 하나님의 사랑을 잃어버리면 차가운 계율로 전락한다.

은혜를 말하려는 것이다. 거저 주시는 선물, 받을 자격 없는 우리에게 한량없이 베푸시는 그분의 사랑 말이다. 그래도 미심쩍다. 어째 은혜는 도덕이 없을까? 두 가지만 말하자. 만약 내가 야곱에게 도덕을 요구한다면, 하나님도 내게 도덕을 요구하실 것이다. 감당할 수 있는가? 도덕을 들먹이는 나는 도덕으로 사는가? 나는 내가 말하는 기준에 부합한가? 내가 남에게 제시하는 수준에 이르는가?

또 다른 예로 바리새인과 세리의 기도가 있다. 성전에 나가 기도하던 바리새인은 도덕에 기초한 공로를 큰 목소리로 떠벌리고 자랑했다. 세리는 문 입구에 머리를 조아리고 은혜를 구했다. 예수님은 희한한 단어를 사용하신다. 세리가 의롭다고. 그렇다. 야곱은 하나님의 때를 믿고 기다리는 은혜의 자리까지 이르지는 못했다. 그러나 그 은혜를 은혜로 아는 자였다. 은혜란 하나님의 선물로 받는 것이지 노력의 대가로 얻는 것이 아니다.[6]

은혜는 거저 주시지만, 믿음은 기다려야 한다. 살아갈수록 신앙할수록 내가 어찌할 수 없는 일들이 생긴다. 그런 일은 주님의 손에 맡겨야 하며, 이루어지는 시점도 그분 계획에 달려 있다는 것을 인정해야 한다. 참으로 힘겹지만, 그 사실을 받아들이는 것이 바로 믿음의 요건이라는 것을 배운다. 약속이 성취되는 시점은 주님이 결정하신다는 믿음을 좀 더 일찍 배웠더라면, 야곱의 삶은 정녕 달랐을 것이다. 하여, 은혜란 때를 아는 삶이다.

3장

축복을 탈취하다

축복 vs. 기복

그의 아버지 이삭이 그에게 말하였다. "나의 아들아, 이리 와서, 나에게 입을 맞추어 다오." 야곱이 가까이 가서, 그에게 입을 맞추었다. 이삭이 야곱의 옷에서 나는 냄새를 맡고서, 그에게 복을 빌어 주었다. "나의 아들에게서 나는 냄새는 주님께 복받은 밭의 냄새로구나. 하나님은 하늘에서 이슬을 내려 주시고, 땅을 기름지게 하시고, 곡식과 새 포도주가 너에게 넉넉하게 하실 것이다. 여러 민족이 너를 섬기고, 백성들이 너에게 무릎을 꿇을 것이다. 너는 너의 친척들을 다스리고, 너의 어머니의 자손들이 너에게 무릎을 꿇을 것이다. 너를 저주하는 사람마다 저주를 받고, 너를 축복하는 사람마다 복을 받을 것이다." 이삭은 이렇게 야곱에게 축복하여 주었다. 야곱이 아버지 앞에서 막 물러나오는데, 사냥하러 나갔던 그의 형 에서가 돌아왔다. _창세기 27장 26-30절

"에서를 축복하겠다고?"
이삭이 하는 말을 엿들은 리브가는 마음이 급해졌다. 장자가 누릴 축복이지만, 에서가 받도록 그대로 놔둘 수는 없었다.
"야곱, 야곱, 어디 있니? 어서 이리 오렴."
영문도 모른 채 불려온 야곱을 붙들고 리브가는 결의에 찬 눈빛으로 낮게 속삭였다.
"지금부터 내가 하는 말 잘 듣고 시키는 대로 하렴. 네 인생을 바꿀 중요한 일이란다."

창세기 27장 1절-28장 9절

축복과 기복 사이

얼마 전 국제중학교 개교를 두고 설왕설래가 한창이었다. 그저 한 학교일 뿐이지만 그 의미와 끼치는 파장이 실로 큰 탓이다. 나는 국제중학교 설립에 대한 찬반보다 이 사안을 대하는 나와 우리의 태도에 관심이 쏠렸다. 조금이라도 진보적이고 교육에 관심 있는 학부모를 만나 보면 십중팔구 반대했다. 그러면 나 자신에게 물었던 바를 넌지시 물어본다.

"만약 자녀가 공부를 아주 잘해서 가고 싶다고 조르면 어떻게 할 건가요?"

금세 대답한다.

"보내야지요."

나도 그렇다.

축복에 대한 우리의 태도도 마찬가지일 것이다. 교회와 신자가 기복

주의 신앙으로 골병들다 못해 아예 암 말기 환자가 되었다. 한국 교회에 세 가지 질병이 있는데, 그중 하나가 잘못된 축복관이다.[1] 하여, 그리스도인이 된다는 것은 자신이 예전에 알던 축복 관념을 성경이 말하는 축복관으로 바꾸는 것이다. 예수를 따른다고 하면서도 그분이 말하는 축복이 아닌 다른 축복을 구한다면 참으로 회개하고 거듭나야 한다.

이 책에서 사용하는 축복의 의미를 분명하게 정리하지 않으면 혼선이 빚어질 것 같다. 성경이 말하는 축복에서 벗어난 것을 기복이라 하자. 기복이 자기 자신에 방점이 있다면, 축복은 하나님에 초점이 있다. 받고자 하는 복의 용도가 궁극적으로 자신에게 있다면 기복이고, 이웃을 위해 사용하면 축복이다. 헌금이나 봉사, 선행 등을 통해 하나님에게서 복 받고자 한다면 기복이다. 축복은 하나님의 선물이요 은총이다. 고로, 축복은 하나님을 추구하지만, 기복은 재물을 지향한다.

우리는 동일한 문제의식을 갖고 있어도 막상 돈, 건강, 대학 입학, 직장과 같이 자신의 안위와 직결된 상황에 맞닥뜨리면 아주 현실적인 태도를 취한다. 슬그머니 말을 바꾸거나 대놓고 합리화한다. 이것은 단지 우리 내면의 욕망이 지닌 이중성에서 말미암는 것만은 아니다. 맞닥뜨린 대상이 지닌 이중성에서도 비롯된다. 예를 들면, 돈 자체도 이중적이다. 돈은 하나님의 지위를 넘보는 맘몬이다. 동시에 돈 또한 하나님이 창조하신 것으로서 선용해야 한다. 이처럼 경계선이 흐릿하여 자주 넘어지는 것이다.

인간적 요소와 하나님의 뜻이 마구 섞여 있는 야곱의 행위는 도대체 어디부터가 하나님의 뜻이고, 어디까지가 인간의 행위인지 구분하기가 어렵다. 아버지 이삭을 속이고 에서가 받아야 할 축복을 빼앗은 야곱의 행위는 출생 전으로 거슬러 올라가 하나님의 약속을 이루고자 한 행동이기에 칭찬받아 마땅하다. 그러나 다른 한편으로는 하나님의 약속이라고 해도 교활한 속임수로 하나님의 뜻을 이룬다면, 부당하다. 보면 볼수록 야곱은 나 자신과 저잣거리를 오가는 이들의 자아상이요, 자화상이다.

복, 복, 복

축복지상주의에 빠져 있는 사람들이 있다. 경제적인 부나 신체적인 건강, 사회적 지위로 그의 신앙을 가늠하려고 한다. 하나님은 복 주시는 분이다. 맞다. 우리는 복을 누리는 자다. 맞다. 축복 대신 고난을 받는다면 하나님의 축복을 받지 못한 자다. 과연 그럴까? 요셉이나 다윗은 고난을 승리로 전환시켰지만, 모세와 예레미야 등은 평생 죽도록 고생하다 죽었다. 그들은 하나님의 축복을 받지 못한 불쌍한 인생을 산 것일까?

반대편에는 축복혐오주의에 사로잡힌 사람들이 있다. 성공이니 형통이니 축복이니 말만 들어도 혐오하는 이들이 기독교 안에 일부 포진해 있다. 이들이 한국 교회를 병들게 만드는 오도된 축복관을 비판하고 교정하는 데 일익을 담당하고 있음은 분명하다. 허나, 귀하지만 지나치다. 고행과 고난을 장려하는 것은 아닐는지. 자칫 말과 머리는 축복에 대한 열망을 비판하면서도 정작 손과 마음은 축복을 탐닉하는 괴리감에 빠지지 않을까 괜스레 염려된다.

성경은 축복에 대해 양면적이다 못해 차라리 이중적이다. 영적인 복과 물질적인 복을 함께 강조한다. 인간이란 천사와 같으면서도 동물적이다. 영적이면서 육적이다. 영적인 축복만 추구한다면 몸이 없는 영혼이 귀신이듯이 현실과 동떨어진 유토피아의 극락일 테고, 물질적 축복만 갈구한다면 영혼 없는 몸이 시체이듯이 이기적인 욕망들이 서로 겹치면서 무한 갈등과 경쟁 상태로 치달을 것이 뻔하다. 하여 현실을 들여다보면 둘 다 있어야 하며, 성경에도 양자가 공존한다.

야곱이 이삭을 통해 받은 하나님의 축복이 가장 좋은 증거다. 기름진 땅과 넉넉한 곡식, 풍성한 포도주는 경제적인 축복이다(27:28). 모든 민족과 이웃이 무릎을 꿇고 섬긴다는 것은 정치적이고 사회적인 리더십에 관한 축복이다(27:29상). 야곱을 저주하는 자는 저주를 받고 축복하는 자는 축복을 받는다는 것은 아브라함에게 주신 약속과 축복인데 야곱의 사명과 관련된다(27:29하). 축복하는 자가 되라는 부르심이다. 앞 두 개는 세상적인 축복이요, 나머지 하나는 영적인 축복이다. 그러니 하나님의 축복은 양면을 모두 가지고 있다.

뒤부터 차례대로 대입하면, 하나님과의 관계에서 영적인 복을 얻고 이웃과의 관계에서는 리더십을 발휘하며 자기 자신과의 관계에서는 건강과 부를 누린다. 예수님이 하나님과 사람의 관계에서 사랑받고 사랑하는 분이 되심과 동시에 신체적으로 건강하고 지식과 지혜도 성장하셨다는 것에서도 이러한 축복을 볼 수 있다(눅 2:52). 그리고 사도 요한이 사랑하는 장로 가이오에게 빌어준 축복과도 궤를 같이한다(요삼 2). 그리고 보면 축복의 양면성은 충만이고 완전이다. 그리고 조화요 균형이다.

간과해서는 안 될 것이 있다. 성경 그 어디에서도 물질적인 축복을 영적인 축복보다 앞세우지 않는다는 사실이다. 야곱이 받은 축복(또는 에서에게서 탈취한 축복)은 우선 아브라함에게 주신 약속의 맥락에서 읽어야 한다. 하나님은 바벨탑으로 상징되는 세상 한가운데서 불러내사 구원하시고 세상과 전혀 다른 새로운 가치관으로 살아가는 하나님의 백성 공동체를 이루고자 하셨다. 그리하여 그들을 통해 소기의 창조 목적대로 모든 피조물을 구원하고 화평케 하신다. 그 흐름에서 읽으면, 영적인 복은 무론하고 사회·정치적 리더십도 군림과 지배가 아니라 섬김과 나눔임을 알게 된다.

그러기에 예수님은 섬김을 받고자 하는 자는 섬기는 자가 되어야 하고 높아지고자 하는 자는 낮아져야 한다고 제자들을 누누이 일깨우셨다. 이는 한편으로 진정한 복을 성취하는 방법이다. 쟁취하고자 분쟁하고 갈등하면 결국 무엇이 남는가? 섬기고 낮아지는 상태가 참된 복이다. 그것이 창조의 목적이고, 아브라함을 부르신 속뜻이며, 야곱이 받은 축복의 비밀이다. 하나님은 우주와 인간을 창조하고 구원하기 위해 자신을 비우셨다.

십자가의 패러다임으로 야곱의 축복을 다시 관찰하면 흥미로운 사실을 발견할 수 있다. 문자적으로 둘째요 작은 자인 야곱이 섬김 받고 다스리는 자가 될 것이다. 신분과 지위는 고정불변이 아니다. 주 안에서 얼마든지 역전된다. 그러나 의미로 보면, 결국 섬기는 자가 큰 자다. 그러니까 큰 자가 작은 자를 섬긴다는 말은 "섬기는 자가 큰 자다"라고 바꾸어 읽어도 좋다. 이렇게 해석하면 아브라함과 야곱의 이야기와도 부합하고, 예수님과도 일치한다.

야곱은 라반을 섬기고, 에서를 섬기고, 자녀들을 섬긴다. 그리고 열두 아들을 축복하는 것으로 인생의 대미를 장식한다. 그는 정녕 복 받은 자다. 이중적인 복을 넉넉히 받았고, 그로 인해 많은 사람이 복을 받았다. 그러므로 하나님의 축복은 이중적이다. 영적이면서도 육적이고, 높아지면서도 낮아진다. 낮아져야 높아진다. 이것이 하나님의 전복적 사고다. 우리에게는 기이하지만, 이것이 하나님의 일하심이다.

모로 가도

하나님이 주시는 축복만 이중적인 것이 아니라 인간의 모습도 이중적이다. 이삭도 이중적이다. 이삭은 조용하고 내성적인 사람이다. 자신을 죽여 불에 태워 하나님께 번제물로 드린다는 말에 대들기는커녕 묵묵히 순종했다. 어머니 사라를 잃고 들판을 거닐며 묵상에 잠기던 사람이다. 아버지가 데려온 아내를 그대로 받아들여 사랑하고 기도해 주었다. 자신이 애써 파놓은 우물을 빼앗겨도 다투지 않고 양보하였다. 물이 귀한 땅에서 농사도 짓고 양도 치는 그에게 우물은 생명줄이다. 그런데도 그 귀한 우물을 세 번씩이나 순순히 내주었다.

그런 그가 에서에게 축복해 주려는 대목에서는 돌변한다. 전혀 다른 사람인 듯하다. 에서를 편애하여 불화의 단초를 제공했다. 자신의 죽음을 예감하고 장남을 불러 축복한다고 했지만, 이후로도 수십 년을 거뜬히 살았다. 당시에는 임종 전에 자녀를 축복할 때 가족을 모두 불렀다. 야곱이 열두 아들을 모두 불러 축복한 것을 떠올려보라. 그런데도 이삭은 아내에게 불문에 부치고 야곱도 쏙 빼놓은 채 홀로 에서에게만 통지하였다. 늘 미소 띤 이삭이 잔뜩 찌푸린 모양새다. 하여, 성경은 그가 눈이 어두웠다고 말한다. 그의 영적 상태도 다르지 않으리.

리브가는 더 복잡하다. 그의 행동은 인간적인 꼼수로 볼 수도 있고, 약속을 이루려는 몸부림으로 읽을 수도 있다. 꼼수라는 측면에서 보자면, 눈먼 남편을 속이고 가만히 있는 야곱을 꼬드겼다. 저주마저 달게 받겠다고 호언장담한다. 이삭이 에서를 애지중지했듯이 리브가는 야곱을 끼고 돌았다. 성경은 이 부부의 편애를 다음과 같이 묘사한다. 에서는 이삭의 아들이고, 야곱은 리브가의 아들이다. 하나님의 약속을 달성하려는 신앙과 완고한 가부장제도에 굴하지 않는 의지도 지독한 편애 앞에서는 빛이 바랜다.

약속의 측면에서 리브가를 보면, 그는 하나님의 약속을 이루고자 애썼다. 학자들 사이에는 리브가에게 전해진 신탁을 이삭이 알고 있었느냐를 두고 의견이 갈린다. 이삭이 알고도 그랬다면 하나님을 정면으로 거스르는 것으로 그답지 않다. 그렇다면 말하지 않은 리브가의 행동을 어떻게 보아야 할까? 남편을 속이고 자기 마음대로 남편을 조종하려는 것이었을까? 마리아가 예수에 대한 말을 마음에 두었다고 한 것처럼 리브가도 그리한 것일까? 지금 우리로서는 어떤 것도 확인할 수 없는 처지다 보니, 어느 쪽으로도 단언하기 조심스럽다. 분명한 것은 리브가가 변경할 수 없는 신의 의지를 완성하는 도구라는 점이다.

리브가의 행동은 집안을 지키려는 단호한 행동이다. 에서는 한 집안의 리더가 되기에 역부족이었다. 리브가가 보기에 성미 급하고, 식탐을 내며, 신앙도 예의도 없는 이방 여인을 한꺼번에 둘이나 들여 집안 분위기를 흐린 에서는 더 이상 하나님의 가문을 이끌어갈 리더로서 자질이 없다고 판단했을 법하다. 창세기는 야곱이 축복을 받는 27장 앞과 뒤에 에서가 이방 여인들과 결혼한 사실을 적절하게 배치하였다. 그렇다면 리브가의 행동은 신앙적이기도 하면서 집안을 지키려는 현명한 처신이다.

야곱도 이중적이기는 매한가지다. 하나님의 약속과 축복에 대한 열망으로, 이삭의 잘못된 판단으로, 리브가의 부추김으로, 에서의 덜렁대고 미숙한 역량과 자질 부족으로 그의 잘못은 어느 정도 합리화된다. 하나님까지 한몫 거들지 않았던가. 태어나기도 전에 지목하셨고 축복을 받고 나간 직후에 에서가 사냥하고 들어왔으니, 하나님의 인도하심이라고밖에 달리 설명할 방도가 없다.

그러므로 야곱은 에서에 비해 한 수 위고 한술 더 뜬다. 형에게 사기 쳐서 장자권을 빼앗을 때는 언제고, 이제 와서 이삭에게 내숭떤다. "어떻게 아버지를 속이랍니까, 저주를 받지요.' 그럼 형을 속이면 저주를 안 받나? 내심 쾌재를 부르면서도 교양 있는 척하는 모습은 좀 치사하다. 그러고는 아버지 앞에서 새빨간 거짓말로 능청스럽게 연기한다. 그는 자신의 이름을 속이고, 하나님마저 끌어들이기를 서슴지 않는다. 처음부터 끝까지 사기극이다. 대담하게도 하나님 이름까지 팔면서 능숙하게 거짓을 말한다. 그가 말한 유일한 진실은 아버지를 "나의 아버지"(18절)라고 부른 것뿐이다.

에서는 어떤가. 성격 화통하고 시원한 나이스가이 nice guy다. 거짓말이 식은 죽 먹기인 야곱과 달리 에서는 한 번도 거짓말을 하지 않는다. 속인 놈이 나쁘지 어수룩하게 당한 에서를 나무랄 수 있나. 길 가다가 뺨을 맞았다면 때린 놈을 욕해야지 아닌 밤중에 홍두깨 격으로 당한 이를 탓할 순 없다. 태어나기 전부터 정해진 일을 어찌할 것인가. 아버지 분부대로 열심히 사냥하고 들어오니 그새 모든 것이 끝났다. 상황 종료. 어쩌란 말인가. 음식 좋아하고 여자 좋아한 게 잘못이라면 잘못이다. 좀 심했지만, 좋게 봐주면 안 되나?

그래도 그가 영적이지 못했다는 것, 육체성이 과도했다는 것은 변하지 않는다. 심지어 장자권에 이어 아버지의 축복마저 동생에게 빼앗기고 흘린 눈물도 가룟 유다와 같은 후회의 눈물일 뿐, 탕자와 같은 회개의 눈물은 아니다. 데오도르 에프의 평가는 냉정하지만 정곡을 찌른다. "에서가 이때 울었던 것은 영적 가치를 깊이 생각해서 운 것이 아니라, 아버지의 마음을 돌이킬 수 없었기 때문이었다."[2]

성경은 이들의 행위를 즉각 대놓고 비판하지 않는다. 관심이 없어서 그럴 수 있다. 성경은 과학책도, 도덕책도, 심리 교과서도 아니다. 인간을 구원하시는 하나님의 이야기다. 도덕적으로 사람의 행위를 가부간 딱 잘라 재단하지 않는다. 그리 간단치 않은 탓도 있다. 이들 모두의 행위는 복합적이다. 빛과 어둠이 교차하는 저녁 직전의 희끄무레한 시공간이 펼쳐져 있다. 한낮과 한밤은 선명하게 구분되지만, 그 사이는 수없이 많은 명암의 농도로 채워져 있다.

그래서 성경은 전체 이야기 속에서 은연중에 속내를 비춘다. 야곱 이야기 전체를 훑어보면 좀체 드러나지 않지만 단호한 진리를 엿볼 수 있다.[3] 성경이 말하려는 바를 보여주는 증거로 무엇보다 이들이 받은 고난을 들 수 있다. 에서는 통곡하고 부득부득 이를 갈며 복수를 다짐한다. 야곱은 한순간에 형의 살의를 피해 서둘러 고향을 떠나는 떠돌이 신세로 전락한다. 20년에 걸쳐 라반에게 속임을 당한다. 가장으로서, 족장으로서 체면을 구긴 이삭은 말년이 초라하다. 예상치 못한 내부 반란으로 자기가 지목한 후계자가 뒤집혔으니 말이다.

가장 심각한 것은 리브가다. 이 거사의 주동자가 그다. 상상력을 발휘하여 리브가의 처지가 되어보면 딱하기 그지없다. 남편을 속였고, 에서를 밀어냈으며, 며느리를 거부했다. 이삭이야 조강지처 마누라 아끼는 마음에 야곱을 라반의 집으로 보내면서 축복을 빌어주었을 것이다. 그것으로 보아 하나님의 뜻으로 받아들인 것 같지만, 그래도 마음은 편치 않았을 것이다. 에서는 동생을 죽이겠다고 떠벌리고 다닐 수는 있어도 어머니에게 감히 대놓고 말하지 못했을 것이다. 그래도 어머니가 정말 한스러웠을 거다. 게다가 이 세상 어느 며느리가 자기들 때문에 살맛이 없다느니 넌더리가 난다느니 하며 베갯밑송사를 하는 시어머니를 곱게 보겠는가.

아들 잘 되라고 수단과 방법을 가리지 않던 리브가의 말년이 쓸쓸했다는 것을 성경은 아주 상징적인 방식으로 호되게 질책한다. 놀랍게도 그의 존재감은 가족 내에서도 사라졌을 뿐 아니라 성경 내에서도 증발한다. 며칠 뒤 돌아오리라 여기고 떠나보낸 야곱을 더 이상 보지 못한 것은 아무것도 아니다. 이 사건 후, 성경은 리브가의 유모의 죽음은 보도하면서(35:8) 리브가의 죽음에는 일체 말이 없다. 그가 죽지 않고 에녹처럼 선녀처럼 하늘로 풀풀 날아간 것도 아닐 텐데 말이다.

아브라함의 아내 사라, 야곱의 아내 레아와 라헬의 죽음과 무덤에 대한 기록까지 있는데, 리브가의 죽음은 기록조차 하지 않았다. 유모 드보라의 죽음을 말하기 위해 잠시 거명했을 뿐이다. 송봉모 신부는 가족이 리브가의 죽음을 애도하지 않았다고 본다.[4] 어머니 사라의 죽음으로 심한 상실감을 느낀 이삭도 아내 리브가가 죽었을 때에는 애도하지 않았다는 것이다. 가족 안에서 존재감이 사라졌기로서니 애도조차 하지 않았다는 해석은 좀 과하다 싶다.

영적으로 판단해야 한다. 룻기에는 성경 번역본에 따라 "여보게" 또는 "아무개"라 불리는 이가 등장한다(4:1). 돈 몇 푼 때문에 그는 자신의 기업 무를 권리를 통해서 가련한 나오미와 룻을 구원할 기회를 포기하였다. 이름을 밝히지 않은 이유는 그의 사생활을 보호하기 위해서가 아니다. 거지 나사로와 대조된 부자, 삭개오와 대조된 부자 청년도 마찬가지다. 아무데도 그들의 이름은 없다. 시쳇말로 "거시기"다. 인권 보호 차원이 아니다. 이름 석 자도 기록할 가치가 없다는 뜻이다.

리브가도 다르지 않다. 성경은 말하지 않음으로 심판한다. 유모 드보라가 죽어 상수리나무 아래에 묻혔다는 이야기나 다른 족장의 아내들의 죽음은 소상히 기록하고 애도하면서 리브가만 쏙 빼놓음으로 그를 심판하고 우리를 심판한다. 목적이 방법에 종속되는 것은 타락의 증거다. 하여 선한 목적을 위한 방법이 결국 주객전도되는 것은 호되게 질책하지 않으면 안 된다.

한번은 목회 세미나에 참석했다. 이틀 내내 하워드 슐츠와 스타벅스가 어떻게 성공했는지를 예로 들어 교회 성장을 설명해 주는 내용을 들었다. 내가 예수의 제자인지, 하워드 슐츠의 제자인지 헷갈렸다. 내가 교회를 세우고 목회를 하는 것인지 스타벅스 분점을 내려고 하는 것인지 종잡을 수 없었다. 아이들이 성경학교 전단지라며 가져온 종이에는 온통 경품으로 피자나 자전거를 준다는 말만 가득하다. 전도하는 것인지, 장사하는 것인지. 한 영혼이라도 더 건지겠다는 의도를 모르는 바 아니냐, 리브가와 다르지 않다 말하면 지나친 걸까?

하나님이 하신다

이쯤 되면 야곱 이야기가 하도 꼬이고 꼬여 의아하다 못해 고개가 절로 절레절레 흔들어진다. 그러면서 문득 이런 생각이 든다.

"이런 괴이한 이야기가 어찌 거룩한 하나님의 이야기란 말인가?"

"성경이 인간을 구원하는 하나님 자신의 이야기라면 이 가운데서 하나님은 어디 계시고 무얼 하고 계시나?"

잘라 말하자. "하나님은 뭐하시나?"

한 가지 대답은 벌써 했다. 하나님은 이중적 인간들이 벌이는 냄새나는 짓거리에 성경 내러티브 전체 전개 과정을 통해 은밀하게 개입하신다. 인간의 죄에 대해 대뜸 나타나서 호통치시는 것이 아니라 삶의 전 과정에 은밀하게 개입하셔서 책망하신다. 그러나 그러면서도 구원의 역사를 베푸신다. 하나님은 잠든 것도, 외출하신 것도, 더군다나 죽으신 것도 아니다. 하나님은 살아 계신다.

그리고 하나님이 하신다. 그저 손 놓고 계시지 않는다. 인간들이 벌여놓은 난장판을 뒤치다꺼리하실 분이 아니다. 급할 때 임시변통할 요량으로 불러들이는 틈새의 하나님이 아니다. 야곱에게 준 축복이 핵심 증거다. 나는 이삭이 야곱에게 축복하는 대목에서 늘 두 가지 의문이 있었다. 하나는 하나님은 그들의 행위를 어떻게 판단하시느냐다. 부당한 방식으로 하나님의 축복을 쟁취할 수 있다면 인간의 역사와 교회는 만인에 대한 만인의 전쟁터가 되지 않겠는가? 그야말로 아수라장

이 될 것이다.

다른 하나는 이삭은 에서인 줄 알고 야곱을 축복했는데 어떻게 야곱이 복을 받았느냐다. 당연히 에서가 받아야 하지 않을까? 에서 받으라고 한 축복이니 말이다. 실수로 두 아이에게 선물을 바꿔서 주거나 한 아이에게만 몰래 주려던 선물을 다른 아이에게 잘못 주면 무척 난감하다. 아이가 낙심천만하겠으나 다른 것을 급히 변통하여 주고 본래 주인에게 돌려주면 된다. 그런데 왜 그렇게 하지 않았을까? 작은 선물도 아니고 에서가 대성통곡할 만치 크고 소중한 축복이요 선물이지 않은가? 이삭 왈. "어라, 바뀌었어. 바꿔!"

하나님이 하셨다는 것, 축복이 정상적으로 야곱에게 허락되었다는 것이 이삭이 행한 축복의 말 속에 단적으로 담겨 있다. 농사일과 집안일을 거들던 야곱과 달리 에서는 날쌘 사냥꾼이다. 에서 몸에서는 그가 뛰어다녔을 팔레스타인의 야트막한 산과 초원, 거칠고도 힘찬 광야의 냄새가 물씬 풍겼을 것이다. 그런데 이삭은 에서라고 알면서도 아들에게서 밭의 냄새가 난다고 말한다(27:27). 연이어 기름진 땅과 곡식, 포도주가 넉넉하고 넘칠 것을 예언한다.

이것은 에서에게 주는 축복으로 가당치 않다. 이삭이 제정신이라면 얼른 중지해야 마땅하다. '너는 진정 에서일진대 왜 내가 야곱에게나 어울릴 법한 축복을 하고 있지?' 그러고는 에서인지 다시 확인해야 한다. 그리하여 야곱이 두려워한 대로 저주를 내려야 한다. 그런데 그렇게 하지 않았다. 일사천리로 축복이 베풀어지고, 야곱이 희희낙락하며 복을 받고 나가버리자마자 에서가 들어온다. 참으로 희한한 일이 아닐 수 없다. 유일한 설명 방식은 이것이다. 하나님이 하신다!

짐 캐리가 주연한 〈브루스 올마이티〉라는 영화가 있다. 어느 날, 지방 방송국 뉴스 리포터인 주인공 브루스는 하나님께 초능력을 받아 앵커 자리를 빼앗는다. 앵커는 뉴스 원고를 충실히 읽으려 하지만, 구석에서 터무니없는 말과 기이한 얼굴 표정을 짓는 브루스를 따라하게 된다. 결국 브루스가 그 자리를 차지한다. 이삭은 영화처럼 억지로 축복하지 않았다. 이삭이 말하는 것이 아니라 하나님이 말하고 계신다. 야곱에게 돌아갈 축복을 베풀고 계신다.

이삭과 비슷한 경우가 민수기에 등장한다. 이스라엘을 저주하라는 요청을 받은 발람이 되레 축복한 사건이다. 화들짝 놀란 발락이 복채를 두둑이 줄 테니 저주해 달라고 거듭 요청하지만 발람은 같은 말만 되풀이한다. "주님께서 나의 입에 넣어주시는 말씀을 말하지 말란 말입니까?"(민 23:12, 26) 그러니까 이삭은 하나님이 자기 입에 넣어주시는 축복의 말을 전달하고 있다. 그리고 발람이 세 번째에 이르러서는 자발적으로 이스라엘을 축복했듯이 이삭도 야곱이 길을 떠날 때에는 장자로 인정하고 진정으로 복을 빌어준다(28:1-4).

탈 많고 문제 많은 엉망진창 가족 가운데서 하나님이 일하신다. 그런 그들을 사용하신다. 그것을 인간의 도덕적 잣대로 용납하기란 쉽지 않다. 그러나 하나님은 그 기준을 훌쩍 넘어 악을 선으로 바꾸신다. 인간들이 저지른 온갖 과오를 축복과 선으로 바꾸시는 하나님, 그분의 은총으로 야곱은 이스라엘이 되었다. 야곱의 축복 탈취 사건의 주역은 야곱이 아니라 하나님이다. 인간적 수단으로는 하나님의 복을 받아낼 수 없다. 야곱이 속이지 않아도 하나님은 알아서 주신다.

하나님의 복이다!

하나님이 주신다!
하나님이 하신다!

4장

벧엘에서

벧엘 vs. 벧엘

야곱은 잠에서 깨어서, 혼자 생각하였다. '주님께서 분명히 이곳에 계시는데도, 내가 미처 그것을 몰랐구나.' 그는 두려워하면서 중얼거렸다. "이 얼마나 두려운 곳인가! 이곳은 다름 아닌 하나님의 집이다. 여기가 바로 하늘로 들어가는 문이다." 야곱은 다음날 아침 일찍이 일어나서, 베개 삼아 벤 그 돌을 가져다가 기둥으로 세우고, 그 위에 기름을 붓고, 그곳 이름을 베델이라고 하였다.

_창세기 28장 16-19절

얼마나 걸어온 걸까. 어느덧 날이 저물고 있었다. 형 에서를 피해 고향을 떠나 하란으로 가는 야곱은 더 이상 걸을 힘이 없었다. 주변을 둘러보며 잘 곳을 찾던 야곱은 베개로 쓸 만한 돌 하나를 주워들고는 평평한 곳에 자리를 잡고 누웠다. 하루 종일 걸은 터라 눕자마자 잠이 들었다.

'저게 뭐지? 내가 지금 꿈을 꾸고 있는 건가?'

방금 잠이 들었다고 생각한 야곱 눈앞에 층계가 펼쳐져 있었다. 땅에서 하늘 꼭대기까지 닿아 있는 아주 길고 높은, 끝이 보이지 않는 층계였다. 하늘과 닿은 그 층계 끝 언저리는 눈이 부실 정도로 밝게 빛나고 있었다. 그런데 누군가가 그 층계를 오르락내리락 하고 있었다.

'아니, 저건 하나님의 천사가 아닌가!'

창세기 28장 10-22절

어디 사세요?

"서명 좀 부탁합니다."

초인종을 누르고 들어온 이웃집 아주머니가 서명용지를 내민다. 갓 결혼하여 살던 집에서 이웃 동네 아파트로 이사를 갔을 때 일이다. 그 동네에는 영세민을 위한 장기 임대 아파트와 서민들이 사는 아파트가 있었는데, 이름이 같았다. 지낸 지 얼마 안 되어 난데없이 서명하라는 종이가 나돌았다. 아파트 값이 떨어지니 이름을 다르게 짓자는 데 동의해 달라는 것이다. 아내는 현명하게도 서명을 하지 않았다. 우리야 전세 입주자이기도 했거니와 그런 것으로 사람을 구분하고 차별하려는 모습이 보기 좋지 않았던 것이다.

듣자하니 아파트에 사는 이들 가운데 주택에 사는 사람을 "주택 것"들이라고 비하하고 비아냥거리는 사람들이 있나 보다. 아이들마저 같이 놀지 않고 끼어주지 않는다. 심지어 아파트 평수로 친구 관계가 생겨나기도 하는 모양이다. 바야흐로 어디서 사느냐가 사람의 됨됨이를 결정하는 시대가 되었다. 개천에서 용이 나지 않는다는 확신이 굳어지고, 사다리를 걷어차서 아예 용이 나지 못하도록 한다. 평생 예배당 문간방에서, 흙담집에서 살면서도 곤핍한 영혼을 글로 위로해 주신 권정생 선생의 말이 새삼스럽다. "사는 거야 어디서 살든 그것이 문제되는 것이 아니라 어떻게 사는가가 더 중요한 것이 아닐까."[1]

한국 사회는 상당한 "평등 사회"다. 이 말에 어쩌면 벌컥 화를 낼지도 모르겠다. 나면서부터 불공평하고 기회도 균등하지 않으며 빈부 격차는 날로 커져 사회·경제적 양극화가 갈수록 심화되는 지금, 우리 사회를 평등 사회라고 부르는 것은 잘못된 현실을 은폐하고 합리화하려는 수작이 아니냐고 말이다. 한 사람의 됨됨이나 노력, 성취에 지불한 대가, 그러니까 사람의 내면보다는 그 사람과 무관하게 주어진 외부의 것으로 한 사람을 평가하고 인생 전체를 결정하는 우리 사회는 결코 평등 사회가 아니다. 그런데도 왜 평등 사회라고 말하는가?

더 정확히 말하자면, "평등을 말하는 사회"다. 어디 가나 평등, 평등, 평등이라는 단어를 듣는다. 아파트 "평"수와 자녀의 "등"수다. 사람들은 모이면 자기가 사는 집 크기와 자녀의 성적을 비교하느라 바쁘다. 하도 "평"수와 "등"수를 말하는 소리가 천지간에 진동하여 평등이란 소리로 들리는 거다. 신분, 지위, 친구, 장래, 심지어 외모와 인격마저 평과 등으로 결정한다. 그도 그럴 것이 우리나라 사람이 뼈 빠지게 열심히 일하는 두 가지 이유가 집 장만하고, 자식 대학 보내기 위해서란다. 자신은 집 없는 설움 떨쳐내고 떵떵거리며 살 기반을 마련하고, 자녀는 대학 가서 성공하는 것을 오매불망 염원한다.

하룻밤 잠시 묵기 위해 잠이 드는 야곱의 형편이 이만저만 아니다. 불모의 땅에서 불임의 시간을 살아야 하는 불안감에 그는 몸을 떨었을 것이다. 일평생 험악한 세월을 살아야 할지도 모른다는 상상에 치를 떨었을 것이다. 불투명한 미래, 불안한 실존, 불확실한 축복……. 어느 하나 손에 잡히는 것이 없어 답답하기 그지없다. 오늘날의 "평"수를 기준 삼아 그가 누워 있는 곳을 말하면, 야곱은 인생 낙오자다. 홀로 돌베개를 베고 잠을 청하니 말이다. 그런데 그곳은 벧엘이다. 사람의 집이 아닌 하나님이 사시는 "하나님의 집" 말이다.

주님 찾아 오셨네

브엘세바에서 하란까지 거리는 약 850킬로미터다. 도보로 한 달가량 소요되는 먼 거리다. 평탄한 길도 아니다. 꽃놀이 여행은 더더욱 아니다. 우리 교회 한 자매가 한 달간 목포에서 고성에 이르는 국토순례를 다녀온 적이 있다. 힘들어 도중에 포기한 이들도 몇 있다 한다. 야곱은 혼자다. 외롭고 쓸쓸하다. 그만큼 단련된 체력과 강인한 정신이 요구된다.

언제 어디서 도둑과 강도를 만날지 알 수 없는 노릇이다. 하란에서 어떤 일이 벌어질지도 전혀 장담할 수 없다. 다시 집으로 돌아갈 수 있을지, 형 에서의 분노가 그 사이 누그러질 수 있을지 여간 걱정스럽지 않다. 장자권과 축복은 어떻게 되는 건지를 생각하면 가슴이 답답하다. 마음속에서 야망은 들끓는데, 그리고 그것을 잡았다고 생각했는데, 온데간데없다. 신기루였나?

야곱은 깊이 잠들어 있다. 무방비 상태다. 신체와 생명에 대한 주도권을 상실했다는 뜻이다. 그러나 인간이 아무것도 할 수 없는 바로 그 지점과 시점이야말로 하나님이 일하시기에는 최적이다. 바로 야곱이 자신의 운명에서 통제권을 상실한 순간이다. 그간 야곱은 몹시 분주했다. 하나님의 뜻이라는 명목으로 저 스스로 하나님이 되어 하나님의 복을 차지하고자 안절부절못했다. 곁에 있는 하나님께 곁눈질 한번 하는 법이 없었다. 이제 그는 잠이 들었다. 그제야 하나님이 슬슬 움직이기 시작하신 거다.

　잠든 사이 하나님이 천사를 대동하셨다. 야곱을 만나기 위해 친히 왕림하셨다. 왜 하필 많고 많은 시간 중 잠을 자고 있을 때일까? 어떤 사람은 지하철이나 버스를 타면 절대로 눈을 감고 조는 법이 없다고 한다. 아무리 피곤하고 졸려도 눈을 뜨고 있단다. 특별히 잠이 적거나 건강해서 그런 것이 아니다. 눈을 감고 있는 사이 누군가 자기 얼굴을 가격할까 두렵다는 것이다. 속수무책으로 당할 수밖에 없으니까. 눈 뜨고도 버젓이 코 베어가는 세상인데 하물며 잠든 사람이랴.

　사람을 죽이면서까지 하나님과 백성을 위해 살겠다고 호언장담할 때는 침묵하시다가 광야에서 40년이나 썩고 또 썩고 푹 썩어 더 이상 인간적 열의가 남아 있지 않을 때, 하나님은 모세를 찾아오셨다. 예전 같으면 불러주지 않아서 섭섭해했을 모세가 하라고, 하라고 등 떠밀어도 못하겠다고 할 즈음에야 등장하셨다. 당신의 백성을 해방하는 일에 투신하라고 모세를 부르셨다. 야곱에게 찾아오신 하나님은 그가 간절히 찾던 축복과 함께 언약을 되새기신다.

　하나님이 먼저 야곱을 찾았다. 성경 어디에도 야곱이 벧엘에서 하나님을 구했다는 증거가 없다. 광야로 내몰린 위기 상황에서 야곱이 철야 기도를 하거나 금식을 한 것도 아니다. 기도는 물론이거니와 예배를 드리지도 않았다. 푸념했다는 말도 찾을 수 없다. 그는 길을 가다가 밤이 되어 잠을 청했을 뿐이다. 그런데 그때를 틈타 하나님이 야곱의 삶 깊숙이 침투하셨다. 우리가 구하기도 전에 구할 것을 미리 아시고 충분히 주시는 그분이 야곱이 달라고 하기도 전에 복 주겠다고 오신 것이다.

그러고 보면 야곱은 지금껏 하나님을 구한 적이 없다. 하나님의 복을 그렇게도 애타하던 야곱이건만, 하나님은 그의 안중에 없었다. 하나님을 원한 것이 아니라 하나님이 주시는 복만 생각했기 때문이다. 축복을 얻을 수만 있다면 그 신이 어떤 신이든 아무 상관없다. 야곱이 목말라한 것은 다름 아닌 축복이지, 하나님은 아니었으니까. 이것의 정확한 이름이 바로 기복신앙이다.

인간을 먼저 찾은 분은 하나님이다. 하나님이 인간을 짝사랑하고 연모하셨다. 산과 들, 도심 한가운데까지 파고든 숱한 종교적인 건물을 보면 인간이, 그것도 한국 사람들이 얼마나 종교적인지 여실히 알 수 있다. 그런데도 성경은 인간이 하나님을 찾지 않았다고 한다. 무슨 근거로 그런 말을 하는 걸까? 자기의 필요를 충족하는 신(이를 성경은 우상이라 부른다)이지, 자신을 변화시키는 그런 하나님을 찾은 것이 아니기 때문이다.

하나님과의 대면은 한편으로 야곱의 신앙색을 보여주는 단적인 예인 동시에 하나님이 어떤 분인지도 계시한다. 신이신 하나님이 체통도, 체면도 없이 인간을 찾아다니신다. 인간이 하나님의 대체물을 찾느라 급급할 때에, 그러니까 짝퉁 하나님으로 만족할 때에도 그게 아니라고, 당신이 진짜라고 말하고 다니시는 분이다, 하나님은. 그래서 예언자들을 연달아 보내고, 그것도 모자라 당신 아들까지 보내신 분이 하나님이다.

왜 그랬을까? 왜 만나러 오셨을까? 얄밉기 짝이 없는 야곱에게 불호령까지는 아니어도 꿀밤 한 대 세게 쥐어박으러 오신 걸까? 간혹 설교나 강의를 마치고 집으로 갈 때 아이들이 좋아하거나 좋아할 만한 과자나 선물을 챙겨간다. 아이가 아빠는 보는 둥 마는 둥하고 선물만 뺏다시피 챙겨 고맙다는 말 한마디 없이 자기 방으로 들어간다면, 줬던 것도 뺏고 싶을 것이다. 그러니 하나님이 야곱을 찾은 것은 무언가 심상치 않은 일이 벌어질 조짐이다.

우리 예상은 보기 좋게 빗나간다. 그분은 따가운 책망이 아니라 따뜻한 위로의 말을 건넨다. 야곱이 그토록 목말라한 것, 그래서 고군분투했건만 얻은 것이 없다는 허탈감, 내일을 기약할 수 없다는 불안감에 휩싸인 순간, 하나님은 오셔서 야곱이 원한 것 이상의 축복을 약속하신다. 돌아온 탕자는 품꾼을 기대했지만, 아버지에게는 아들이다. 재산을 탕진한 벌로 일터에 보낸 것이 아니라 잔치를 벌였다. 그렇게 언제나 먼저 인간을 찾으시고 찾아오시는 하나님은 즐겨 복 주시는 분이다.

이런 모습이 하나님의 본성이다. 타락한 아담과 하와는 자기 죄를 알고 차마 부끄러워 숨었다. 그런 부부를 하나님이 보러 오셨다. 성경은 하나님이 그들을 찾은 때가 해 저물어 바람 불어 서늘한 시간이라고 적어두었다. 그 어디에도 "즉각"이라는 단어나 급박한 분위기를 읽을 수 없다. 동산을 거니신다는 표현에서 오히려 느리게, 천천히 다가오신다는 느낌을 받는다. 그들이 선악과를 따먹은 시간과 하나님이 동산을 거닐던 시간 사이의 간격이 얼마인지는 알 수 없다. 다만, 두 행동 사이에 얼마간 시간 간격이 있었다는 것은 확실하다.

아담 부부가 선악과를 먹고 난 때부터 하나님이 동산에 나타나실 때까지 어떤 일이 벌어졌을까? 스스로 부끄럽다고 여긴 아담과 하와는 상대방을 탓하며 책임을 전가하느라 바빴을 것이다. 아니면 말은 안 해도 속으로 서로 원망하며 끙끙 앓았을 것이다. 그때 하나님은 무얼 하고 계셨을까? 그분은 졸거나 출타하시지 않았다. 모르시지 않았을 것이다. 알고 계셨다면 왜 즉각 개입하시지 않았을까? 왜 일이 다 끝난 다음, 상황 종료된 시점에야 느린 발걸음으로 동산에 오셨을까?

회개할 기회와 돌이킬 시간을 주신 것이다. 그들이 먼저 하나님을 찾아와 이실직고하기를 기다리셨다. 나무라는 투로 힐문하지 않고 "너는 누구냐, 어디에 있느냐"는 질문을 던지신다. 심판과 함께 구원과 희망을 약속하신다. 그분은 아담과 하와가 숨는 대신 당신 앞에 나서기를 기다리셨다. 잘못했다고, 간교한 뱀의 꾐에 넘어갔다고, 남편은 남편대로, 아내는 아내대로 미안하다고 고백하기를 학수고대하셨다. 그분의 본심은 재앙이 아니라 평안이기 때문이다(렘 29:11).

하나님의 본심을 보여주는 대표적인 사례가 바로 가죽옷이다. "주 하나님이 가죽옷을 만들어서, 아담과 그의 아내에게 입혀주셨다"(창 3:21). "만들다"와 "입혀주다"라는 단어를 허투루 넘겨서는 안 된다. 말씀으로도 하지 않으시고 천사를 부리지도 않으셨다. 친히 정성스레 만들어서 손수 그들 부부에게 입혀주셨다. 옷을 해 입는 법을 찬찬히 일러주시고, 옷매무새도 다정스레 만져주시며, 슬쩍이나마 어깨를 토닥거려주셨을 모습이 그려진다.

야곱은 평생 하나님을 일곱 번 만났다. 이번이 첫 번째다. 만남 가운데 다섯 번은 하나님이 제멋대로인 야곱의 삶을 재조정하거나 그릇된 길에서 돌아서게 하셨다. 야곱이 위기 상황에 빠질라치면 어김없이 오셔서 잘못을 지적하시고 새로운 길로 인도하셨다. 그러했기에 야곱이 숱한 어려움을 겪으면서도 아브라함과 이삭을 잇는 족장의 반열에 들어설 수 있었다.

벧엘에서도, 꿈에서도 그랬다. 정죄하시지 않는다. 오히려 소망을 주신다. 과거가 아니라 미래를 말씀하신다. 잊고픈 과거를 떠올리게 해서 부끄럽게 하자는 게 아니다. 오히려 하나님이 함께할 때 일어날 미래의 일을 제시해서 희망을 품게 하신다. 주님 찾아오시면, 아담처럼 숨지 말고 모시어 들이자. 도망가지 말고 모시어 들이자. 그분이 내놓은 미래를 받아들이자. 그리고 노래하자.

헛된 교만 버리고 우리 구주 모시어
영원 복락 누리세 모시어 들이세(새찬송가 534장)

초막이나 궁궐이나

아들 희림이가 네 살 때쯤 일이다. 0개월에서 24개월까지 육아법에 관한 책에서 배운 대로 실천한 일이 하나 있다. 목욕이다. 아이 목욕은 고생하는 아내를 돕는 일이기도 하지만, 아무래도 엄마보다는 아이들과 함께할 시간이 부족한 아빠가 스킨십을 통해 아이와 친해질 수 있는 절호의 찬스다. 무슨 이야기 끝에 나왔는지 통 기억은 없는데, 목욕하는 중에 내가 하나님이 여기도 계신다고 하자 쪼그만 녀석이 당돌하게 턱으로 이쪽저쪽을 가리키면서 조금은 반항적으로 "어디요? 여기요? 저기요?" 한다.

신학에서 변증이라는 분야를 전공한 나도 이런 원초적인 질문이 날아오면 막막하기 그지없다. 네 살짜리에게 뭐라고 말해 줘야 간단명료하게 알아들을 수 있을까? 내가 뭐라고 대답했는지 기억조차 없지만, 윽박지르지는 않은 것 같고 우물쭈물하거나 나중에 가르쳐준다며 상황을 피하거나 어쭙잖게 설명하려고 진땀을 뺐을 것이다. 하나님은 계시지만 보이지 않는다. 사랑이 있지만 볼 수도, 잡을 수도 없듯이 말이다.

오늘날 우리가 이성과 과학적 세계관에 사로잡혀 육안으로 볼 수 없으니 하나님이 존재하지 않는다고 말하는 것과 달리, 고대 세계는 세상이 신들로 편만하다고 믿었다. 다만, 그 신들에게는 경계가 있고 자기만의 고유한 영역이 있다는 다신론이자 지방신론을 갖고 있었다. 그래서 자기 영역을 벗어나면 힘을 못 쓴다고 여겼다. 우리 조상들도 화장실, 부엌, 들판에 각기 다른 귀신이 살고 있다고 믿었다. 그래서 각 영역에 들어가면 그 신들의 심기를 어지럽히지 않도록 늘 조심해야 했다.

그런데 하나님이 그 경계를 허무셨고, 천사들이 북적대고 있다. 천사들이 열린 문으로 오르락내리락하고 있다. 이는 하늘과 땅이, 하나님과 야곱이 서로 소통하고 있다는 뜻이다. 세계는 닫힌 공간이 아니다. 물질로만 가득 차 있는 곳도 아니다. 영으로 충만한 세계다. 천사들의 왕래에서 주의할 것은 시발점이다. 먼저 올라가고 그 다음 내려온다. 이 말은 천사들이 땅에 거주하면서 하늘에 올라가 하나님께 야곱의 사정과 정황을 아뢴 뒤 하나님의 대책을 갖고 내려 왔다는 것을 말한다. 야곱이 어디에 있든지 하나님은 당신의 영을 통해 그와 함께 하고 계셨다.

잠에서, 꿈에서 깨고 난 다음 야곱이 보인 반응은 당연하다. 놀라움과 두려움이다. 하나님이 여기 계신다! 그러니까 야곱도 하나님은 브엘세바에나 계신다고 생각한 것이다. 그 동네를 벗어나면 힘을 쓰지 못하는, 그래서 어디서나 볼 수 있는 흔한 지역신, 부족신으로 알았다. 하여, 하나님의 능력은 그 지역의 경계를 넘어서는 순간 무력화된다. 다른 신의 보호를 구하든지, 아니면 대책 없이 신들의 가호를 받지 못한 채 여행을 다녀야 했다. 그러나 하나님은 그곳에도 계셨다. 하나님이 계시지 않는 곳이 한 치도 없다. 그러니 그 어디나 하나님의 집이다.

이런 생각은 우리에게도 놀랍기는 매한가지다. 하나님은 예배당에만 계신다고, 그러니 예배는 예배당 안에서만 드린다고 생각한다. 가정과 직장, 캠퍼스에서는 하나님이 계시지 않기라도 하듯이 나 자신을 기준으로 삼아 지내는 경우가 다반사다. 정녕 공부가 예배고, 교실과 캠퍼스가 예배당이라고 믿는다면 우리 행동은 참으로 달라도 많이 다를 것이다. 가정도 마찬가지고, 직장도 다르지 않다. 우리는 하나님을 믿지만 하나님 없이 살고 있는 셈이다.

하나님을 경험한 야곱은 루스를 벧엘로 바꾸어 부른다. 벧엘은 "하나님의 집"이라는 뜻이다. 이곳, 벧엘은 지구 표면의 단 한 곳이다. 벧엘은 특정 공간이다. 그러나 벧엘은 야곱에게 하나님이 특정 지역에 제한받으시지 않는 무소부재한 분이라는 사실을 인식시켜주었다. "이곳에도 하나님이 계신다"라는 깨달음은 하나님은 어디나 계신다는 말과 전혀 다르지 않다. 그러므로 벧엘은 특정한 지역이면서, 하나님이 계신 곳이라면 어디든 벧엘이다. 지상에서 딱 한 곳이 벧엘이지만, 지상 모든 곳이 벧엘이다.

    건물 크기나 화려함과는 무관하다. 언제부턴가 교회와 신자들도 돈이 돈을 버는 자본의 시대를 닮아 건물이 크고 사람이 많이 모이면 좋은 곳이라 여기고 모여든다. 지나치게 대형화되고 비대화되는 것은 바람직하지 않다. 신광은 목사는 이를 "메가 처치"Mega Church라 명명하고 공격적이고도 촘촘하게 비판한다. 크기와 규모가 교회의 복음마저 변질시켰다는 그의 지적은 놀랍다. 그렇다고 교회가 반드시 작고 적어야 한다고 말하지는 않는다. 사람의 많고 적음에 달려 있지 않기 때문이다. 건물이 초라하고 작을수록 좋다고 말한다면, 그 또한 크기에 집착하는 이와 다를 바 없다. 초막이든 궁궐이든 하나님의 영이 임재하는지에 초점을 맞출 일이다.

    하나님은 벧엘, 곧 예전 루스에만 머무르신 것이 아니다. 야곱이 가고자 하는 하란에도 계셨다. 그렇다면 그곳도 하나님의 집이니 응당 하란도 벧엘이다. 벧엘에 하나님이 계시지만, 본질은 하나님이 계신 곳은 그 어디나 벧엘이다. 건물에 치중하는 것은 벧엘 이전에 보인 야곱의 신앙과 같다. 하나님을 특정한 지역에 가두려는 지방신관에 다름 아니다. 몸으로 하는 모든 일이 하나님이 기뻐 받으시는 예배가 된다. 이것이야말로 신앙의 정점이요, 영성의 극치며, 영적 순례가 도달할 최종 지점이다.

벧엘에서 야곱은 처연한 타령조의 "내 주를 가까이 하게 함은"(새찬송가 338장)보다는 경쾌하면서도 깊은 "내 영혼이 은총 입어"(새찬송가 438장)를 불렀을 법하다. 임마누엘로 동행하시는 한 모든 곳이 벧엘이고, "그 어디나 하늘나라"라고 말이다. 함께하신다는 약속이 철회되지 않는 한, 그의 몸은 하란에 살지언정 그의 내면은 언제든 벧엘이다. 벧엘 아닌 곳이 없다. 모든 곳이 벧엘이다. 내 몸 두는 곳이 벧엘이다. 벧엘로 인식하고 변혁하는 것이 기독교적 세계관이다.

야곱은 자신이 잠든 땅을 하나님의 집인 동시에 하늘로 가는 문으로 여겼다. 문을 지나지 않고는 집 안으로 들어가지 못한다. 내가 하는 일을 통해서만 우리는 하나님 나라에 들어간다. 성경을 읽고, 기도하며, 예배하는 행위뿐 아니라 은사와 직업에 따른 일체의 실천이 하나님의 일이며, 그 일을 통해 하나님을 영화롭게 한다. 곁에 누군가가 있을 때만 열심히 하는 척, 눈가림으로 일하는 것은 그곳이 하나님의 집이요, 그 일이 하나님께로 가는 통로라는 사실을 아직 알아채지 못한 탓이다.

야곱은 머리가 아니라 온몸으로 알아버렸다. 에서를 속이던 자가 한 여인을 죽도록 사랑하고, 남의 것을 빼앗던 자가 라반의 양떼를 잘 지키고 돌보았다. 외삼촌이라는 작자가 삯을 주는 조건을 열 번이나 바꾸어도 불평하지 않고 묵묵히 받아들였다. 무엇보다 눈 붙일 겨를도 없이 밤낮으로 열심히 일했다. 야곱이 머무는 하란이 하나님의 집이요, 하늘로 가는 문이라는 믿음이 없었다면 이 모든 것을 도무지 설명할 길이 없다. 정녕 야곱은 하나님을 만났다.

서원_ 조건 vs. 약속

예수를 만난 사람들은 빠짐없이 특정한 반응을 보인다. 마태복음은 예수를 권위 있는 왕으로 묘사한다. 산 위에서 설교하고 내려오신 그분께 나병환자는 의미 있는 두 가지 행동을 한다. 우선 절을 하고, 그 다음 치료를 요청하면서 결정권을 예수님께 드린다. "주여 원하시면 저를 깨끗하게 하실 수 있나이다"(마 8:2, 개역개정). 이 말과 행동은 그가 예수를 정확하게 알고 있다는 증거다. 예수는 왕이시다! 해서, 마태복음에서는 예수께 엎드려 절하거나 경배했다는 표현을 심심치 않게 볼 수 있다. 이는 왕이신 예수에 대한 합당한 반응이며, 그들의 참 믿음을 공표하는 행위다.

야곱은 미천한 자신을 찾아오신 하나님께 감사하여 예배드리고 서원한다. 그의 서원 내용은 세 가지다. 하나는 그의 인생 여정에 소용되는 일용할 양식을 채워주시면 하나님으로 인정하고 섬기겠다는 약속이다. 둘째는 기둥으로 세운 돌을 하나님의 전으로 삼겠다고 말한다. 마지막으로 십일조를 다짐한다. 이들 각각이 깊은 의미를 담고 있지만, 전체적으로 볼 때 하나님의 계시에 대한 응분의 행동임이 틀림없다. 하나님을 예배하고 십일조를 드린다는 고백은 벧엘의 하나님이 약속하신 바, 영적이고 물질적 축복과 어울린다.

많은 성경학자와 설교자가 야곱의 서원을 두고 조건인지 약속인지를 씨름했다. 어느 쪽으로든 해석할 여지가 있기 때문이다. 먼저 조건이라 주장하는 이들의 말을 간추리면 이렇다. 야곱은 지금껏 속이고 빼앗고 거래했다. 교활하기 그지없는 장사꾼이다. 하나님이 약속한 대로 하면 자기도 그렇게 하겠다는 말은 여전히 그가 하나님과도 거래하려 드는 장사치라는 뜻이다. 또한 욥에게서 보듯이 참 신앙은 어떠한 조건도 없이 순종하고 받아들이는 것인데, "만약"으로 시작하는 조건문으로 말하는 야곱은 예의 그 모습에서 한 치도 벗어나지 못했으며 여전히 미성숙하다.

반론도 거세다. 하나님의 약속은 꿈에서 받았지만, 그는 깨어나 맨 정신으로 서원한다. 본시 하나님은 우리 인간과 언약을 맺으시는 분이다. 약속이란 양방이 합의하는 선에서 이루어진다. "만약" 이하 문장은 상대방, 곧 하나님이 하신 말을 재확인하고 자기 자신에게 되새기는 행위다. 서원은 삶의 방향을 재정립시킨다. 이렇게 해석하면 야곱은 하나님께 조건을 내세운 것이 아니라 하나님이 자신에게 약속한 대로 하듯이 자신도 그렇게 살겠다고 다짐을 한 것이다.

만만치 않은 상반된 논리를 펼치는 두 진영 가운데 어느 쪽을 취하든 나름 일리는 있다. 어느 하나를 선택하라고 한다면, 조건이 아니라 서원이라 해야 옳다. 앞서 언급한 대로, 벧엘 사건 뒤 하란에서 지낸 그의 삶은 브엘세바의 삶과 견줄 수 없으리만치 변했다. 순박한 아버지와 어수룩한 형을 등치던 야곱이 하란에서 라반이라는 호적수를 만나 사기의 대가를 톡톡히 치렀다. 그러나 그는 하나님의 현존을 믿어 의심치 않았기에 속절없이 당하면서도 후회하지 않았다. 그 믿음대로 야곱은 복을 받았다.

그렇지만 서원이라고 단정하기에는 미심쩍은 구석이 많다. 하나님과 사탄은 욥을 사이에 놓고 하나님을 믿는다는 것이 무엇인지를 두고 내기한다. 이를 알지 못한 욥은 까닭 없는 신앙의 정수를 보여준다. 돈이나 건강, 가족이나 명예가 아니라 하나님은 하나님이기 때문에 그냥 믿는다. 욥이 가혹한 시련에도 굴하지 않은 까닭이 여기에 있다. 어떠한 조건도 내걸지 않는 신앙, 하나님이 하나님이라는 것 하나만으로 그분을 전폭적으로 신뢰하는 모습이야말로 믿음의 완벽한 정의다.

하여, 김홍전은 서원의 순수성을 어느 정도 인정하면서도 자기중심적 신앙을 발견한다.

> 자신이 오직 여호와만을 의지하고 사는 것이 아니라 제가 여호와를 자기 신으로 삼고 여호와의 집을 세우겠으며 또 십일조를 헌상하겠다는 것을 조건으로 해서 여호와의 기호와 의식주의 공급을 교섭하는 것 같은 태도가 거기에 분명히 있었다는 말입니다.[2]

여전히 옛 야곱의 모습을 저버리지 못하고 있다. 협상과 야합의 중간에서, 영과 육 사이에서 머뭇거리며 양다리를 모두 걸쳐두고 싶어한다. 어느 하나도 버리기 아깝다. 때문에 야곱은 우리를 헷갈리게 만든다. 영적이다 싶으면 육적이다. 속물적인 인간이라며 매몰차게 내치자니 야곱 안에 있는 성스러움이 언뜻 엿보인다. 하나님과 맘몬을 겸하여 섬기고자 안달하는, 그런 희한하면서도 우리 모두의 얼굴을 지닌 사람이 다름 아닌 야곱이다.

아직도 가야 할 길

지금껏 나는 몇 번 하나님을 만났다. 하나님을 만난 것은 틀림없는 사실이다. 손꼽아 보니 네 번은 족히 된다. 제1계명의 하나님, 아버지와 어머니 하나님, 말씀과 기도의 하나님, 그리고 용서와 평화의 하나님이다. 야곱에게 그랬듯이 그 각각은 내 삶과 신학, 사역에 있어서 얼마나 큰 전환점이고 축복이었는지. 감사하고 황송할 따름이다. 그때 하나님이 당신을 내게 열어주지 않으셨다면, 나는 세상으로 가 있거나 하나님을 욕하고 돌아섰을 것이다.

그러나 나는 아직도 그대로다. 그런 내가 당황스럽다. 솔직히 말해 징그럽게 싫다. 그래서 종종 이런 의문을 품는다. '내가 하나님을 만난 게 사실인가? 내 욕망의 반영이거나 내 상상의 투사거나 종교라는 아편에 의한 착각은 아니었을까?' 이런 물음이 비단 나만의 것은 아니다. 나 말고도 많은 이들이 적잖이 실망한다. 수련회와 부흥회, 특별 새벽 기도회를 해도 그때뿐, 조금 변한 듯하다가도 여전히 그대로다. 안 하느니만 못한 경우도 수두룩하다.

야곱은 이 물음에 답을 준다. 야곱에게 벧엘은 변화의 출발지일 뿐 종착지는 아니다. 벧엘에서 하나님을 만난 뒤, 야곱은 예전과 판이하게 변했다. 그러나 변화가 완성되지는 않았다. 나중에 에서를 만났을 때 그의 행태에서 우리는 꼼수와 지혜의 양면을 볼 수 있다. 그는 동원할 수 있는 모든 것을 십분 활용한 다음에야 홀로 남아 하나님과 씨름했다. 지금 이 순간도 조건과 약속의 이중성이 여실히 드러난다. 야곱은 야곱이다. 조금 변했을 뿐이다. 벧엘은 야곱에게 터닝 포인트이지, 결승점이 아니다.

이는 야곱 이야기의 전체 라인에서 보아도 타당하다. 야곱은 일생 동안 총 일곱 번 하나님을 대면하지만, 결정적 만남은 두 번이다. 벧엘과 브니엘에서다. 두 에피소드가 야곱 전체 이야기의 골격 구조를 이룬다. 브니엘에서 에서와 화해하기 전까지 그는 완성된 신앙으로 가는 여정의 나그네다. 내가 서 있는 곳이 하나님의 집이요, 내가 하는 일이 하나님께로 가는 관문이라는 발견은 원수의 얼굴에서 하나님의 얼굴을 보는 데까지 이르러야 한다(8장을 참고하라).

죽음 직전에 모든 자녀를 불러 한 사람, 한 사람 이름을 부르며 축복하는 자가 되기 전까지 그의 신앙 순례는 끝나지 않았다. 축복받고자 하는 자에서 축복하는 자가 되는 인생 황혼에 이르러서야 그는 진정으로 자신과 화해하고, 이웃과 화해하며, 하나님과 화해한다. 하나님 나라의 방정식으로 설명하자면 그 사이의 야곱은 "이미"^{already} 야곱이나 "아직"$^{not\ yet}$ 야곱이 아니다. 벧엘에서의 야곱은 이미 변한 야곱이지만, 아직 덜 변한 야곱이다. 그래서 성경은 길道이고, 신앙은 모험이며, 제자는 나그네요 순례자다. 우리는 아직도 가야 할 길 위에 서 있다.

5장

사랑과 노동

일상 vs. 신앙

야곱은 라헬을 아내로 맞으려고 칠 년 동안이나 일을 하였지만, 라헬을 사랑하기 때문에, 칠 년이라는 세월을 마치 며칠같이 느꼈다.

_창세기 29장 20절

"여기가 바로 어머니의 오라비, 나의 외삼촌이 있는 하란이구나!"
하란 땅에 도착한 야곱은 목자들에게 외삼촌 라반을 아는지 물었다.
"마침 저기 라반의 딸 라헬이 오는군요."
그 말에 야곱은 고개를 들어 들판을 바라봤다. 양 떼를 이끌고 오는 한 여자가 눈에 들어왔다. 점점 가까이 올수록 선명해지는 여자의 얼굴을 보자 야곱의 심장은 쿵쾅거리기 시작했다. 단아한 몸매, 아름다운 얼굴. 라헬이 양 떼를 치며 다가오자 야곱은 정신이 아찔해졌다.
'저 여자가 외삼촌의 딸 라헬이란 말이지?'

창세기 29장 20절, 31장 38-42절

진짜 그리스도인?

한때 그리스도인 됨의 판별 기준을 주초^{酒草}, 주일성수, 십일조에서 찾은 적이 있다. 아직도 그 영향은 완전히 소진되지 않았다. 그럴 수밖에 없는 것이 신자의 삶을 판단하는 유일하고도 절대적인 기준으로의 지위는 약화되어야 마땅하지만 여전히 중요한 문제인 까닭이다. 십일조는 헌금과 돈의 영성이고, 주일성수는 복음서에서 예수님이 그토록 격렬하게 다투신 안식일 이해와 오늘 여기서 그 안식을 살아내는 것과 직결된다. 술, 담배야 그에 미치지는 못하지만, 고린도 교회가 음식 문제로 골머리를 앓았던 것과 견주면 문젯거리라는 점을 인정하게 된다.

그보다 더 근원적인 척도가 있다면 사랑과 노동일 것이다. 사랑은 가정이고, 노동은 직업이다. 한 꺼풀 벗겨내면 성과 돈이다. 다름 아닌 이 영역에서 그리스도인답게 살아가느냐에 따라 내가 거듭난 그리스도인인지 가늠할 수 있다. 돈과 성에 대한 태도와 행동양식으로 그의 신앙을 알 수 있으며, 거꾸로 신앙이란 바로 이런 영역들에서 드러나지 않으면 안 된다. 보이지 않는 믿음이 직업과 가정에서는 보이게 된다. "비가시적인 은혜의 가시적 형태"라고 성 아우구스티누스가 정의한 성례 이해로 보건대, 사랑과 노동 역시 성례다.

마르틴 루터는 세 가지 회심을 말했다. 가슴과 정신, 그리고 돈지갑의 회심이다.[1] 리처드 포스터는 이 말을 인용하면서 이중 셋째 회심이 가장 어렵다고 덧붙였다. 이 점을 가장 잘 간파한 분이 예수님이다. 돈은 하나님과 경쟁하는 존재며, 신의 자리를 넘보는 우상이다. 그러하기에 빌리 그레이엄은 "돈에 대한 당신의 생각을 말하면 나는 당신이 누구인지, 어떤 그리스도인인지를 말할 수 있다"라고 한 것이다. 돈을 떠나서는 신앙을 말할 수 없다. 예배당 안에서 내 모습만큼이나 사무실에서 내 모습이 내 신앙이다.

신앙을 감추려야 감출 수 없는 벌거벗은 공간이 가정이다. 밖에서는 신실한 신자인 척 티내고 경건한 척할 수 있어도 가정에서는 그렇게 하지 못한다. 금세 들통 난다. 목사님이 심방을 와서 예배를 드리게 되었다. 어머니가 아이더러 "애야, 엄마가 늘 읽던 책 가져오련?" 한다. 그러자 아이가 홈쇼핑 책자를 가져왔다 하지 않나. 신앙이 적나라하게 폭로되는 곳이 가정이기에 에베소서에서 바울은 성령 충만을 곧 가정에서 부부 관계나 부모와 자녀 관계로 연결시킨다. 그러니까 성령 충만은 감정과 느낌이 아니다. 삶이다.

이토록 사랑과 노동, 가정과 직장의 생활을 신자의 삶에서 강조하는 이유는 성경이 말하는 인간 이해 때문이다. 성경에서 인간은 하나님의 형상이다. 하나님의 형상이 된다는 것은 관계와 책임을 말한다. 창세기가 기록될 즈음의 고대 근동, 곧 애굽과 바벨론 문화에서 신의 형상은 신과 교제할 수 있고 신을 대리하여 세상을 통치할 수 있음을 의미한다. 하나님의 관계에서는 교제가 관계이고, 관계란 다름 아닌 사랑이다. 세상의 관계에서 통치는 책임이고, 책임은 노동을 통해 이루어진다.

도로테 죌레는 생태계 파괴와 핵무장, 군사주의, 가난과 빈곤을 조장하는 질서와 체제와 투쟁하면서 안팎으로 질문을 받는다. 왜 그가 그런 일을 해야 하는지 말이다. 그러면서 불신자와 비종교인들은 묻는다. "왜 당신은 그리스도인인가?" 숙고 끝에 내린 결론은 하나님의 창조다.[2] 하나님이 세상을 창조하신 것은 구원이고 해방인데, 창조란 사랑과 노동이다. 우리는 노동과 사랑을 통해 하나님의 창조 사역에 참여한다. 하나님의 형상인 우리는 하나님처럼 사랑하며, 창조하는 노동을 한다. 그 사랑과 노동을 통해 하나님을 본받는다.

가정에서 사랑하고 직장에서 노동함으로써 하나님의 형상이 되고 하나님의 창조를 실현한다는 죌레의 말은, 우리의 참 신앙은 바로 이 지점에서 가능할 수 있다는 말로 받아들여도 무방하다. 물론 죌레는 사랑이 어떻게 왜곡되고 노동이 어떻게 소외되는지 밝히는 데 주력한다. 사랑과 노동은 하나님이 본래 의도하신 인간의 참다운 모습이다. 또한 참 인간인 그리스도인 신앙의 진정성은 바로 여기서 결판난다는 점을 강조하는 데 부족하지 않다.

야곱이 벧엘에서 하나님의 현존과 동행을 확인하고 당시 그가 있던 곳만이 아니라 그가 서 있는 곳곳이 다름 아닌 벧엘이라는 깨달음의 진정성은 하란에서 보낸 삶으로 판가름 날 것이다. 우선 그의 라헬 사랑에서 절반을 보게 될 것이다. 또한 이전의 야곱, 벧엘 이전의 야곱이 그랬듯이 가혹한 소유주인 라반 아래서 자신의 물질적 이득을 챙기기 위한 노동인지, 아니면 진실한 사랑이고 정직한 노동인지를 판단할 수 있다. 야곱의 자리에서 보면, 하나님과 맺은 언약에 그가 충실했는가를 묻는 것이다. 하나님 편에서 말하자면, 하나님이 당신의 언약을 사랑과 노동을 통해 성취하고 계신가를 묻는 것이다.

칠 년을 수일같이

불광불급 不狂不及. 미치지 않으면 도달할 수 없다. 깊이 몰두하지 않는다면 얻고자 하는 바는 그저 신기루에 지나지 않는다. 이 세상에 제 이름 석자 남기고 간 사람치고 미친 열정을 품지 않은 사람이 없다. 카네기가 그랬단다. 자기 일에 미치지 않은 사람이 성공한 예를 일찍이 본 적 없다고. 야곱은 정말이지 미친 사람처럼 열정적으로 사랑하고 노동했다. 그랬기 때문에 하란 생활을 마치고 귀향할 때, 야곱은 큰 성공을 일굴 수 있었다. 인간 야곱의 미친 열정과 하나님의 전적인 은혜가 만들어낸 축복이다.

야곱의 도저한 열정은 라헬을 향한 일편단심이 잘 보여준다. 조사에 따르면, 결혼한 부부의 로맨스는 2년 6개월 25일이다. 대략 그 즈음이면 남자나 여자나 감정적인 설렘이나 흥분은 감쪽같이 사라지고 상대에게 소홀해진다고 한다. 심리학이나 생물학에서는 호르몬 분비를 기준으로 삼아 12개월에서 15개월 지속된다고 말한다. 이 조사들은 감정 지수로 사랑의 지속 기간을 따져본 것이다. 그런데 야곱은 칠 년을 불과 사나흘처럼 후딱 지나간 것으로 느낄 만큼 뜨겁게 사랑했다. 그는 평균보다 약 3배, 호르몬 기준으로 보면 6배 이상이나 긴 시간이 흘러도 변치 않았다.

이런 야곱의 사랑은 에서와 비교해 보면 더 도드라진다. 에서는 한꺼번에 두 여자와 결혼하였다. 에서의 결혼이 야곱이 축복받은 이야기의 앞과 뒤를 싸고 있는 데서 보듯이, 팥죽 한 그릇에 장자권을 판 것에서 알 수 있듯이, 그가 결혼한 여인들이 신앙과 무관한 이교도라는 것과 부모에게 근심거리였다는 사실에서 보듯이 에서에게 결혼과 사랑, 여자는 그저 육체적 욕망을 소비하는 대상에 지나지 않았다. 두 번째 결혼도 마찬가지다. 야곱이 외삼촌 집에 아내를 구하러 간다는 소문을 듣고 얼른 결혼한 것으로 보아 여전히 그에게 여성과 사랑은 수단이지 목적은 아니었다. 그러니까 에서는 야곱과 달리, 뜨겁고도 진실한 로맨스와는 거리가 먼 사람이다.

이전의 야곱과도 비교된다. 브엘세바에서 야곱에게 다른 사람은 모두 자기가 꿈꾸는 축복을 쟁취하기 위한 수단일 뿐이었다. 야곱은 축복을 받기 위해서 아버지의 어두워진 눈, 형의 식탐, 어머니의 편애를 유용하게 활용하였다. 하나님에게 야곱은 그 자체가 목적이지만, 그에게 하나님은 한갓 축복을 수여하는 존재에 지나지 않는다. 하나님은 있으면 좋고, 없으면 그만이다. 그러나 축복은 반드시 있어야 한다. 결단코 없으면 안 된다. 하나님도, 가족도, 이웃도 전인적으로 사랑한 적이 없다. 이것이 벧엘에서 축복은 사람의 혈통이나 욕심, 의지로 소유할 수 없다는 것을 알기 전, 야곱의 생활방식이었다.

하란에서의 야곱은 예전의 야곱이 아니다. 벧엘을 통과한 하란이기 때문이다. 루스가 벧엘이 되었고 벧엘의 하나님을 경험했으며 벧엘의 신앙으로 무장한 이상, 그가 예전의 야곱과 다른 방식으로 사람을 사랑하는 것은 자연스럽다. 사람을 대하는 차이가 무진장 크다. 하여, 바울이 거듭난 그리스도인더러 한 이 말은 변화된 야곱에게도 딱 어울린다. "누구든지 그리스도 안에 있으면, 그는 새로운 피조물입니다. 옛 것은 지나갔습니다. 보십시오, 새 것이 되었습니다"(고후 5:17). 야곱은 새로운 피조물이 되었다.

우선, 야곱은 노동의 대가로 품삯을 요구하지 않았다. 사랑을 선택했다. 예전의 그라면 사랑을 저버리고 돈을 달라고 했을 것이다. 그러고도 남을 위인이 야곱이다. 잡을 수만 있다면, 발뒤꿈치가 아니라 그 무엇이라도 잡지 않았겠는가. 그런데도 그는 순수하다 못해 순진하기 짝이 없는 선택을 한다. 돈이 아니다. 사랑이다. 사람이다. 라헬이다. 사람을 이용해서 물질적 축복을 얻고자 하던 그가 물질적 대가를 지불해서라도 사람을 사랑한다.

더 놀랄 만한 것은 사랑의 대가로 지불한 품삯이다.[3] 당시에는 신랑 측이 신부 가족에게 신부의 몸값으로 은 오십 세겔(신 22:29)을 지불했다. 그러나 실제로는 그보다 적었을 것이다. 고대 바빌론에서 한 달 노동한 대가가 한 세겔 또는 반 세겔이라는 점을 고려하고 물가 대비 화폐가치가 평면적으로 동일하다고 가정할 때, 야곱은 라헬과 결혼하기 위해 정말 어리석고도 어마어마한 지참금을 지불하는 셈이다.

7년은 84개월이니 두 배 또는 그 이상의 돈을 내면서 결혼하겠다고 나섰다. 전혀 야곱답지 못하다. 그의 성격이 치밀하지 못해서 그랬을까? 성경은 이미 그가 차분하고 내성적인 사람이라고 이야기 서두에 못을 박았다. 다른 생각 할 것 없다. 사랑이 아니고는 야곱의 제안을 설명할 길이 없다. 문자 그대로 야곱은 사랑에 폭 빠졌다.

야곱은 라헬을 얻기 위해 인간적인 지혜를 동원하지 않는다. 비열하게 사기를 치지도, 꾀를 부리지도, 잔머리를 굴리지도 않는다. 거짓과 멀다. 오로지 사랑하는 사람과 함께하기 위해 칠 년을 수고할 정도로 순진무구하다. 한 사람의 인생에서 칠 년은 결코 짧은 시간이 아니다. 게다가 청년기라면 부지런히 노력해서 자기 집을 세우는 일에 먼저 진력할 것이다. 황금 같은 시간을 바보같이 사용하지 않을 것이다. 야곱으로부터 몇 천 년이 흐른 어느 날, 하나님의 아들이 시간이나 돈과는 견줄 수 없는 고귀한 자기 목숨을 사랑하는 사람들을 위해 희생한 것의 그림자라 할 만하다.

기다릴 줄도 안다. 하나님의 뜻은 오리무중일 때가 허다하다. 때로는 뜻은 알되 때를 알지 못하는 것이 인생인지라 서두르다 그르치기 십상이다. 하박국은 고난의 시간이 언제쯤이면 지날 것인지를 물었고(합 1:2), 열두 사도는 이스라엘의 회복이 언제쯤 도래할 것인지를 묻는다(행 1:6). 야곱도 그랬다. 때가 차지 않아 익지 않은 감을 따서 베어 물면 떫기 그지없다. 이번에는 다르다. 사랑하는 여인을 지척에 두고 결혼을 위해 칠 년이라는 긴 시간을 즐겁게 감수하며 기다린다는 것은 그만큼 야곱의 신앙과 삶이 성숙했다는 의미다.

물론, 야곱은 완전하지 않다. 그가 변한 것은 사실이지만, 여전히 이중적인 모습이 엿보인다. 성경은 야곱이 라헬을 사랑한다는 소식을 전하기에 앞서 라헬의 외모를 언급한다. "라헬은 몸매가 아름답고 용모도 예뻤다"(29:17). 얼굴도 예쁘고 몸매도 받쳐주는, 시쳇말로 퀸카라는 뜻이다. 라헬을 향한 야곱의 사랑이 절대 표백된 순수 무구한 것은 아님을 암시한다.

그것만이 전부는 아니다. 라헬은 양 치는 목자로서 씩씩한 기상이 있었고, 변변한 지참금도 없는 야곱의 사랑을 거리낌 없이 받아주었다. 그럼에도 야곱의 사랑은 앞서 보듯, 육체적인 것으로만 매몰차게 비판할 수 없는 지순한 측면이 더 크다.

이런 갸륵한 사랑이 있었기에 그로 인해 주변 사람들이 복을 받았다. 복을 악착같이 빼앗는 자가 아니라 복을 주는 사람이 되었다. 14년을 채우고 다시 흥정할 때 라반은 야곱이 얼마나 복덩어리인가를 스스럼없이 말한다.

> 라반이 그에게 말하였다. 자네가 나를 좋아하면, 여기에 머물러 있기를 바라네. 주님께서 자네를 보시고 나에게 복을 주신 것을, 내가 점을 쳐 보고서 알았네(30:27).

야곱도 당당히 주장한다.

> 제가 여기에 오기 전에는 장인어른의 소유가 얼마 되지 않았으나, 이제 떼가 크게 불어났습니다. 주님께서는 제가 하는 수고를 보시고서, 장인어른에게 복을 주셨습니다(30:30).

이는 약속의 성취다. 아브라함(12:3, 22:18)에게 약속하고, 벧엘에서 거듭 확언된 약속의 성취다. "이 땅 위의 모든 백성이 너와 너의 자손 덕에 복을 받게 될 것이다"(28:14). 한 사람을 진정과 진심으로 연애하는 사랑이야말로 축복의 통로가 되는 길이다. 한 번 더 브니엘을 통과하고 최종적으로 열두 자녀를 하나하나 축복하는 때가 이르기까지 기다려야 하지만, 야곱은 조금씩 하나님의 부르심에 합당한 모습으로, 하나님의 형상으로 빚어져가고 있는 것이다. 칠 년을 수일같이 여기는 열정의 사랑으로 말이다.

눈 붙일 겨를도 없이

야곱의 집념은 열정에서 생겨난다. 장자가 되려는 강렬한 소망, 축복을 받고자 하는 뜨거운 소원, 여인을 얻고자 하는 불타는 사랑, 나중에는 약속의 땅 가나안으로 되돌아가고자 하는 귀향 의식. 이제 야곱은 자기 집을 세우고자 하는 강력한 소망에 사로잡혀 있다. 14년 동안 아내를 얻기 위해 무임으로 노동한 그는 장인에게 하소연한다. "나는 언제나 내 집을 세우리이까"(30:30, 개역개정). 14년을 꽉 채웠으니 자기와 가족을 위해 일할 때가 되었고, 그러니 정당한 노동의 임금을 달라고 요구하는 것이다.

무모하리만치 열악한 조건으로 자기 일을 시작한 야곱은 미친 듯이 일했다. 그의 노동은 특출한 대목이 많다. 첫째, 그는 부지런히 일했다. 낮의 더위와 밤의 추위에 시달리며 눈 붙일 겨를도 없었다는 야곱의 말은 이중적이다. 하나는 극악한 노동 조건에 대한 고발이다. 여러 정황을 보건대, 라반은 야곱에게 일할 만한 여건을 만들어주지 않았다. 튼튼한 양과 소는 자기 아들들에게 맡기고 부실한 것을 야곱에게 주었다. 품삯도 박하고 이런저런 핑계로 떼먹거나 미루기 일쑤다. 그랬기에 딸들도 반란을 일으켜 아버지가 자신들을 팔았다고 성토하는 것이다(31:15).

바울은 노동자들에게 자기가 하는 일을 사람이 아니라 하나님의 일로 여기며, 사람에게 보이기 위해서가 아니라 하나님께 예배를 드리듯이 일하라고 권면하였다. 그러면서 고용자들에게도 경고하기를 잊지 않는다. 진정한 고용자, 곧 주인은 하늘 아버지라고. 당신도 하나님 앞에서는 종에 다름 아니라고. 그러니 차별하지 말고 친절하게 대하라고. 창세기를 읽는 최초 독자인 애굽의 야곱 자손들은 끝내 하나님께 공의로운 심판을 받는 나쁜 고용주 라반에게서 바로의 얼굴이 포개어졌을 것이다. **사람을 차별하면 하나님이 차별하신다!**

다른 하나는 힘든 상황에서도 야곱은 성실했다는 것이다. 잠 한 번 편히 잘 수 없는 여건을 탓하는 것 이상으로 잠도 자지 않고 열심히 일했음을 말한다. 야곱은 라반의 부당성과 함께 자신의 정당성을 항변한다. 궁극적으로는 하나님의 의와 은혜로 귀결되지만 말이다. 그러니 눈 붙일 겨를도 없다는 말은 그만큼 노력했음을 강조하는 말이다.

팔레스타인과 하란, 지금의 이라크 주변 지역의 기후는 우리와 상당히 다르다. 낮에는 불볕더위가 기승을 부리지만, 밤이 되면 싸늘하게 식어서 매우 춥다. 낮밤의 일교차가 심해 더 덥고 더 춥게 느껴진다. 그런데도 야곱은 낮에 덥다고 시원한 그늘을 찾지 않고, 밤에 춥다고 따뜻한 집 안으로 들어가지 않았다. 오로지 자기 집을 세우겠다는 일념 하나로 무지막지하게 노동했다. 빈손으로 시작해서 마침내 큰 두 무리,

곧 둘로 나누어도 큰 재산이 될 만큼(32:10, 쉬운성경) 소유가 불어났다. 근면하고 성실하게 노동한 땀의 대가라 아니할 수 없다.

무릇 빛나는 성취의 이면을 들여다보면, 땀과 눈물이 얼룩져 있다. 다산 정약용은 한자가 생긴 이래 가장 많은 저술을 남긴 대학자다. 유배지 강진에서 유형 생활을 하면서 18년이라는 천신만고의 세월을 한 자리에 앉아 독서와 저술에 매진하느라 복사뼈에 세 번이나 구멍이 뚫렸다. 나중에는 벽에 시렁을 매달아놓고 서서 책을 읽고 글을 썼다. 그가 이루어낸 학문적 성취를 보고 당대의 기라성 같은 학자들이 경악한 것도 무리가 아니다. 다산은 아끼는 제자에게 그 비결을 이렇게 털어놓았다. "나도 부지런히 노력해서 이것을 얻었다."[16] 그러면서 제자에게 첫째 부지런하여라, 둘째 삼가 부지런하여라, 셋째도 오직 부지런하여라, 일러주었다. 모름지기 공부나 사업도 부지런해야 한다.

둘째, 야곱은 부지런했을 뿐만 아니라 정직했다(31:38-39). 그 많은 양떼를 돌보면서, 한두 해도 아니고 스무 해를 일하면서 한 마리 정도는 표 안 나게 잡아먹을 요령도 있었을 텐데 야곱은 그러지 않았다. 그런 걸 모르는 우둔함 때문이 아니요, 더 많은 것을 얻기 위한 미끼로 삼는 영리함이 부족하기 때문도 아니다.

> 사람을 기쁘게 하는 자들처럼 눈가림으로 하지 말고, 주님을 두려워하면서, 성실한 마음으로 하십시오. 무슨 일을 하든지 사람에게 하듯이 하지 말고, 주님께 하듯이 진심으로 하십시오(골 3:22-23).

그가 양 치는 곳은 하나님이 계신 벧엘이자 성전이요, 양 치는 일은 예배며, 그가 맡은 양은 라반의 것인 동시에 하나님의 것이고, 그가 하는 일은 하나님의 일이다. 그랬기에 정직했던 것이다.

당시 낮에 양을 잃으면 양을 치는 목자의 잘못으로 간주되어 책임을 졌으나 밤에 도둑을 당했다면 주인 소관이었다.[5] 이미 주인의 목장 울타리에 양들을 몰아넣었기 때문이다. 그런데도 야곱은 자기가 책임을 졌다. 이는 외삼촌에 장인이라는 양반의 고약한 요구에서 비롯된 면도 있지만, 그의 정직함을 반영한다. 조카이자 사위를 대하는 라반의 모질고 못된 심사는 아주 자연스러운 방식으로 하나님이 정당한 노동의 대가를 야곱에게 주심으로 결판난다.

야곱의 정직함은 당대의 윤리적 행위를 가르는 표준적 척도와 전혀 달랐을 뿐만 아니라 성경이 요구하는 규정 이상이었다. 배상에 관한 율법을 기록한 출애굽기 22장을 보면, 불가피하게 맹수에 찢겨 죽은 짐승은 증거물만 있으면 물어내지 않아도 된다(22:13). 그런데도 야곱은 자신의 것으로 채웠다. 한참 지난 다음에야 항의하지만, 그 당시에는 그런 말을 일절 입 밖에 내지 않았다. 야곱의 이런 별난 행동은 벧엘 신앙에서 말미암은 엄격한 정직성으로 설명된다.

이런 모습은 예수를 만난 삭개오와 닮았다. 삭개오는 소유의 절반을 구제로 내놓았고, 남을 속여 빼앗은 것이 있다면 네 배로 갚겠다고 선언한다(눅 19:8). 거룩한 제물을 소홀히 다루면 바칠 제물에 5분의 1을, 사기로 앗은 것은 본래 값에 5분의 1을 더 얹어서 돌려주는 것이 성경 규정(레 5:16, 민 5:7)이다. 두 사람의 차이는 삭개오가 배상한 것은 자기 것에 대한 것인 반면 야곱은 남의 것에 대한 것이며, 삭개오가 한 행위는 구제이지만 야곱은 노동이라는 점이다. 아무튼 두 사람은 하나님과 사람 앞에서 정직했고, 일반적인 기준을 넘어서는 정직함을 보였다.

행여 야곱을 너무 좋게만 보는 게 아니냐는 의문이 생길 법하다. 라반의 무리한 요구에 어쩔 수 없이 순응한 것인데, 아전인수 격으로 야곱을 미화하는 것이 아니냐고 말이다. 그러나 야곱이 누구인가? 가부장 사회의 장자와 차자라는 신분 제약과 하나님의 약속 사이의 충돌이라는 여건에서 그는 기성 질서를 인정하지 않았다. 수단과 방법을 가리지 않은 게 야곱이다. 그런 그가 말도 안 되는 라반의 조건에 고분고분하게 입 다물고 따랐다면 약자의 불가피한 생존 전략이라는 설명은 어색하고 무색하다.

셋째, 더 확고한 증거가 야곱의 신실함이다(31:41). 라반이 품삯 주는 조건을 연달아 바꾸는 상황에도 변하지 않고 최선을 다했다. "열 번"은 문자적으로 열 번이라기보다는 계속해서, 끊임없이 조건을 바꾸어 라반에게는 유리하게, 야곱에게는 불리하게 조건을 내걸었다는 뜻이다. 한 번은 얼룩진 것만 가져가라, 다음은 새까만 것을 네 몫으로 하자 등등, 이랬다저랬다 변덕이 죽 끓듯 했다. 그렇게 열 번이라는 것이다.

라반은 월급을 적게 주려고 얕은꾀를 다 부렸다. 어찌하든지 간에 수고의 대가를 지불하지 않으려고 무진 노력했다. 빈손으로 돌아갈 수 없는 야곱의 가련한 처지를 십분 악용한 것이다. 그래도 야곱은 불평 않고 속으로 삭이며 묵묵히 일했다.

성경에서 믿음은 신실과 인내를 의미한다. 외적 상황이 아무리 바뀌어도 변하지 않고 꿋꿋함을 유지하는 것이다. 흔들리지 않는 내적 신실은 외적 인내로 드러난다. 이는 하나님의 존재와 성품의 반영이다. 하나님은 변하지 않는 신실한 분이고, 오래도록 인내하며 기다리는 분이다. 그분은 야곱과 맺은 언약을 어떠한 조건에서도 실현하시고 착착 진행하신다. 그 하나님에 대한 믿음으로 야곱은 신실할 수 있었다.

야곱은 부지런했고, 정직했고, 신실했다. 노동으로 하나님의 창조에 참여하였고, 하나님의 인격을 닮아가고 있었다. 하나님도 가만히 계시지 않았다. 모든 것을 한 번에 갚아주셨다. 라반이 보기 좋게 크게 한 방 먹은 것이다. 하나님은 야곱이 일한 대로 갖게 하셨다. "스스로 속이지 마십시오. 하나님을 속일 수는 없습니다. 사람은 자기가 심은 대로 거둘 것입니다"(갈 6:7, 쉬운성경).

하나님은 심은 대로 거두게 하시는 분이다. 하나님이라고 해서, 우리가 하나님의 특별한 사랑을 받는 자녀라고 해서 노력하지도 않았는데 더 거두게 하시지는 않는다. 부지런하고 정직하며 신실하게 노동하지 않은 채 하나님께 축복을 발원하는 것은 자기 자신을 속이는 한심한 짓이고 하나님마저 조롱하는 불신앙이다. 다른 사람은 몰라도 자신은 안다. 하나님도 그렇게 호락호락 당하는 만만한 분이 아니다. 라반이 되레 당했다. **노동은 신앙이다.** 노동은 내가 하나님을 어떻게 이해하며 내 신앙색이 어떤지를 보여주는 거울이다.

나와 함께 계시지 않았더라면

이쯤 되면 여느 자기 계발서와 다르지 않다 여길 것이다. 성공과 행복을 지상 명령으로 떠받드는 희한한 맘몬 시대에 미친 듯이 사랑하고 노동하라는, 그래야 성공한다고 다그치고 달달 볶는. 안 그래도 팍팍하고 고단한 현실에 주눅 들어 사는데 말이다. 그렇지 않다. 이 장의 핵심 주제는 야곱의 벧엘 신앙이 하란에서 어떻게 빛을 발하는가다. 어려운 위기가 닥칠 때면 으레 돌아가 하나님께 제단을 쌓은 야곱의 벧엘 신앙만이 하란의 스무 해를 푸는 열쇠다. 믿음이 있었기에 절망하지 않았고, 사랑과 노동에 미쳐서 하나님의 약속을 보았다.

아들 열한 명과 딸 하나를 얻고, 엄청난 부를 축적한 것은 사랑과 노동만으로는 불가능하다. 벧엘의 하나님! 열정적인 야곱의 벧엘 신앙 이전에 신실한 벧엘의 하나님이 계셨다. 그 하나님 때문에 야곱의 사랑과 노동이 빛을 발하고 힘을 얻으며 선한 결과를 내었다. 하나님이 하셨다는 고백과 찬양만이 온당한 현실 이해다.

하란에서 야곱은 어머니 품에서 지낼 때의 야곱이라면 도저히 발설할 수 없는 놀라운 두 마디 말을 한다. 하나는 아들을 낳지 못하는 라헬이 시기하여 자기도 자식을 낳게 해달라고, 그렇지 않으면 죽겠다고 남편을 거의 협박하다시피 하자, 하는 말이다.

"내가 하나님이라도 된단 말이오? 당신이 임신할 수 없게 하신 분이 하나님이신데, 나더러 어떻게 하라는 말이오?"(30:2)

하나님이 벧엘에서 약속하셨다. "너의 자손이 땅의 티끌처럼 많아질 것이며, 동서남북 사방으로 퍼질 것이다. …… 내가 너에게 약속한 것을 다 이루기까지 내가 너를 떠나지 않겠다"(28:14-15).

다른 하나는 라반을 향해 던진 말이다. 아브라함과 이삭의 하나님이 함께 계시지 않았다면 자신은 빈손으로 돌아갔을 거라고(31:42). 몰래 야반도주했다는 소식을 듣고 급하게 추격해 온 라반에게 지난밤 하나님이 몸소 나타나셔서 야곱에게 손대지 말라고 겁을 주셨다(31:24). 이런 하나님의 돌봄과 배려가 없었다면 야곱이 얻은 그 많은 소유는 한순간에 물거품이 되고 말았을 것이다. 야곱이 열심히 일하지 않았다면 하나님은 축복하시지 않았다. 하나님이 함께하지 않았다면 야곱의 수고가 헛되고 헛되며 헛되고 헛되니 모든 것이 물거품처럼 헛되었을 것이다.

> 주님께서 집을 세우지 아니하시면 집을 세우는 사람의 수고가 헛되며, 주님께서 성을 지키지 아니하시면 파수꾼의 깨어 있음이 헛된 일이다. 일찍 일어나고 늦게 눕는 것, 먹고 살려고 애써 수고하는 모든 일이 헛된 일이다(시 127:1-2).

벧엘의 하나님과 벧엘 신앙이 진짜 제자를 만든다. 우리가 얻고자 하는 것의 주인이 다름 아닌 그분이기에, 내 인생의 주인이 바로 그분이기에 그분 없이 하는 일은 모두 사상누각에 지나지 않는다.

한 교인 부부가 일 년 돈 벌고 다시 오겠다며 잠시 교회를 떠난 적이 있다. 염려하고 만류했지만 결국 그렇게 했다. 신앙은 고사하고 돈도 벌지 못할 것은 불 보듯 뻔하다. 차라리 돈이라도 왕창 벌면 괜찮을 텐데 말이다. 결국 몸도 다치고, 돈도 벌지 못하고, 아이들에게마저 눈길과 손길을 넉넉히 주지 못해 안쓰럽단다. 후회막심이다. 다쳤다는 소식을 듣고 울었다. 이제 돌아오나 싶어 감사해서 울었고, 많이 다치지 않았는지 걱정되어 울었다. 그의 말대로 하나님이 알맞게, 적당하게 손을 보셨다. 하나님은 그 부부를 버리신 것이 아니라 사랑으로 기다리셨고, 떠나신 게 아니라 함께하셨다.

어려워도 이렇게 어려울 수가 없다는 빈곤한 시대에 하나님의 자녀가 하나님 없이 하려고 하는 일이 무슨 의미가 있고, 어떤 보람이 있으며, 무엇을 얻을 수 있겠는가. "너희는 나를 떠나서는 아무것도 할 수 없다"(요 15:5). 어디에나 하나님이 계시다는 것이 벧엘 신앙이라면, 하나님 없는 사랑과 노동은 빈손이다. 언제 어디서나 우리와 함께하시는 그분의 도타운 사랑으로 헛된 세상에서 사랑과 노동으로 하나님의 창조를 이어간다.

6장

하란에서 보낸 스무 해

심판 vs. 훈련

제가 무려 스무 해를 장인어른과 함께 지냈습니다. 그동안 장인어른의 양 떼와 염소 떼가 한 번도 낙태한 일이 없고, 제가 장인어른의 가축 떼에서 숫양 한 마리도 잡아다가 먹은 일이 없습니다. 들짐승에게 찢긴 놈은, 제가 장인어른께 가져가지 않고, 제 것으로 그것을 보충하여 드렸습니다. 낮에 도적을 맞든지 밤에 도적을 맞든지 하면, 장인어른께서는 저더러 그것을 물어내라고 하셨습니다. 낮에는 더위에 시달리고, 밤에는 추위에 떨면서 눈 붙일 겨를도 없이 지낸 것, 이것이 바로 저의 형편이었습니다. 저는 장인어른의 집에서 스무 해를 한결같이 이렇게 살았습니다. _창세기 31장 38-41절

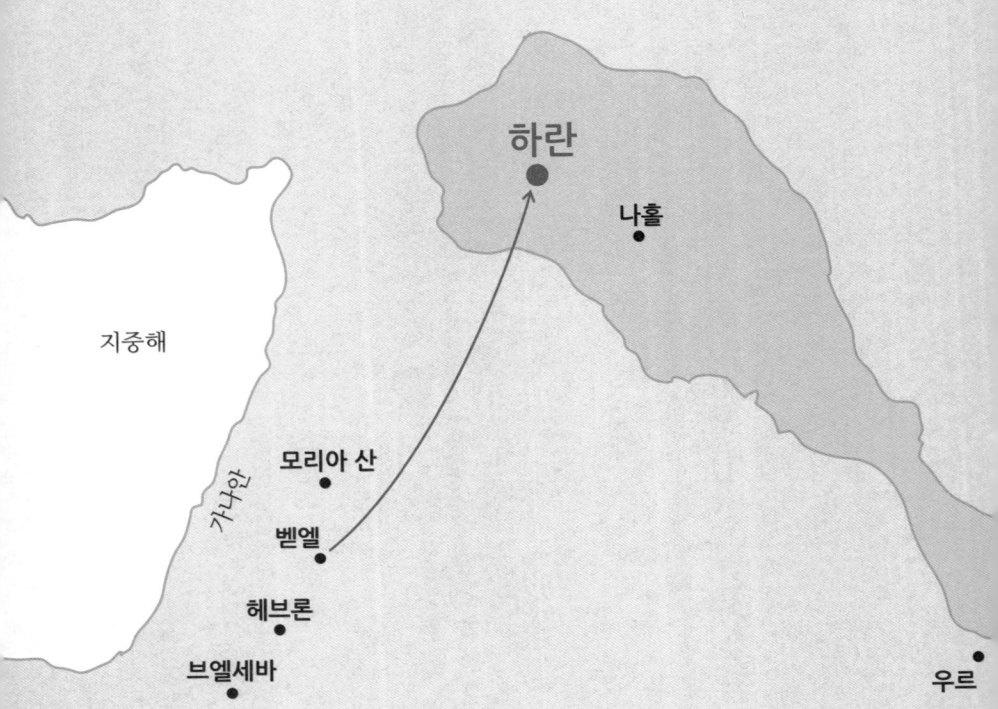

하란에서 보낸 스무 해가 주마등처럼 지나갔다. 라헬을 얻기 위해 뼈 빠지게 일한 시간, 사위가 되어 밤낮을 가리지 않고 양 떼를 돌본 그 세월, 그런데도 열 번씩이나 품삯을 바꾸치신 장인어른…… 야곱은 더 이상 견딜 수 없었다. 아내들과 자식들을 위해서라도 하란을 떠나야 겠다고 결심했다.
'그래, 이제 돌아갈 때가 되었어. 오늘 밤, 떠나는 거야!'

창세기 31장 36-42절

원치 않는 땅에서

하란에서의 야곱은 브엘세바에서의 야곱과 같은 사람이지만, 정녕 다른 사람이다. 이전의 야곱은 사람을 이용하여 복을 얻고자 했다. 땀 흘려 수고하여 복을 얻기보다는 손쉽게 복을 차지하고자 했다. 사랑할 줄 모르고 노동할 줄 모르던 야곱으로 하여금 뜨겁게 사랑하고 열심히 노동하게끔 만든 전환점이 바로 벧엘이다. 벧엘 신앙 체험은 야곱으로 하여금 하란에서의 생활을 극적으로 변모시켰다.

벧엘 신앙의 핵심은 하나님이 여기에 계신다는 경험이다. 이 세상 어디라도 하나님이 안 계신 곳이 없고, 하나님의 집이 아닌 곳이 없으며, 하나님이 예배받지 못할 곳이 없다. 어디나 계신 하나님 때문에 모든 곳이 하나님의 집이요, 하늘 가는 문이요, 예배당이다. 하나님의 일이 아닌 것이 없으며, 하나님의 사랑으로 사랑하지 않을 사람이 없다.

야곱이 벧엘에서 놀란 것은 하나님이 없을 것 같은 곳에도 계신다는 사실이다. 그래서 그는 자신이 하는 일을 다시 보았다. 그가 하는 모든 일이 하나님의 일이고, 그가 사는 모든 곳이 하나님이 사시는 집이며, 그가 있는 어디나 하늘 가는 문이다. 하나님의 집과 하늘 가는 문이 여기에 있거늘, 지금 여기가 아니라면 하나님을 만날 도리가 없다. 하나님이 계신 곳에서 하나님을 만나야지, 달리 어디서 뵐 수 있을까.

벧엘 신앙이 없다면, 하란에서의 사랑과 노동도 없다. 사람은 한갓 사랑 없는 욕망의 대상이며, 노동은 생존을 위해 반드시 필요한 도구에 지나지 않는다. 사랑은 쾌락을 위한 섹스이고, 노동은 그저 밥벌이를 위한 지겨움일 따름이다. 벧엘로 인해 사랑과 노동은 성스러운 예배가 된다. 그의 몸으로 하는 모든 일이 하나님께 드리는 예배다.

그렇지만 벧엘 신앙은 단번에 완결되지 않는다. 지속적인 분투와 희생으로 점차 자라가는 성질을 지니고 있다. 가꾸고 지키고 열매 맺기까지 인내로 수고하는 농부의 마음이 요구된다. 하여 야곱이 하란에서 뜨거운 사랑으로 많은 자녀를 낳고 열심히 노동해서 많은 재물을 거두었다는 것으로, 마치 동화 속 왕자님과 공주님이 천신만고 끝에 결혼해서 아주 오랫동안 행복하게 살았다는 식으로 이야기를 마칠 수는 없다.

두 가지 점에서 그렇다. 하나는 야곱에게는 자녀와 재물이 많아지는 그 자체가 목적이 아니기 때문이다. 하나님의 축복임이 틀림없지만, 그분의 축복이기에 사명도 뒤따른다. 그것을 말하기 전에는 "야곱과 라헬은 행복하게 살았더래요"라고 끝낼 수 없다.

다른 하나는 야곱의 하란 생활이 그다지 행복했다고 말할 수 없기 때문이다. 원치 않는 사랑을 해야 했고 원치 않는 노동을 해야 했다. 라헬을 원했지만 레아와도 결혼해야 했고, 속으로 하나님의 일이라고 아무리 다짐하지만 매정하고 욕심 많은 라반을 위해 죽도록 일해야 하는 것이 현실이었다. 한마디로 야곱이 하란에서 보낸 스무 해는 원치 않는 사람과 사랑하고, 원치 않는 사람을 위해 노동해야 하는 그야말로 고역과 노역의 시기였다.

애초 야곱의 인생 계획에는 하란이 없었다. 뜻하지 않게 가게 된 땅에서 사람을 만났고 직업을 얻었다. 그렇다면 야곱의 일생에 하란이 차지하는 의미는 무엇일까? 하나님의 자리에서 묻는다면, 하나님은 왜 야곱을 하란에서, 라반과 함께, 그리고 레아와 라헬의 갈등 사이에서 무려 스무 해나 살도록 하셨는가? 원치 않은 땅에서 원치 않은 사람과 함께 살도록 하신 하나님의 뜻은 무엇인가? 하란은 야곱에게 어떤 의미인가? 왜 야곱은 하란에 거주해야 하는가? 왜 나는 여기서 원치 않는 사람과 함께 살아야 하는가?

인과응보

야곱이 하란에서 살아야 한 것은 인과응보다. 사물의 운동은 원인이 있으면 결과가 생기듯, 사람의 일생도 자신이 행한 것에 상응하는 대가를 지불하게 마련이다. 하란은 야곱이 행한 죄의 대가고 하나님의 심판이다. 형을 속여 장자의 명분을 빼앗고 아버지를 속여 축복을 가로챈 것은 정당화할 수 없는 명백한 잘못이다. 그래서 도망쳐 온 곳이 하란이니 인과응보가 아닐 수 없다.

그러나 인과응보는 현대인에게 거부감을 준다. 어느 시대보다 자유를 강조하는 풍토에서 인과응보는 결정론 냄새가 물씬 풍긴다. 신론神論은 문제가 더 심각하다. 인간의 행동거지마다 그에 상응하는 벌을 꼬박꼬박 내리시는 하나님은 성경에 기록된 하나님 이해와 동떨어져 있다. 쫀쫀하고 옹졸하기 그지없다.

뿐만 아니라 그렇게 되면 고난은 죄에 대한 심판이 된다. 그러한 사상은 인간의 죄책감과 공포를 조장하는 상술이요 사기술에 다름 아니다. 무고한 자의 고난을 설명할 길이 없다. 욥과 예수님은 이런 사상을 명백히 거부했다. 눈먼 사람으로 태어난 것은 "이 사람이 죄를 지은 것도 아니요, 그의 부모가 죄를 지은 것도 아니다"(요 9:3).

그렇다고 인과응보가 전적으로 부정되거나 배제되지도 않는다. 역사의 기본 법칙은 권선징악과 인과응보다. 심은 대로 거두는 것은 하나님의 법칙이다. 심은 대로 거두지 않는다면, 역사에 단죄가 없다면, 세계는 그야말로 생지옥이 될 것이다. 따라서 이것은 사회를 건강하게 만들지는 못하더라도 부패하지 않게 만드는 최소한의 안전장치이자 완충 역할을 한다. 하여, 인과응보는 도덕을 가능케 하지만 은혜에는 이르지 못한다.

하란에서 야곱은 브엘세바에서 한 행동에 대한 대가를 톡톡히 치른다. 라반은 약속을 어기고 라헬 대신 레아를 시집보낸다. 라반에게 당한 야곱은 항의한다. "외삼촌께서 왜 저를 속이셨습니까?"(29:25) 야곱으로서는 속은 게 억울했을 법하다. 또한 다른 사람도 아닌 외삼촌이 속였다는 것이 분했을 것이다. "외삼촌께서 저에게 이러실 수가 있습니까?" 그러나 그도 남을 속인 전력이 라반 못지않다. 아버지와 형을 속였다. 입이 열 개라도 할 말 없다. 라반은 조카를 속였지만, 자신은 아버지와 형을 속이지 않았느냐 말이다.

이삭은 말한다.

"아들인 네가 감히 아비인 나를 간교하게 속일 수 있느냐?"

에서도 빠질 수 없다.

"동생인 네가 형인 내게서 어떻게 모든 것을 가로챌 수 있단 말이냐?"

야곱은 라반에게 말하면서 자신을 향해 말하는 이삭과 에서의 목소리를 듣는다.

야곱은 자기 이름을 속이고 에서처럼 행동한 적이 있다. 이삭이 이름을 물을 때, 야곱은 에서라고 대답했다. "야곱이 아버지에게 말하였다. 저는 아버지의 맏아들 에서입니다"(27:19). 신혼 첫날밤, 야곱은 레아더러 수도 없이 라헬이라고 불렀을 것이다.

"내 사랑, 라헬! 오, 나의 라헬. 그대는 정녕 내 사랑 라헬인가?" 그때마다 레아는 이렇게 말했을 것이다.

"그래요, 저는 당신의 사랑 라헬입니다."

속이며 살던 자가 자신이 행한 그대로 속임을 당하고 있다. 야곱은 아버지 이삭이 눈이 어두운 것을 이용했다. 에서의 옷을 입고 염소 새끼의 털로 에서의 털인 양 가장했다. 나이 많아 잘 보이지 않고 잘 들리지 않는 이삭은 미심쩍은 구석이 있는데도 "그가 야곱인 줄을 모르고, 그에게 축복하여 주기로 하였다"(27:23). 반면 야곱은 캄캄한 밤 때문에 당했다. 어두운 밤, 등불도 밝지 않은데다 진한 면사포를 두르고 있었으니 신부의 얼굴을 가늠키 쉽지 않았다. 야곱은 "그가 레아인 줄을 모르고, 그와 동침하기로 하였다."

이런 식으로 야곱이 당한 것을 훑어내면 한도 끝도 없을 지경이지만 간략히 몇 가지만 더 추려보자.

야곱은 아버지 앞에서 에서처럼 행동했고, 레아는 야곱 앞에서 라헬처럼 행동했다.

야곱이 에서로 보이기 위해 일부러 변장하고 들어갔듯이, 당연히 레아도 라헬처럼 위장했을 것이다.

레아와 라헬 자매의 끝없는 자녀 낳기 경쟁과 갈등은 에서와 야곱의 관계를 보는 듯하다. 에서의 관계에서 야곱은 승승장구했다. 야곱이 사랑하는 라헬은 자녀를 낳지 못한 반면, 희한하게도 레아는 많이 낳았다. 라헬은 아이를 낳다가 죽지만, 레아는 쑥쑥 잘도 낳았다. 야곱 때문에 에서는 원치 않은 복을 받았듯이 야곱도 원치 않은 여인을 아내로 맞이했다.

이러한 일련의 사건을 통해 야곱은 라반에게 철저히 당했을 뿐만 아니라, 심지어 조롱받기까지 한다. "큰 딸을 두고서 작은 딸부터 시집보내는 것은, 이 고장의 법이 아닐세"(29:26). 라반의 이 말은 "너희 고장에서는 아우가 형의 장자권을 빼앗을 수 있을지 모르나, 우리 고장에서는 그럴 수 없다"는 말에 다름 아니다. 네가 하나님을 믿는다고 하면서 우리도 하지 않는 그런 야비한 수작을 부리느냐? 예수 믿는다는 작자가 믿지 않는 사람만 못하다는 비난 앞에 초라해지고 작아진다. 야곱은 속이는 라반에게서 속였던 자신을 본다.

하란에서 야곱은 참으로 원치 않은 사람 외삼촌 라반에게 속임을 당하고, 원치 않은 여인 레아와 살아야 했다. 이 모든 것은 그가 브엘세바에서 아버지 이삭과 형 에서에게 한 그대로 당한 것이라고밖에 달리 설명할 도리가 없다. 인과응보다. 심은 대로 거두었다 할 수밖에. 모든 일이 인과응보는 아니지만, 많은 일이 인과응보로 주어진다.

해서, 잘 심어야 한다. "자기 육체에다 심는 사람은 육체에서 썩을 것을 거두고, 성령에다 심는 사람은 성령에게서 영생을 거둘 것입니다"(갈 6:8). 잘 심어서 잘 거두어야 한다. 선을 심어 선을 거두어야 한다. 사도 바울의 말처럼 선을 심는 일은 낙심하기 딱 좋다. 그래도 포기하지 않고 계속 선을 행하면 "때가 이를 때에 거두게 될 것"(6:9)이다. 그것이 하나님의 법칙이다.

자기 연단

단지 인과응보의 방식으로 일하시는 하나님은 정말 잔인하다. 자신이 지은 죗값으로 고된 삶을 살아야 한다는 건 너무 가혹한 일이다. 때문에 야곱은 하란에서 자신의 옛 죄를 상기하지 않을 수 없었다. 그러나 그것이 전부는 아니다. 인과응보는 진실의 일부일 뿐이다. 하나님은 야곱을 연단하는 훈련 장소로 하란을 택하셨다. 하란 생활은 야곱을 다듬기 위한 하나님의 방편이다. 거만해진 야곱을 낮추시고, 모난 부분을 깎으시며, 부족한 면을 채우시고, 거친 곳을 다듬어서 걸작으로 만들려는 하나님의 의도다.

아프리카의 다가라 종족은 마을 원로가 되기 위해 한 가지 통과의례를 거친다.[2] 바로 마을 한가운데 광장에서 이틀을 꼬박 그 자리에 앉아 있는 것이다. 이틀 동안 마을 주민은 그의 잘못과 실수, 약점을 낱

낱이 들추며 모욕하고 꾸짖는다. 정작 당사자는 몰랐지만 타인이 받은 아픔과 실망을 속속들이 들으면서 단 한 마디도 대꾸하지 못한다. 지도자가 되기 위해서는 자신의 정확한 실체를 여실히 보아야 한다. 한없이 높아진 마음에서 단번에 바람을 빼는 최상의 방법인 것이다. 높아지기 위해서는 낮아져야 한다는 것은 만고의 진리다.

하나님은 야곱 스스로 어떻게 살았고 누구인지를 정확히 알기를 원하셨다. 가장 좋은 방법은 야곱과 같은 유형의 사람, 그러나 야곱보다 훨씬 사기성이 농후한 사람, 야곱 이상으로 야곱스러운 사람을 붙이는 것이다.

> 야곱을 다루시는 하나님의 방법은 야곱보다 더 까다롭고, 더 냉혹하고, 더 욕심 많고, 더 간교한 사람에게 야곱을 맡겨놓는 것이었다. 이렇게 하심으로써 하나님은 다른 사람을 통하여 자신에게 있는 증오스런 단점들을 야곱이 발견하고 깨닫도록 하신 것이다.[3]

하란에서 보낸 이십 년은 라반과 지낸 이십 년이다. 라반은 야곱과 닮은꼴이면서 야곱보다 몇 배 더 고약한 인간이다. 라반은 좋은 아버지도, 좋은 장인도 아니다. 레아를 라헬로 속인 것은 하란의 결혼 풍습을 교묘히 이용한 것이지만 그럭저럭 대의명분은 있다. 레아의 짝을 찾아주려는 아비의 심정으로 능히 이해할 만하다.

그러나 레아를 시집보내면서 라헬도 같이 보낸 것은 그의 처지에서 보면 경제적일지 모르지만, 딸의 처지에서 보면 무정한 아비다. 야곱이 씩씩대며 달려와 왜 레아냐고 항의하자, 칠 년을 더 일하면 라헬을 주겠다고 제안한다. 그리고 이레가 지난 다음 라헬을 야곱에게 보낸다. 당시, 결혼 잔치 기간이 7일이다. 그러니까 야곱과 라헬은 결혼식과 잔치도 없이 결혼한 것이다! 라반으로서는 결혼식 비용을 줄인 셈이지만, 딸은 마치 팔려가는 당나귀 신세와 하나도 다를 바 없다. 집에서 자란 몸종이나 하녀도 그런 식으로 시집보내지는 않을 것이다. 결혼식 한 번으로 두 딸을 땡처리하듯 넘긴 것과 진배없으니 라반의 사기술과 장삿술은 가히 환상적이다.

게다가 라반은 두 딸의 지참금마저 손을 댄다. 당시 지참금은 신랑이 신부의 아버지에게 주는 것으로, 여성이 과부가 되거나 이혼을 당하게 될 경우를 대비하여 경제적이고 사회적인 안전망 역할을 했다. 따라서 아버지가 맡아 보관하고 이자를 취할 수는 있으나 그 자체에는 손을 대지 못한다. 두 딸이 야곱을 따라 냉큼 가나안으로 돌아가겠다는 결정을 내리는 이면에는 아버지에 대한 원망이 숨어 있다. "아버지가 우리를 팔고 우리의 돈을 다 먹어버렸으니 아버지가 우리를 외국인처럼 여기는 것이 아닌가"(31:15, 개역개정). 라반이 딸들을 야곱에게 물건 팔듯이 가격 흥정하여 수익이 되니 넘긴 것이고, 그렇게 받은 지참금마저 제멋대로 사용한 것이다.

라반은 야곱에게도 냉혹하다. 두 사람은 외삼촌과 조카, 장인과 사위, 고용주와 노동자로 얽혀 있다. 하란에 도착한 지 며칠 안 되어 밥만 축내는 게 아까워 밥값 하라는 외삼촌, 어찌하든지 간에 사위가 기업을 일으키는 것을 방해하려고 정당하게 받을 노동의 대가를 등쳐먹는 고용주, 자수성가하여 돌아가는 사위를 죽이겠다고 협박하는 장인이다. 하나님이 간밤에 라반에게 나타나 꾸짖은 것도 사실 야곱의 고난과 수고(31:42)를 몸소 살피신 연고다. 그분이 직접 관여하지 않으면 안 될 만큼 야곱은 절박했기에 도망치듯 떠나야 했다. 라반은 혹독한 사람이다.

그런 점에서 야곱은 라반에게서 자못 익숙한 얼굴을 본다. 바로 야곱 자신이다. 라반은 야곱의 다른 얼굴이다. 벧엘 이전의 야곱이다. 야곱보다 더한 야곱이다. 벧엘의 하나님이 없었다면 더 강화되고 악화되었을 야곱이다. 그러나 라반을 만난 야곱은 자신의 맨 얼굴을 보게 되었다. 그로 인해 야곱은 연단되고 성장한다.

야곱이 친절하고 자상하거나, 냉혹하더라도 합리적인 면모가 있는 사람과 지냈다면 어땠을까? 어쩌면 더욱 교활하고 영악해져서 결국 하나님이 사용하실 수 없게 되었거나, 그래도 사용하시려 했다면 더 험악한 세월을 통과하거나 더 길고 긴 연단의 시간을 보내야 했을 것이다.

라반이 아니고서 야곱은 자아를 발견하지도 성장하지도 못했을 것이다. 그런 점에서 라반은 야곱을 위해 예비한 하나님의 계획이다. 그렇게 말할 수 있는 것은 원수들만이 줄 수 있는 선물이 있기 때문이다. 원수 같은 라반을 통하지 않고서는 달리 우리 자신을 발견할 수 없는 까닭에 그들은 보물이다.

라반을 곁에 두신 하나님의 의도는 단순히 야곱을 성장시키려는 차원을 넘어선다. 라반은 야곱이 하나님께로 가는 길이자 열어야 할 문이다. 벧엘에서 만난 하나님은 원치 않은 곳, 까다로운 사람 안에도 존재한다. 그런 곳에서, 그런 이들을 통해 하늘 가는 문이 열린다. 월터 윙크의 말이다.

그러므로 원수들은 하나님에게 가는 길에 놓인 뛰어넘어야 할 장애물일 뿐만 아니라, 하나님에게 가는 길이 될 수도 있다. 원수를 통하지 않고는 우리 자신의 어두운 그림자와 화해할 수 없는 것이, 원수가 우리 앞에 들고 있는 거울에 비추어보지 않고서는 구원을 필요로 하는 우리 자신들의 받아들일 수 없는 부분들에 접근할 길이 없기 때문이다. …… 우리가 원수를 변화시키는 데 해야 할 역할이 있지만, 또한 원수들도 우리를 변화시키는 데 역할을 할 수 있다.[4]

윙크의 이 말에 상당한 거부감을 가진 적이 있다. 내게도 원수 같은 이가 있었기 때문이다.[5] 그를 통하지 않고는 하나님께로 갈 수도, 자신과 화해할 수도 없다는 말이 머릿속으로는 쉬 이해가 될지 몰라도 막상 당사자가 되면 영 달라진다. 원수와 맞닥뜨리지 않고 하나님과 대면하고 싶다. 원수가 없다면 내 속의 상처와 화해할 일도 없을 테니 백 번을 곱씹어 보아도 원수는 웬수다. 꼴도 보기 싫은!

그러나 이제는 마음 깊이 수긍한다. 원수가 아니고서는 하나님을 만날 수 없었다. 그 사람 때문에 마음이 심히 아프던 어느 날 밤, 나는 설교 강대상 뒤편 십자가 아래서 무릎을 꿇고 바닥에 머리를 처박은 채 가슴을 치며 울었다. 나를 해코지하고 교회를 어지럽히는 그가 몹시도 미웠고, 그런 그를 어찌하지 못하는 내 무능함이 진저리나도록 싫었다.

그리고 거세게 항변했다. 어찌 가만히 내버려두시느냐고. 나를 이 괴롭에서 건져주시지 않고 보고만 계실 작정이냐고. 그가 마음껏 교회에서 활보하도록 내버려두실 작정이냐고. 그러고도 하나님이냐고 따졌다. 거룩하다면서 불의한 일에 침묵하시느냐고 물었고, 사랑이 많다면서 왜 내게 그 사랑으로 역사하시지 않느냐고 대들었고, 전능하다면서 이리도 입 다물고 침묵하시는 것은 무능한 탓 아니냐고 그분을 조소하였다.

그때 내 마음 깊숙한 곳에서 한 음성이 들렸다. 분명 하나님의 목소리였다. 아무리 생각해 보아도 내가 창작할 수 없는, 그래서 결국 하나님의 말씀이라고밖에는 달리 해석할 수 없는 그런 기가 막힌 말씀이었다. 처음에는 억울하고 화딱지가 나서 죽을 지경이었는데, 곧장 말로 형언할 수 없는 자유를 느꼈다. 딱 세 말씀을 하셨다.

"나는 그를 사랑한다. 너는 죄가 없느냐? 내가 너를 용서해 주었듯이 용서해 주어라."

이게 무슨 말인가. 잘못한 그가 내게 와서 용서를 빌어야지 왜 내가 먼저 그를 찾아가서 용서해 주어야 한단 말인가. 그래, 그것까지는 할 수 있을 것 같다. 이 악물고 만나서 마지못해 용서의 말을 건넬 수는 있겠다. 목사란 그런 존재 아닌가. 게다가 정 안 되면 쇼라도 하면 되지 않겠는가. 그러나 내가 견디지 못한 말씀은 하나님이 내가 아니라 그를 사랑한다고 하신 것이다. 아니 어떻게 그런 사람을 사랑한단 말인가. 도저히 이해도 안 될 뿐더러 용납하기조차 힘들었다. 숨쉬기 버거울 정도로 답답하다.

이건 아니다 싶을 때, 하나님도 나를 용서하기 결코 쉽지 않았을 것이라는 데 생각이 이르렀다. 자주 부르지 않는가. "나 같은 죄인 살리신." 나 같은 죄인도 용서하셨는데 그 같은 죄인을 못 살리신다면 말이 되지 않는다. 그리고 그 같은 죄인도 용서받기에 나 같은 죄인도 용서받는 것이다.

그제야 성경이, 복음이 다시 보였다. 어린이 성경학교 때부터 귀에 못이 박히도록 들었고, 사역자가 되면서부터는 입이 아프도록 떠들어댄 말. 예수님이 이 땅에 죄 용서하러 오셨다는 말. 의인이 아니라 죄인을 찾으러 오셨다는 말을 이해했다. 죄 사함, 그러니까 용서가 왜 복음이고, 복음의 요체인지 알게 되었다.

원수 같은 한 사람이 아니고서는 하나님의 복음을, 나 또한 별반 다르지 않은 원수의 한 사람이라는 사실을 어찌 알았겠는가. 원수가 아니고서는 하나님의 은혜를 알지 못하며, 원수가 아니고서는 내가 하나님의 원수라는 것을 알지 못한다. 이것이 원수가 주는 축복이다.

라반은 야곱이 넘어야 할 장애물이다. 열 번이나 품삯을 떼여도, 어떠한 악조건에서도 묵묵히 감당하는 법을 배웠다. 라반은 야곱을 비추는 거울이다. 라반이 아니고서 야곱은 자기 모습을 똑똑히 볼 수 없었다. 라반을 통해 남을 잘 속이던 자신의 어두운 그림자와 화해할 수 있었다. 라반은 야곱을 변화시키기 위한 하나님의 모략이다. 벧엘의 하나님이 하란을 벧엘로 만드신 것이다. 야곱의 벧엘 신앙은 라반을 그저 치 떨리는 원수로 밀쳐내지 않고, 연단과 성숙의 통로로 삼는다. 야곱에게 라반은 하늘 가는 문이다.

주의 축복

야곱이 하란에서 머문 시기는 그의 잘못된 선택에 따라 하나님께 징계를 받은 시간이고, 그의 내면이 깎이고 닦이는 연단의 공간이며, 더 나아가 축복의 현장이다. 하란에서 겪은 고난이 있었기에 야곱은 풍성한 축복을 누릴 수 있었다. 달리 말해서 하란이 없었다면 야곱은 하나님이 벧엘에서 약속하신 축복을 얻을 수 없었다. 그러니까 고난은 변장하고 찾아오는 축복이다. 야곱의 시련은 징계이자 연단이며 축복이라는 삼중적 의미가 내포되어 있다. 마치 세 겹으로 꼬인 줄이 쉽게 끊어지지 않듯이(전 4:12) 셋이 공존할 때 능력이 생긴다.

고난이 하나님의 위장된 축복이라는 사실은 고난의 바다 한가운데서는 잘 보이지 않는다. 예컨대, 에펠탑 안에서는 에펠탑을 볼 수 없는 이치와 같다. 그 상황에서 고난은 한시라도 빨리 사라져야 할 악일 뿐 축복이라고는 인식하기 어렵다. 더군다나 모진 고초를 겪는 이에게 축복 운운하는 말은 고통을 가중시킨다. 가뜩이나 서럽고, 외롭고, 아프고, 시린 데, 고난이 더는 고난이 아니라 축복이라는 말은 오히려 분노를 촉발한다.

그럼에도 고난이 축복인 까닭은 고난의 의미와 관련되어 있다. 내가 당하는 고난은 무슨 뜻이 담겨 있더라도 괴롭다. 뜻도 좋지만 이렇게 힘들어하면서까지 뜻을 이루는 게 몹시 버겁다. 반대로 아무 의미 없는 고난이라면 허무하다. 인생은 고난이고 고난에 뜻이 없다면, 인생에도 뜻이 없다. 그러니 우리는 둘 중 하나를 선택하지 않으면 안 된다. 내가 당하는 고난을 뜻 없는 고난으로 만들 것인지, 아니면 뜻 있는 고난으로 받아들일 것인지를. 뜻이 있다고 믿는 사람은 고난 속에서 뜻을 발견하고 창조하지만, 그런 것은 없다고 확신하는 사람은 고난을 뜻 없는 허망한 고난으로 만들어 끝내 의미 없는 인생을 살게 된다.

야곱이 원치 않은 여인과 결혼하고 원치 않은 사람과 부대껴야 한 것이 결국에는 큰 축복이었다. 레아 때문에 많은 자녀를, 라반 때문에 많은 재물을 얻었다. 야곱은 라헬 한 사람으로도 행복했을 것이다. 거기에 라반이 덕스러운 외삼촌이자 장인이라면 더할 나위 없이 좋았을 것이다. 그랬다면 스무 해가 지난 후 달랑 라헬에게서 낳은 아들 요셉 한 명과, 인색하기 짝이 없는 라반이 선심 쓰듯, 그러나 실상은 버리듯 나누어준 늙고 병든 양과 염소 몇 마리가 고작이었을 터.

야곱은 하란에서 세 가지 축복을 받았다. 가족과 재물과 은혜다. 레아와 라헬이 서로 경쟁하는 바람에 짧은 시간에 자식을 많이 보게 되었고 엄청난 부자가 되었다. 당시 야곱으로서는 모든 것이 불평거리였을 법하다. 밖에서는 라반에게 시달리고, 집에 돌아와서는 두 아내와 두 소실의 등쌀에 시달려 편할 날이 없었을 것이다. 그 때문에 결과적으로 야곱은 자녀와 재물의 축복을 받았으니 고난은 위장된 축복인 것이다. 아마 하란을 떠나 귀향할 때, 야곱은 지난 세월을 회고하며 그 힘든 시간이 축복임을 알고 이런 노래를 불렀을 법하다.

큰 물결 일어나 나 쉬지 못하나
이 풍랑으로 인하여 더 빨리 갑니다(새찬송가 373장).

무엇보다 야곱이 자녀를 낳은 데서 고난이 축복이라는 점을 확인한다. 세상이 아무리 넓어도 두 여자가 같이 살 집은 없다. 그런데 여자가 넷인데다 낮 동안에는 중노동까지 감당해야 했으니 어지간한 야곱이라도 고역이 이만저만 아니었으리라. 레아와 라헬의 경쟁 심리가 발동하여 각각 자기 몸종을 첩으로 만들어 결국 네 여자의 경쟁이 자녀를 많이 낳게 했다.

그들의 경쟁과 갈등은 자녀 이름에서 엿볼 수 있다. 레아가 낳은 첫째 르우벤은 "주님께서 나의 고통을 살피시고, 나에게 아들을 주셨구나. 이제는 남편도 나를 사랑하겠지"(29:32)라며 지은 이름이다. 레아가 그렇게 연이어 네 아이를 낳자 라헬은 자기 몸종 빌하를 통해 아들을 낳았다. 그는 "하나님이 나의 호소를 들으시고, 나의 억울함을 풀어주시려고, 나에게 아들을 주셨구나!"(30:6)라며 아이 이름을 단이라 했다. 그 다음 납달리를 낳고서는 "내가 언니와 크게 겨루어서, 마침내 이겼다"(30:8)고 했다.

남편의 사랑을 독차지하고픈 여인들의 갈망과 갈등, 그리고 그 때문에 그들이 겪어야 할 아픔만큼이나 야곱도 자신을 둘러싼 네 여인의 끝없는 불화와 질투로 죽을 지경이었을 것이다. 이 사건에서 일부일처제의 정당성을 획득하려 하거나, 여성들의 경쟁심을 탓하면서 비교의식을 버리고 창조의식을 가지라는 메시지를 추출하는 것은 본문에서 한참 동떨어진 주제다. 오히려 야곱이 아들을 낳는 일련의 드라마의 핵심은 이해할 수 없는 기이한 방식으로 하나님이 야곱을 축복하셨다는 데 있다. 그렇게 하나님은 우리가 예상치 못한 방식으로, 즉 고난으로 우리를 연단하고 축복하신다. 하란에서 보낸 스무 해는 벼락같은 하나님의 축복이다.

광야의 은혜

최종 심급에서 고난이 축복인 이유는 하나님의 은혜 때문이다. 그 은혜가 가장 극적으로 드러난 것이 바로 야곱이 일한 대가로 받은 얼룩지고 아롱진 양과 염소들이다. 당시 통상적으로 목자들은 양 떼에서 적게는 10퍼센트, 많게는 20퍼센트를 삯으로 받았고, 양털과 우유도 일부 받았다. 그러나 얼룩이와 점박이 양은 드물기 때문에 라반에게 유리하고 야곱은 불리했다. 게다가 그런 양이 나올 가능성이 많은 양은 따로 떼어내서 자기 아들들에게 주고 야곱과 멀리 떨어진 곳에서 치게 했다. 야곱은 순전히 하얗거나 까만 양과 염소만 치게 되었다.

그런데 야곱은 양과 염소가 교미할 때, 그들 눈앞에 얼룩덜룩한 무늬가 있는 나뭇가지를 두었다. 그랬더니 온통 얼룩이와 점박이 양만 낳았다. 튼튼하고 토실토실한 것들은 그런 방식으로 새끼를 낳아 죄다 야곱의 것이 되었고, 힘없고 약한 것들 앞에는 가지를 놓지 않았다. 그 결과 건강한 양은 야곱 차지가 되고, 약한 것은 라반의 소유가 되었다.

이건 과학인가? 미신인가? 두 가지 의견이 있다. 당대에는 그것이 과학이었다는 쪽도 있고, 가당치도 않은 허무맹랑한 신화라는 편에 서는 사람도 많다. 그러나 이 사건은 과학이라는 잣대를 들이댈 일이 아니다. 은혜라고 보는 것이 맞다. 하나님의 은혜라는 시선으로만 이해되고 설명되는 초월의 영역이다. 유전학적으로나 생물학적으로 맞느냐 여부를 따지는 것은 성경의 관심이 아니다. 여기서 성경과, 본인 야곱은 하나님이 함께하셨기에 그 많은 재산을 얻었다고 고백한다.

라반도 목축업으로 잔뼈가 굵은 사람인데, 그것이 과학이라면 그런 방법을 몰랐을 리 없다고 보는 게 적절하다. 또한 아브라함과 이삭의 하나님이 함께하지 않았다면 자신은 빈손이었을 것이고 자신의 고난과 고생을 친히 돌보셨다는 야곱의 고백은 줄무늬 양이 눈사태처럼 불어난 것이야말로 하나님의 은혜와 그의 남다른 수고의 결과라는 것을 말해 준다. 이것은 과학이라는 범주와 상관없는 하나님의 전적인 은혜이고, 우연이나 요행이 아닌 야곱의 특별한 노동의 결과다. 고난이 위장된 축복인 것은 하나님의 일하심에 인간이 능동적이고 창조적으로 응답할 때 이루어진다. 어느 하나라도 없어서는 안 되지만 주의 은혜가 궁극이다.

아무리 네 여인이 야곱을 사이에 두고 다툰들, 하나님의 은혜가 아니고서는 그렇게 자녀를 낳을 수 없다. 이스라엘 신앙에서 불임과 탄생은 오로지 하나님의 손 안에 있다. 이는 야곱이 취하는 믿음의 언어를 보면 안다. 자기에게도 아이를 낳게 해달라고 울고 떼쓰며 투정하는 라헬에게 야곱은 화를 낸다. "내가 하나님이라도 된단 말이오? 당신이 임신할 수 없게 하신 분이 하나님이신데, 나더러 어떻게 하라는 말이오?"(30:2)

또 다른 은혜의 증거는 성욕을 자극하고 불임을 치료하는 나무로 알려진 자귀나무(합환채)다. 상식적으로는 자귀나무를 가져다 먹은 라헬이 아이를 낳아야 하는데, 되레 레아가 야곱에게는 다섯째가 되는 아들 잇사갈을 얻는다. 자녀를 얻는 것은 인간의 꼼수나 잔머리, 계획이 아닌 하나님의 주권에 속한다.

은혜라는 것은 레아와 라헬이 첫 아들을 낳을 때 기록으로 알 수 있다. 레아가 라헬보다 많은 자녀를 낳은 것은 그를 불쌍히 여긴 하나님의 마음 때문이다. "주님께서는, 레아가 남편의 사랑을 받지 못하는 것을 보시고, 레아의 태를 열어주셨다"(29:31). 뒤늦게나마 라헬이 자녀를 품에 안을 수 있었던 것도 주님의 긍휼하심 때문이다. "하나님은 라헬도 기억하셨다. 하나님이 라헬의 호소를 들으시고, 그의 태를 열어주셨다"(30:22).

고난의 격랑을 헤쳐 나온 이들은 하나같이 고난의 은혜를 말한다. 원하든 원하지 않든 고난은 인생의 일부요, 반드시 필요하다. 어쩔 수 없는 고난, 원치 않은 곳에서 원치 않은 사람들과 겪게 되는 갈등과 경쟁, 긴장이 이루 말할 수 없는 풍성한 축복이었다고 입을 모아 말한다. 물론 그들에게 고난이 축복이라면 다시 겪을 수 있겠냐고, 그래서 더 큰 하나님의 축복을 받을 거냐고 물으면 한사코 손사래를 칠 것임이 틀림없다.

그래도 하나님의 사람은 한결같이 말한다.

> 만일 광야를 체험한 사람들과 당신이 이야기를 나눈다면, 그들은 "나는 광야의 길을 결코 선택하지 않았을 것이다. 그러나 이 광야의 길을 가지 않았다면 오늘날 내가 이렇게 변할 수 있겠는가?"라는 후렴을 들려줄 것이다.[6]

이 노래를 가장 먼저 부른 사람은 욥일 것이다. 그 대열 앞쪽에 야곱이 있고, 그 뒤로 예레미야와 하박국이 뒤따른다. 가장 중간에 십자가의 예수 그리스도가 계신다. 열두 제자와 초대 교회 성도, 종교개혁자들이 그 뒤를 잇고, 우리가 맨 뒤에 서 있다. 야곱이 하란에서 보낸 스무 해를 하나님의 축복이요 은혜라고 노래 불렀듯이 우리도 그들과 함께 힘차게 후렴을 부를 수 있기를 소망한다.

7장

얍복강에서

지혜 vs. 술수

야곱은 너무나 두렵고 걱정이 되어서, 자기 일행과 양 떼와 소 떼와 낙타 떼를 두 패로 나누었다. 에서가 와서 한 패를 치면, 나머지 한 패라도 피하게 해야겠다는 속셈이었다. 야곱은 기도를 드렸다. …… "부디, 제 형의 손에서, 에서의 손에서, 저를 건져주십시오. 형이 와서 저를 치고, 아내들과 자식들까지 죽일까 두렵습니다. 주님께서 말씀하시기를 '내가 반드시 너에게 은혜를 베풀어서, 너의 씨가 바다의 모래처럼 셀 수도 없이 많아지게 하겠다' 하시지 않으셨습니까?"

_창세기 32장 7-9, 11-12절

에서의 손에서 건져달라는 기도를 마친 야곱은 에서에게 줄 선물을 앞세워 보냈다. 그날 밤, 두려운 마음으로 가족과 함께 얍복강을 건너 앞서 보낸 후 야곱은 홀로 그곳에 남았다. 모두 가고난 뒤, 아무도 없을 거라고 생각한 그때 누군가가 나타나 야곱에게 씨름을 걸었다. 앞이 전혀 보이지 않는 깜깜한 밤, 영문도 모른 채 야곱은 그에게 붙들려 동이 틀 때까지 씨름을 하였다.
'도대체 이 사람은 누구지? 누군데 이러는 거지? 에라, 모르겠다. 누구든 이대로 무너질 순 없지!'

창세기 32장 1-12절

다급할 때

사람이 다급하면 본래 본성과 성품이 드러난다. 마치 구정물과 같다. 겉으로 보기에 맑은 물 같아도 걷어차면 가라앉은 찌꺼기가 올라온다. 내가 누구인지, 어떤 사람인지 그 됨됨이를 알아보는 여러 가지 시험이 있는데 그중 하나가 고난이다. 고난에 대응하는 태도와 시선이 바로 그 사람이다. 욥의 인격과 신앙은 고난으로 시험받고 인정받았다. 나무의 뿌리와 열매는 다르지 않다. 좋은 나무가 좋은 열매를 맺고, 나쁜 나무는 나쁜 열매를 맺기 마련이다.

　야곱은 현재 다급한 상황에 내몰려 있다. 앞뒤로 두 사람에게 포위된 형국이다. 라반과 에서다. 완전히 사면초가다. 뒤에서 추격해 온 라반은 하나님의 간섭으로 겨우 따돌렸지만, 여전히 앞에는 에서가 400명의 군대를 몰아 다가오고 있다. 20년 동안 라반에게 사기를 당하며 살아온 야곱이 20년 전 사기를 친 에서와 피할 수 없는 운명적 만남을 눈앞에 두고 있다. 라반에게는 자신이 외려 속임을 당한 쪽이니 큰소리를 칠 수 있지만, 에서에게는 그렇지 않다. 도덕적으로 정당성이 취약할 뿐더러, 군사적으로도 압도당한다. 해묵은 20년 전 일에 대한 자책과 미안함, 그리고 여전히 살의와 분노를 품고 있을지도 모를 에서에 대한 두려움이 교차한다.

그렇다고 뒤로 되돌아갈 수 없다. 우선, 위급한 상황에서 라반에게 몸을 의탁하는 것은 안 그래도 못 잡아먹어 안달하는 라반에게 그간 수고한 모든 것을 고스란히 갖다 바치는 꼴이다. 호시탐탐 기회만 엿보는 라반에게 보호를 부탁하는 순간, 그 이상의 대가를 지불해야 할 것은 불 보듯 훤하다. 지난 20년의 수업이면 충분하다. 게다가 라반과 맺은 협정 때문에도 돌아갈 수 없다. "내가 이 돌무더기를 넘어 자네 쪽으로 가서 자네를 치지 않을 것이니, 자네도 또한 이 돌무더기와 이 돌기둥을 넘어 내가 있는 쪽으로 와서 나를 치지 말게"(31:52). 얍복강 회군은 자칫하면 라반에 대한 도발로 비칠 수 있다. 마지막으로, 야곱이 살 곳은 하란이 아닌 가나안이다. 그곳이 그의 고향이고, 하나님이 약속하신 땅이다. 선택의 여지가 없다. 어찌되었건, 앞으로 가야 한다.

본래 의도한 대로 나가려면 에서를 대면할 수밖에 없다. 그가 거느리고 오는 부하 400명을 피할 도리가 없다. 문제는 이 400명의 성격이다. 나중에 이들은 야곱을 보호하는 군사가 되지만, 당시 정황을 추적해 보면 야곱으로서는 와락 겁에 질릴 만하다. 우선 에서와 400명을 만나기 전, 하나님의 군대가 야곱 앞에 등장한다. 이는 다가올 군사적 대치를 암시한다. 그리고 400명은 아브라함이 그돌라오멜을 격파할 때 동원한 318명(14:14)을 능가하는 수다. 위협적인 군사력임이 틀림없다.

자신을 마중 나온 것이라고 보기에는 너무 많다.

　게다가 자신은 대응할 군사력이 턱없이 모자란다. 하란에서 보낸 20년 동안 그저 죽을힘을 다해 기업을 세우려고 동분서주하느라 자신과 가족의 안위를 위한 군사력 확보에 신경을 쓰지 못했다. 그래서 라반에게 덜미를 잡히고도 한판 붙지 못했다. 또한 에서가 누군가? 어릴 때는 어머니 품에서, 자라서는 라반의 집에서 유목하던 야곱으로서는 근방에서 소문이 자자한 사냥꾼 에서를 물리적으로 맞붙을 힘이 없다.

　무릇 모든 싸움에는 외적인 물리력만큼이나 중요한 것이 도덕적 대의명분인데, 이 점에서도 야곱은 에서를 당할 수 없다. 이미 그는 한 수가 아니라 몇 수를 물리고 싸워야 한다. 마지막으로 그 스스로 싸우려는 사기가 꺾여 있다. 에서의 소식을 듣고 야곱이 보인 첫 반응은 "너무나 두렵고 걱정이 되어서" 자신의 가축을 두 패로 나누어 하나라도 보전하기에 급급해하는 모습이다. 족장이 싸울 의사도 없이 피할 궁리만 하는데, 하나 마나다. 이미 진 싸움이다. 싸우기도 전에 야곱은 심리적으로 공황 상태에 빠진 패배자다.

　이 상황에서 야곱에게 다시 예전 습관이 도진다. 벧엘의 하나님이 변함없이 야곱이 있는 곳은 어디라도 동행한다는 사실을 알면서도, 그리고 그로 하여금 돌아가라 명한 분이 바로 하나님인데도 그 사실을 망각하고 두려워한다. 지난 20년 동안 라반으로부터 지켜주시고 극적인 방식으로 축복하신 하나님의 놀라운 은혜를 경험하고서도 말이다. 마하나임에서 자신을 지켜 보호하는 하나님의 천사 군단, 곧 두 사단 병력을 보고도 염려한다. 그 정도면 에서의 400명과는 견줄 수 없는 어마어마한 부대다.

이때 출현한 하나님의 사자들은 야곱의 귀향을 호위하는 천상의 군대를 가리킨다. 하란으로 망명하다 들른 벧엘에서 야곱은 하나님의 사자들(28:12)의 호위를 받고 라반과 만났다. 이제 하란 생활을 마치고 귀향하는 여정에서 만난 하나님의 천사들 역시 그들을 대동하고 에서를 만나게 될 것이라는 하나님의 징표다. 이렇듯 하나님의 강력한 응원과 후원에도, 에서의 도발과 자신의 죄책감으로 불안에 시달리는 야곱은 다시 인간적 계략을 동원하는 옛 모습으로 돌아가는 듯하다. 이중적 인간, 야곱 말이다.

계획 plan_ 지혜 vs. 술수

야곱의 진면목이 적나라하게 드러나면서도 애매모호한 이중성이 극명하게 표출된 것이 바로 에서에게 주는 예물이다.

> 암염소 이백 마리와 숫염소 스무 마리, 암양 이백 마리와 숫양 스무 마리, 젖을 빨리는 낙타 서른 마리와 거기에 딸린 새끼들, 암소 마흔 마리와 황소 열 마리, 암나귀 스무 마리와 새끼 나귀 열 마리였다(창 32:14-15).

예물치고는 너무 많다. 형에게 주는 예물로 이것이 얼마나 많은 양인지는 동방에서 으뜸가는 부자 욥의 가축과 비교해 보면 알 수 있다. "양이 칠천 마리, 낙타가 삼천 마리, 겨릿소가 오백 쌍, 암나귀가 오백 마리나 있고, 종도 아주 많이 있었다"(욥 1:3). 두 사람의 재산을 산술적으로 비교하려면 다양한 요소가 개입되지만, 평면적으로 단순 비교해도 예물로는 과하다.

    단, 여기서 두 가지를 고려해야 한다. 하나는 야곱이 직접 골랐다는 점이다. 아무리 재물을 좋아한다 해도 목숨이 경각에 달린 처지에 아까워도 넉넉하게, 개중에 좋은 것으로 정성껏 택했을 것이다. 다른 하나는 동방 최고의 부자, 그러니까 우리 식으로 말하자면 재벌 가운데 재벌인 욥에 비하면, (두 패로 나눌지라도 그중 한 패만으로도 능히 부자일 테지만) 야곱은 중소기업 사장 정도다. 그런 야곱에게 총 550마리나 되는 가축은 그의 재산에 축이 날 정도는 아닐지라도 상당히 많은 양이다.

    이 정도면 예물이 아니라 공물이다. 에서의 환심을 살 만하다. 그리고 최대한 자신을 낮추어 안부를 여쭙는다. "저에게는 소와 나귀, 양 떼와 염소 떼, 남종과 여종이 있습니다. 형님께 이렇게 소식을 전하여 드립니다. 형님께서 저를 너그럽게 보아 주십시오"(32:5). 다섯 무리로 나누어 일정한 시간 간격을 두고 예물을 보내는 계획은 형의 감정을 누그러뜨리려는 야곱의 주도면밀함 속에 착착 진행된다.

    이 예물은 이중적이다. 한편 야곱이 얼마나 불안한지를, 또 한편으로는 그러면서도 형과 화해하려는 열망이 얼마나 간절한지를 표현한다. 형의 감정을 풀기 위한 것인 동시에 자신의 죄책감에서 자유로워지기 위한 선물 공세다. 뇌물일 수도 있고, 선물일 수도 있다. 뇌물이라면 하나님을 의지하지 못하는 야곱의 믿음 없음에 따르는 고도의 술책일 테고, 선물이라면 창조 질서에 내재된 자연인의 지혜를 동원하여 형의 상한 마음을 풀어주려는 지혜로운 처사일 것이다.

    정황상으로 보면 뇌물일 가능성이 크다. 벧엘의 하나님과 마하나임의 군대를 보고도 믿지 못하고, 제 힘으로 사람의 마음을 바꾸려 하며, 그것도 물질로 움직이려는 점에서 여전히 그는 육체적인 사람이다. 그리하여 얍복강 나루터에서 하나님이 그의 환도뼈를 치셨는데, 이는 사람의 중심을 의미하는 것으로 야곱의 내면이 인간 중심적이었다는 증거다. 그리고 에서 선물에 해당하는 히브리어 "민하"는 종속된 국가가 종주국에게 세금처럼 바치는 공물을 의미한다. 한 성이 외국의 왕에게 바치는 공물의 양보다 많다. 그러기에 야곱은 자신을 신하, 종으로 표현한다. 주종 관계, 서열 관계를 분명히 한 것이다. 형 앞에 자신은 종이라며 바짝 엎드린 것이다.

허나, 선물의 성격도 간과할 수 없다. 이 선물은 분노한 에서의 마음을 가라앉히는 데 쓸모가 있다. 그리고 자신의 잘못에 대한 사과이자 보상이기도 하다. 이런 선물 공세가 반드시 잘못된 방법은 아니다. 그것이 구약의 지혜, 곧 잠언의 가르침이다.

> 선물은 사람이 가는 길을 넓게 열어주고, 그를 높은 사람 앞으로 이끌어준다 (잠 18:16).

> 너그럽게 주는 사람에게는 은혜 입기를 원하는 사람이 많고, 선물을 잘 주는 사람에게는 모두가 친구이다(잠 19:6).

> 은밀하게 주는 선물은 화를 가라앉히고, 품속에 넣어주는 뇌물은 격한 분노를 가라앉힌다(잠 21:14).

또한 우리 주님의 가르침이기도 하다. 망대의 비유(눅 14:28-30)가 그것이다. 잠언이 상대의 마음을 녹이는 데 필요한 수단이 선물임을 일깨운다면, 이 비유는 계획의 필요성을 말해 준다. 가령 집을 지을 때는 자신의 수중에 있는 돈과 은행에서 빌릴 수 있는 돈, 그리고 갚아야 할 이자와 현재 수입을 전체적으로 꼼꼼히 따져본 다음에 건축을 시작한다. 기초만 닦고 완성하지 못한다면 재산도 날리고, 비웃음도 살 것이다. 그러니 "먼저 앉아서 셈하여" 보는 것은 정상적이고 지혜로운 일이다.

전쟁을 하기 전 임금 이야기(눅 14:31-32)도 마찬가지다. 자신의 군대 1만이 적군 2만을 능히 감당할 수 있는지 여부를 계산해 본 연후에, "당해낼 수 없겠으면, 그가 아직 멀리 있을 동안에 사신을 보내서 화친을 청"한다. 그러니 선물로 에서의 마음을 녹이고 화친하는 것은 분명 지혜다.

설령 야곱이 군사력을 보유하고 있을지라도, 에서와의 물리적 대결은 무모하기 짝이 없는 바보짓이다. 형과 싸우기보다는 화해하려 하는 것, 싸워도 백전백패라면 주님의 말씀처럼 화친을 청하며 그에 상응하는 선물을 보내는 것은 지극히 합리적이고 현명한 선택이다. 이는 예전에 남을 속이던 사기와는 질적으로 판이하다.

또한 전술적으로도 야곱에게 상당히 유리하다. 세 무리를 선물로 보내고, 남은 두 무리가 뒤를 따라 도착하면 에서의 전투 병력은 이동이 늦어질 수밖에 없다. 일단 그들을 맞이하느라 시간이 지체될 것이기 때문이다. 그리고 낙타나 말을 타고 이동하는 전투 병력에 양과 소와 같은 가축과 비전투 병력인 여성들이 합류하면 그만큼 움직임이 둔

해질 것은 뻔하다. 게다가 야곱이 딸려 보낸 종들은 에서 진영의 내막을 속속들이 파악해서 필요하다면 야곱에게 기별할 수 있다. 야곱은 이러한 군사적 이점도 간파하고 처신한 것이다.

그러니 술수가 아니라 지혜다. 인간적 술수에서 비롯된 것이 아니라 신앙적 충정에서 발원한 지혜다. 이는 장 칼뱅의 해석이다.

> 야곱이 그의 가족과 소유를 두 떼로 나누어 사이에 간격을 둔 것은 "신앙적 정신"에서 기인하였다. 왜냐하면 설령 멸망이 닥쳐온다 하더라도 "교회의 모든 씨앗들"만은 멸망치 않게 하기 위함이다. 이렇게 두 떼로 나눔으로써 야곱은 그의 가족의 절반이 죽는다 하더라도 결국 약속된 유산이 살아남은 자들에게 돌아가게 하려 한 것이었다.[1]

이런 예는 성경에서 숱하게 볼 수 있다. 여호수아는 오로지 하나님만 의지하는 신앙으로 여리고성을 무너뜨렸지만, 아이성을 공략하는 데는 전략과 전술을 세웠다. 느헤미야는 무너진 예루살렘 성을 재건하는 일이 전적으로 하나님의 섭리와 은총 안에 있음을 알았기에 금식하며 기도했지만, 분명 왕의 재가와 지원 없이는 불가능하다는 것을 알았기에 스스럼없이 도움을 요청했다.

태어나기 전부터 하나님의 예정하심이 있고, 벧엘의 체험이 있으며, 하란에서의 극적인 승리를 경험하고, 돌아가라는 말씀과 더불어 지켜주신다는 분명한 하나님의 약속이 있고, 하나님의 군사를 마하나임에서 보았다고 해도, 계획을 세우고 선물을 준비하는 것은 (뇌물과 선물이라는 이중적 특성이 있다손 치더라도) 분명 야곱의 지혜로움이다.

오직 믿음으로 산다는 말로 자신이 해야 할 일을 미루거나 회피하는 것은 부도덕하고 부덕不德한 행동이다. 주님의 재림이 곧 임박하리라 예측하고 일도 하지 않은 채 교회에서 죽치고 앉아 기도와 찬송으로 허송세월 보내는 것도 모자라, 공으로 먹느라 다른 사람의 등골을 빼먹으면서도 스스로는 신앙이 좋다 자부하는 이를 향해 바울은 일갈한다. "일하기를 싫어하는 사람은 먹지도 말라"(살후 3:10). 이 말을 뒤집으면 그들이 일하기 싫어서 그러고 있다는 의미를 찾기란 어렵지 않다.

힘을 다하여 일하는 것과 하나님의 공급하심을 믿고 기다리는 것은 둘이 아니라 하나다. 때문에, 참 믿음은 인간의 응답을 요구한다. 야곱에게서 선물과 뇌물, 지혜와 술수의 경계선이 모호한 것은 신앙과 인생이 중층적이고 복합적인 탓이다. 야곱의 이중적 성격이 수면 위로 부상했지만, 그래서 여전히 야곱은 야곱이지만, 그의 주도면밀한 계획은 하나님의 약속을 이루는 지혜다.

기도 pray _ 강청 vs. 강요

깜짝 놀랐다. 얍복강 나루터에서 기도하는 야곱에 관한 설교를 하도 많이 들었는지라 그가 기도하는 것을 그리 대수롭지 않게 여겼다. 워낙 한국 교회가 기도를 많이 하기 때문에 더욱 그랬는지 모른다. 많은 양의 선물을 보내고 남은 재산을 두 패로 나누는 지혜를 발휘한 다음, 야곱은 기도한다. 그런데 그것이 창세기에 나오는 제대로 된 유일무이한 기도란다. 야곱의 기도는 창세기에서도 독특하다. 32장 9-12

절은 "창세기에서 유일하게 확대된 기도를 우리에게 제공한다. 왜냐하면 가장 양식에 잘 맞아떨어지기 때문이다."[2] 기도가 아예 없다는 말이 아니라 제대로 꼴을 갖춘 기도는 처음이라는 것이다. 그러기에 이례적이다.

그러고 보니 창세기의 네 족장들도 기도하는 모습은 드물고, 제대로 된 기도 형태도 보기 어렵다. 아브라함이 제단을 쌓고 예배드리며 소돔과 고모라를 두고 하나님과 설전을 벌이고 중보하지만, 딱히 기도라고 하기에는 거리가 있다. 그랄 왕 아비멜렉을 위해 기도했다는 게 고작이다(20:17). 이삭은 묵상하는 모습은 있지만, 기도는 딱 한 번 아내를 위해 기도했다는 한마디만 나온다(25:21). 요셉은 더 찾아보기 어렵다. 형들에게 팔려가면서도, 옥에 갇혀서도 기도했다는 언급이 일언반구도 없다.

창세기는 유일하게 야곱의 기도 내용을 자세하게 보도한다. 이 기도는 대략 네 부분으로 구성되어 있다. 먼저 그는 하나님을 호명한다(9절). 이 하나님은 조부와 부친의 하나님이다. 야곱은 신앙의 역사성과 연대성을 인식하고 있다. 하나님이 자신을 구출하는 것이 아브라함부터 시작된 오랜 그분의 언약에 근거한다는 것을 하나님께 환기시킨다.

다음으로 그는 하나님이 과거 자신에게 베풀어주신 은총을 고백한다(10절). 고작 지팡이 하나로 고향을 떠났는데, 지금은 어엿하게 재산을 둘로 나누어도 넉넉할 만큼 부자가 되게 하신 은혜를 잊지 않는다. 그것은 그가 노력한 결과와 대가 이전에 하나님의 인자하심과 진실하심 때문이다.

하나님께 청원할 토대와 교두보가 마련되자 드디어 야곱은 본색을 드러내고 간청한다(11절). 에서 때문에 얼마나 겁을 집어먹고 있는 상황인지 설명한다. 이미 확보된 교두보 위에 서서 자비를 요청한다. 그는 자신이 얼마나 심각한 위기에 맞닥뜨렸는지를 직감적으로 감지한다. 이 절체절명의 순간, 하나님만이 유일한 희망이다. 이 기도에서 야곱은 자신이 기도하는 대상이자 기도에 응답하실 주체인 하나님을 깊이 알고 있다는 사실을 보여준다. 야곱은 의도적으로 에서가 "나와 내 처자들을 친다" 또는 "빼앗는다"라는 표현을 사용한다. 이는 라반이 야곱의 것을 빼앗지 못하도록 하신 하나님의 행동(31:9, 16)을 묘사한 단어와 동일하다.

최종적으로 하나님이 돕지 않으면 안 될 이유를 들어 못을 박으며, 노련한 솜씨로 기도를 마무리한다(12절). 9절에서 하나님은 야곱에게 은혜를 베풀겠다고 약속하셨는데, 12절에서 그는 한 단어를 덧붙인다. "반드시$_{surely}$." 좋은 문장은 부사를 줄이지만, 좋은 신앙은 부사를 적절히 사용한다. 그렇다고 하지도 않은 말을 하거나, 없는 말을 보탠 것이 아니다. 하나님은 당신의 약속을 기필코 이루시는 분이다. 야곱은 하나님의 그런 성품을 에서의 발뒤꿈치를 물고 늘어질 때의 힘을 다해 필사적으로 붙잡는다. 야곱의 기도는 강청하는 기도다.

여기서도 예의 야곱의 이중성이 빠질 수 없다. 그의 기도는 하나님께 떼를 쓰는 강청 기도일 수도 있지만, 보기에 따라 하나님께 응답을 강요하는 협박일 수도 있다. 기도의 처음인 9절과 마지막 절인 12절은 하나님께 그분이 하신 약속을 상기시켜주는 대목이다. 이는 한편, 하나님에 대한 항의다. 은혜를 베푸신다고 하셨고(9절), 후손을 바다의 셀 수 없는 모래같이 많게 하신다고 하셨으면서도(12절) 왜 이런 시련을 주시느냐는 은근한 불평이다. 하나님 때문에 어려움을 맞게 되었으니 하나님이 해결하라는 투다. 마치 자신은 하나님에게 그동안 돌려받지 못한 빚을 돌려받고, 하나님은 반드시 그분의 말씀을 관철시켜야 하는 양 말하고 있다.

이는 다른 한편으로 하나님의 약속을 붙잡는 참 신앙의 모습이다. 코너에 몰리니 그제야 정신 차리고 기도한다고, 야곱을 타박하지 못한다. 그의 기도가 몹시 절박하기 때문이고, 임기응변이나 임시변통으로 그저 살려만 주시면 은혜 잊지 않겠다는 막무가내식이 아니라 하나님이 어떤 분인지를 정확하게 꿰뚫고 있기 때문이다.

야곱의 기도는 하나님의 성품을 바르게 이해하고 더불어 자신의 무력함을 솔직하게 인정한다. 자신이 약하기에, 할 수 없기에 주님께 매달리는 야곱은 보통 사람일 뿐이다. 다만 그는 최선을 다해 지혜롭게 계획을 세웠고, 약하기에 간절히 강청하는 기도를 드렸다는 점이 다를 뿐이다. 약은 그는 약아 빠졌기에 명민하게 계획을 세웠고, 약한 그는 약했기에 기민하게 기도를 드렸다.

하나님은 야곱의 약함에 대해 두 가지 조치를 취하신다. 하나는 그의 약함으로 인해 기도를 들으신다. 기도가 잘 되고 응답이 잘 이루어지는 때는 바로 간절할 때다. 그때는 누구나 전심과 진심으로 기도한다. 자신이 어찌해 볼 도리 없는 현실이 뼈아프지만, 피해야 하거나 이겨야 하는 이유가 절절할 때 정성을 다해 기도한다. 자신의 공로를 들어 한껏 자랑만 늘어놓던 바리새인이 아니라 자신의 약함과 악함을 낱낱이 고하는 세리의 기도가 의롭다. 바울의 약함이 강함이다.

야곱이 전적으로 하나님을 의지할 때, 하나님은 그의 기도에 속히 응답하셨다.

다른 하나는 야곱이 자신의 약함을 망각하지 않도록 영구한 흔적을 남기신다. 환도뼈 위골 사건이다. "환도뼈"(개역한글, 공동번역)는 번역본에 따라 "허벅지"(개역개정), "엉덩이뼈"(새번역)로 되어 있다. 사람의 한 중심이다. 이는 자신의 중심이 약한 바로 그때, 그리하여 오로지 하나님에게 의지할 때에 하나님이 만나주시고 기도에 응답하셨다는 사실을 평생 잊지 말라는 기념표인 셈이다. 다시 말해 더 이상 자신을 믿고 살지 말라는 것이다. 자신이 인생의 주인이라고 여겼을 때 야곱은 남을 등쳐먹고 살았으나, 이제는 하나님 안에서 축복의 통로가 될 터다.

야곱의 기도는 강청 기도지만, 궁극적으로는 환경을 바꾸는 기도가 아니라 자신이 변하는 기도다. 밤새 씨름한 다음에는 하나님도, 야곱도 에서를 일절 언급하지 않는다. 밤늦도록 문제를 놓고 기도하고 또 기도하다가 마침내 문제가 바로 자기 자아라는 걸 퍼뜩 깨달은 것이다. 성 아우구스티누스는 「고백록」에서 "나는 나 자신에게 문제가 되었다"고 말한다.[3] 자신이 변하지 않는다면 언제나 문제도 여전히 변하지 않은 채로 있을 것이다. 야곱은 에서의 마음을 변하게 해달라고 기도했을 것이다. 그의 마음이 눈 녹듯 풀어지기를 구하고 또 구했을 것이다. 하나님의 응답은 야곱의 변화였다. **야곱이 지닌 단 하나의 문제는 다름 아닌 야곱 자신이었다.**

능력 power _ 전능 vs. 무능

희한한 일이다. 야곱뿐만 아니라 하나님도 이중적이다. 야곱과 대면하시는 하나님도 양면적 모습이다. 첫째, 야곱과 씨름한 존재는 하나님인가, 천사인가? 성경에서 엘로힘은 천사와 하나님 모두로 해석될 여지가 있다. 해서, 시편 8편은 역본에 따라 달리 번역되었다. 개역한글과 KJV는 "천사"angel로, 개역개정과 새번역, NRSV와 NASB는 "하나님"God으로 하였다. 히브리서가 이해한 천사를 보건대, 우리는 천사보다 조금 못한 존재라기보다는 하나님 다음이라는 해석이 적절하다.

반면, 이 사건을 해석한 호세아는 야곱이 싸운 이를 천사로 이해하였다. "야곱은 천사와 싸워서 이기자, 울면서 은총을 간구하였다"(호 12:4). 야곱이 겨루어 이긴 당사자를 천사가 아니라 하나님이라고 한 것과 천사의 얼굴이 아니라 하나님의 얼굴이라 한 점으로 미루어 보건대 하나님으로 하는 것이 더 옳을 듯하지만, 호세아의 해석은 하나님으로 확정하는 것을 강력히 저지한다. 하나님일까, 천사일까?

다음으로 왜 하나님이 날이 새기 전에 가야 한다고 했을까, 라는 의문이 든다. 하나님도 밤에만 출몰하는 귀신과 다를 바 없는가? 그가 천사든 하나님이든 귀신이 아닌 다음에야 왜 먼동이 트기 전에 가야 한다고 우긴 걸까? 야곱에게 덜미를 잡히면서까지 말이다. 아브라함은 하나님과 천사들을 대낮에 만났다. 정확한 시각은 정오다. 날이 새면 야곱이 하나님의 얼굴을 볼까 봐 서둘러 떠났다는 해석도 사실 상황에 맞지 않다. 이미 야곱은 볼 것을 다 보았다. 그는 하나님의 얼굴을 목도하였다. 그런데도 왜? 미루어 짐작건대 하나님의 뜻을 다 이루었기 때문이 아닐까?

수상한 행동이 또 하나 있다. 어떻게 하나님이, 전능하셔서 못하실 일 없는 하나님이, 말씀 한마디로 우주를 창조하시고 콧방귀로 그 우주를 날려버릴 수도 있는 그분이 에서에게도 벌벌 떠는 약골 야곱에게 패배한단 말인가? 이건 도무지 말이 안 된다. 어떻게 하나님이 인간에게 항복을 선언하고, 보내 달라 통사정한단 말인가. 이건 숫제 애원하는 투다. 둘 중 하나를 부정해야 한다. 하나님이 아니거나, 야곱이 아니거나. 그러나 야곱에게 보기 좋게 진 것은 하나님이고, 감히 하나님과 붙어서 멋지게 이긴 것은 야곱이다. 하나님이 전능하시다는 것 맞나 싶다.

하나님은 승리를 통해서가 아니라 패배를 통해서 그분이 어떤 성품을 지닌 존재인지를 계시하신다. 그분 뜻에 부합하지 않는 것을 가차 없이 짓밟는 분이 아니다. 오히려 야곱이 강하다는 것을 보여주기 위해서 의도적으로 패배하신다. 야곱 안에 있는 하나님의 강함을 보여주셔서 에서와도 싸워 이길 수 있다는 확신을 주신다. **"하나님과도 겨루어 이긴 자를 뉘라서 이기겠는가?"** 야곱 식으로 말하면, "누구든 덤벼! 하나님도 이긴 나한테 네깟 것들은 한 주먹거리도 안 돼! 내가 누군 줄 아직도 모른단 말이냐, 이 바보들아."

아이들과 달리기나 씨름, 하다못해 숨바꼭질을 해도 부모는 대부분 져준다. 그렇다고 마구 져주면 들통 난다. 아이들도 기분 나빠 한다. 씨름을 하더라도 꼭 2 대 1이나 3 대 2로 져야 한다. 삼판양승일 경우, 첫 번은 이길 듯 말 듯하다 져주고, 둘째 판은 가까스로 이기고, 마지막은 멋지게, 깨끗하게 져준다. 그러다가 어쩌다 한 번은 아빠가 이기는 것도 나쁘지 않다. 그러면 아이들은 키도, 몸도, 힘도 자기보다 큰 아빠가 한두 번도 아니고 자꾸 지는 게 이상하다가, 조금 크면 이유를 알면서도 재미있어한다. 그러는 과정에서 자녀들은 내심 한껏 자긍심이 높아진다. 져주는 아빠를 사랑하게 된다.

전 적십자 총재인 한완상 박사는 하나님은 우아하고 멋지게 패배하는 분이라 말한다.[4] 예수님이 자신을 "길"Way이라고 선언하셨을 때, 이는 당신을 마음껏 밟고 지나다니라는 말에 다름 아니다. 밟히지 않는 길은 없다. 아니, 길이 아니다. 그런 분이기에 수로보니게 족속 헬라 여인에게도 아낌없이 참패하기를 마다하지 않으시며, 종내는 십자가에서 처참하게 패배하셨다. 그 패배가 우리를 살리며 이기게 한다. 예수는 하나님에게도 지시고, 우리에게도 지셨다. 그것도 아주 멋있게, 깔끔하게, 기분 좋게. 그랬기에 모두가 승리한 것이다. 하나님은 져주심으로 우리를 이기게 하시는, 그런 전능하신 하나님이다.

어이없는 하나님의 패배는 하나님을 이해하는 데 변화를 주며, 야곱도 변화시킨다. 하나님의 져주심이 야곱을 변화시킨다. 그것은 야곱의 존재와 성품을 적확하게 반영하는 이름을 묻는 데서 나타난다. "너의 이름이 무엇이냐?"(32:27) 전능한 하나님이 야곱의 이름을 모를 리 없음에도 무능한 듯 구태여 묻는 연유는 그가 누구인지, 그리하여 어떻게 살아왔는지를 상기시키고, 앞으로 어떤 존재로 어떻게 살아갈 것인지를 예고하려는 것이다.

야곱은 이번 말고도 이름을 질문받은 적이 있다. 아버지 이삭 앞에 서다. 형 에서가 받아야 할 축복을 가로채기 위해 변장하고 들어가 태연하게 아버지를 속였다. 그때 야곱은 자신을 에서라고 하였다. "아들아, 너는 누구냐? 하고 물었다. 야곱이 아버지에게 말하였다. 저는 아버지의 맏아들 에서입니다"(27:18-19). 그때 야곱은 아버지만을 속인 것이 아니다. 자신도 속였다. 스스로 속이고, 속았다. 야곱이 야곱 아닌 에서로 호명되는 순간, 그는 하나님의 백성이 하나님 백성답게 살지 못하고 이방 땅, 이교 신앙에 동화되어가는 후대의 이스라엘 백성과 오늘 우리를 대표한다.

야곱은 대답했다. "야곱입니다." 자신의 정체와 신분을 밝힌 것이다. 스스로 사기꾼이요, 모사꾼이요, 협잡꾼이요, 속이고 싸움하는 자라는 고백이다. 야곱은 어쩌면 자신의 이름, 남의 발꿈치나 물고 늘어지는 삶이 싫었기에 자신이 에서이길 바라는 마음을 오랫동안 품어왔을지도 모른다. 그런 그가 이제 자신의 본 모습과 조우한다. 정직하게 실토한다.

"나는 속이는 자입니다. 남의 것을 빼앗으며 살아왔습니다. 그런 내가 몹시 싫어 나를 피했습니다. 아니, 그런 나를 정직하게 인정하는 게 죽기보다 싫었습니다. 그리하여 나는 나로서 살지 않았습니다."

하나님이 져주지 않았다면 야곱은, 이 못된 인간은 끝까지 우겼을 것이다. 나는 야곱 같은 그런 인간이 아니라고. 갖다 붙일 데가 따로 있지, 어디 야곱이냐고. 전능하신 하나님이 무능해 보이지만 품위를 갖춘 격조 높은 패배를 감수하지 않았다면, 야곱은 자신을 발설하지 못했을 것이다. 그런 약한 하나님 때문에 그는 강한 자가 되어 자신을 고백하게 된 것이다. 이제야 야곱은 자신과 조우한다. 이로써 야곱은 에서를 만날 모든 준비를 완료했다.

그런 야곱에게 하나님은 그의 이름을 바꾸어주시며, 변화된 야곱을 인정하고 만방에 주지시킨다. 이스라엘! "하나님과 겨루어 이긴 자"라는 뜻이다. "하나님의 왕자"라는 의미도 내포한다. 유대인에게 이름은 존재와 운명, 성품을 반영한다. 앞으로 야곱은 이스라엘로서 하나님을 대리하여 세상을 다스리는 왕자의 삶을 살게 될 것이다. 그리하여 그로 인해 세상 모든 사람이 축복을 받을 것이다. 야곱 한 사람으로 많은 사람이 축복을 잃었지만, 이제 이스라엘이 된 야곱으로 인해 많은 사람이 축복을 누릴 것이다.

과거 그는 육신의 정욕대로 살고 육신과 마음이 원하는 대로 행했으나(엡 2:3), 이제 하나님이 저주심으로 살리시고 하늘에 함께 앉게 하셨다(엡 2:6). 바로 그 순간 야곱이 야곱 될 때, 그래서 야곱이 이스라엘로 변화되는 순간 에서를 만나러 "브니엘을 지날 때에, 해가 솟아올라서 그를 비추었다"(32:31). 야곱의 어두운 내면을 들추는 빛이고, 환히 비추는 빛이며, 갈 길을 인도하는 빛이다. 영적인 열망과 육적인 욕망 사이의 이중적 인간이 하나님과 사람을 동시에 겨루어 이기는, 곧 하나님을 사랑하고 이웃을 사랑하는 경천애인敬天愛人의 사람으로 거듭나게 하는 빛이다. 얍복강 나루터의 강청하는 기도와 하나님의 참으로 기품 있는 패배로 인해 야곱은 이스라엘로 다시 태어났다.

8장

하나님의 얼굴
원수의 얼굴 vs. 하나님의 얼굴

에서가 물었다. "내가 오는 길에 만난 가축 떼는 모두 웬 것이냐?" 야곱이 대답하였다. "형님께 은혜를 입고 싶어서, 가지고 온 것입니다." 에서가 말하였다. "아우야, 나는 넉넉하다. 너의 것은 네가 가져라." 야곱이 말하였다. "아닙니다, 형님, 형님께서 저를 좋게 보시면, 제가 드리는 이 선물을 받아주십시오. 형님께서 저를 이렇게 너그럽게 맞아주시니, 형님의 얼굴을 뵙는 것이 하나님의 얼굴을 뵙는 듯합니다."

_창세기 33장 8-10절

'그냥 있다간 다 죽고 말거야!'
어떻게 모은 재산이고, 어떻게 이룬 가족인데, 그대로 잃을 수는 없었다. 400명이나 되는 군사를 이끌고 먼지를 뿜으며 다가오는 에서가 야곱의 눈에는 죽음의 사자 같았다. 우선 중요한 순서대로 줄을 세워 가족과 재산을 정돈한 뒤, 야곱은 맨 앞으로 나갔다. 죽느냐 사느냐는 이제 에서 손에 달려 있었다.
"야곱!"
멀리서 야곱을 발견한 에서는 두 팔을 벌린 채 야곱을 향해 달려오고 있었다.

창세기 33장 1-17절

내 얼굴은 누구 얼굴?

링컨은 나이 마흔이면 자기 얼굴에 책임을 져야 한다고 했다. 얼굴은 한 사람의 일생이자 인격이다. 얼굴에는 한 사람의 삶의 궤적이 거짓 없이 나타난다. 그가 구체적으로 어떤 삶을 살았는지를 족집게처럼 맞추지 못해도, 얼굴을 보고 그의 삶을 충분히 미루어 짐작할 수 있다. 그러기에 동양은 얼굴에서 운명을 미리 가늠하고자 한 것이다. 그러나 링컨의 말처럼 얼굴은 한 사람이 겪을 미래의 일이 적힌 암호라기보다는 그가 지나온 삶의 궤적들, 그래서 그런 방식으로 살아간다면 장차 어떻게 될지를 말해 주는 표징이다.

만화가 허영만은 얼굴과 관상에 관해 쓰고 그린 책에서 사람의 얼굴을 통해 마음을 읽는다는 점을 줄곧 강조한다. 그러니까 그는 얼굴의 외면에만 손을 대는 외모지상주의나 미래에 대한 주술적 집착이 아니라 마음을 강조한다. 얼굴은 마음과 다르지 않다. 얼굴과 함께 마음의 변화도 애써야 한다. 입으로 들어가는 것이 아니라 입에서 나오는 것이 사람을 더럽게도, 아름답게도 한다는 예수님 말씀이 생각난다.

어찌되었든 기독교는 얼굴에서 한 사람의 족적과 미래의 운명, 마음 이상의 것을 보고자 한다. 기독교 신앙은 얼굴을 통해 하나님을 본다. 인간은 하나님의 형상*imago Dei*이다. 인간은 하나님의 얼굴이라는 말이다. 얼굴은 하나님 얼굴의 현주소요, 눈에 보이는 하나님의 얼굴이다. 내 얼굴 속에서 하나님 얼굴을 보고, 타인의 모습에서도 하나님을 발견한다. 맥스 루케이도는 예배의 목적을 예배하는 자의 얼굴 변화라고 정의한다. 그러면서 그는 얼굴이 의미하는 영적이고 신앙적 차원을 잘 표현한다. "하나님이 우리를 부르셔서 그분의 얼굴을 보게 하심은 우리의 얼굴을 변화시키기 위함이다."[1]

하나님이 스스로 빛을 내시는 발광체라면, 우리는 그분의 빛을 반영하는 반사체라는 점에서 명백히 다르다. 우리는 깨지고 뒤틀리고 금이 가 있어서 하나님을 제대로 반영하지 못하는 것이 사실이다. 때로 제대로 닦지 않아서, 때로 형편없이 망가져서 오히려 창피스러울 때도 많다. 그래도 어쨌든 우리 얼굴은 하나님 얼굴이다. 지금 우리는 그 옛날 청동거울로 보듯 희미하게 하나님을 보고 반사하겠지만 그날에는 얼굴과 얼굴을 대하듯이 하나님을 볼 것이고, 얼굴과 얼굴이 서로 닮아 있는 것을 보게 될 것이다(고전 13:12). 내 얼굴이 하나님 얼굴이 될 것이다. 종말에는 말이다.

지난밤 얍복강 나루터에서 하나님과 씨름한 사건과 벌건 대낮에 형에서와 재회한 이야기를 연결시켜주는 고리는 얼굴이다. 야곱 이야기를 들려주는 화자는 얼굴이라는 동기로 두 사건을 긴밀하게 결부시킨다. 간밤에 하나님 얼굴을 직접 뵙고도 살아남은 야곱은 그곳 이름을 "하나님 얼굴"이라는 뜻으로 "브니엘"이라 명명한다. 그런 야곱이 에서에게서 하나님의 얼굴을 보았다(33:10). 거룩한 하나님의 얼굴과 자신을 궁지에 몰아넣고 있는 두려운 형 에서의 얼굴 사이에 무슨 상관이 있을까? 어떻게 에서의 얼굴이 하나님 얼굴이고, 그렇게 보였을까? 이것은 우리 얼굴이 하나님 얼굴을 세상에 가시적으로 드러내는 성례전과 어떤 관계가 있을까?

에서 얼굴은 하나님 얼굴

어딜 가나 적어도 두세 사람이 모인 곳에는 항상 내가 대하기 까다로운 이가 반드시 존재한다. 공자는 세 사람이 모이면 그중 한 사람은 선생이라고 했고 예수는 그런 작은 무리와도 함께한다고 했지만, 우리는 여기에 또 하나의 진실을 추가해야 한다. 세 사람 가운데 한 사람은 원수다. 이미 예수님도 가족이 원수(마 10:36)라고 하셨다. 나와 거리가 가까운 사람일수록 원수가 될 확률도, 감정의 파고도 높다. 사랑한 만큼 상처도 깊다.

디트리히 본회퍼는 처다보기도 싫은 지긋지긋한 원수를 보는 전혀 다른 시각을 열어준다.

> 예수 그리스도는 그의 원수들 가운데서 살았습니다. 그는 결국 자기의 제자들에게 버림을 받았습니다. 그는 십자가 위에서 악당들과 조롱하는 자들에게 둘러싸여 아주 홀로 있었습니다. 그가 온 목적은 하나님의 원수들에게 평

화를 주려는 것이었습니다. 그러므로 그리스도인도 외딴 은둔 생활을 할 것이 아니라, 원수들 가운데서 살아야 합니다. 거기에 우리의 사명과 일이 있는 것입니다.[2]

본회퍼는 원수들과 같이 살아야 하는 것은 불가피할 뿐만 아니라 적극적으로 말해서 사명과 사역이라고 해석한다. 그 사명은 원수들과의 평화다. 자기를 버릴 제자들을 끝까지 사랑하며, 자신을 발가벗기고 조롱하는 이들 대신 아파하고 죽으시는 미친 사랑을 보여주셨지, 그들을 심판하거나 유황불이 펄펄 끓는 지옥을 운운하지 않으셨다.

야곱은 원수와 마주 서야 한다. 하나님이 약속하신 땅에 진입하기 위해서는 살기등등한 에서를 피하려야 피할 수 없다. 얍복강에서 철야 기도를 마친 야곱은 에서를 만나서 말한다. "형의 얼굴이 하나님 얼굴이다." 아무리 좋게 보아도 아부성 발언이다. 아첨이요 입에 발린 말이지 이게 어디 진심일까. 지금껏 보아온 야곱의 이중적 면모를 회고하건대, 겉과 속이 따로 있을 법하다. 맞다. 그 진리가 이곳에서도 통용된다. 일면 진실이지만, 거짓도 내포한다. 그러나 엄밀히 말하면, 거짓보다는 진실에 더 가깝다.

야곱이 에서의 얼굴을 하나님 얼굴이라고 했을 때는 두 가지 의미가 있다. 에서의 얼굴이 실제 하나님 얼굴이라는 것이고, 야곱 눈에 에서의 얼굴이 그렇게 보였다는 것이다. 폼 나게 말해서 전자는 객관적 사실이고, 후자는 주관적 해석이다. 둘 다라고 보는 것이 성경 기록에 부합한다. 그러니까 실제로 에서에게서 하나님의 얼굴이 보였고, 에서가 그렇지 않을지라도 그렇게 볼 만큼 야곱의 내적 시각이 조정되었다.

요컨대 얍복강에서 하나님의 얼굴을 본 자, 브니엘에서도 원수의 얼굴에서 하나님의 얼굴을 본다.

실제로 에서의 얼굴은 하나님 얼굴이었다. 야곱을 맞이하는 에서는 동생을 죽이도록 미워하던 그 에서가 아니다. 그가 보여준 일련의 행동이 그 증거다. 형제 상봉의 배경을 이루는 무사 400명의 모습이 그렇다. 야곱이 얍복강에서 영적 사투를 벌이게 한 동인이 이 400명의 군사다. 의장대로서 군인의 복장과 자세, 무장은 전투병의 그것과 확연히 구별된다. 예컨대, 칼을 빼들고 서 있느냐와 칼집에 두고 있느냐 등으로 구분할 수 있다. 야곱은 에서 뒤편에 도열한 장정들 모습에서 적의나 전투가 아니라 환영을 보았을 것이다.

에서의 행동은 더 분명하다. 성경은 에서가 취한 동작을 다음과 같이 묘사한다. "에서가 달려와서, 그를 끌어안았다. 에서는 두 팔을 벌려, 야곱의 목을 끌어안고서, 입을 맞추고, 둘은 함께 울었다"(33:4). 이 구절에서 동작을 나타내는 동사들의 주어는 절대 다수가 에서다. 야곱은 단 한 번, 우는 장면에만 나온다. 에서는 달려왔고, 두 팔을 벌렸고, 끌어안았고, 입을 맞추었고, 울었다.

에서가 적극적인 반면, 야곱은 수동적이다. 야곱은 미심쩍은 눈초리를 보내면서 엉거주춤한 태도로 맞이한다. 에서가 주도적이고 야곱은 에서의 행동에 대한 반응으로 울었을 뿐이다. 에서는 반가워서 울고, 야곱은 에서의 진의를 파악하고서야 이제 살았다는 안도감으로 울었다는 분위기를 물씬 풍긴다.

이 행동은 에서가 야곱을 용서한다는 메시지를 담고 있다. 에서를 마치 돌아온 탕자를 맞이하는 아버지에 견줄 수 있다. "달려가 그의 목을 껴안고, 입을 맞추었다"(눅 15:20). 그러니까 에서는 지금 하나님 아버지가 반역한 죄인들에게 베푸시는 바로 그 사랑과 용서를 죽이도록 미워했던 동생 야곱에게 베풀고 있다. 그런 에서의 행동과 얼굴에는 지난날의 분노와 증오, 살의가 모두 지워지고 애틋한 형제애가 복원되어, 환도뼈를 다쳐 절뚝거리는 가여운 동생에 대한 긍휼함, 타향에서 크게 성공한 동생에 대한 대견함과 뿌듯함이 가득하다.

이런 에서를 김회권 교수는 이렇게 평가한다. "인격적인 성숙도로 따지면 야곱은 아직 설익은 청소년 같은 분위기를 드러내고, 형 에서는 아주 나이가 많은 장형長兄 같은 느낌을 준다."[3] 동생의 잘못을 용서하고, 선물을 사양하며, 함께 살자고 제안하고, 동생을 염려하여 동행하겠다 한다. 그는 정녕 변화된 것이다. 에서에게서 인간적인 성숙한 풍모가 묻어날 뿐 아니라 하나님의 성품도 배어난다. 용서는 하나님의 본성이다. 하나님은 원수 되었던 우리를 용서하시는 분이다. 따라서 우리가 우리에게 죄 지은 자를 용서하는 것은 하나님의 일이며, 그 순간 하나님의 마음을 품고 하나님의 얼굴로 변모한다.

야곱 마음은 하나님 마음

야곱은 에서에게서 용서하는 하나님을 보고 있다. 어젯밤 자신과 씨름한 하나님의 얼굴에서 본 인자와 진실, 연민과 동정이 이제는 형제애로 눈망울이 그렁그렁한 형의 눈동자에서, 자신의 못된 죄를 너그럽게 용서해 주는 형의 마음 씀씀이에서 배어나오고 있다. 그러므로 야곱이 에서 얼굴에서 하나님 얼굴을 본 것은 꾸밈없는 진실이다. 형에게서 하나님을 보았기에 야곱이 그리 말한 것이다. **용서하는 에서 얼굴과 축복하는 하나님 얼굴은 닮았다.**

용서하는 형을 통해 용서하는 하나님을 본다. 예수님이 하나님과 원수 된 우리를 하나님과 화해시키셨다(엡 2:14, 16). 구원은 죄를 심판하지 않고 용서한다. 이것이 마르틴 루터가 로마서에서 발견한 위대한 영적 진리다. 하나님의 의는 도덕적 의가 아니라 인간을 용서하시는 의다. 그 의를 인간에게 요구하지 않고, 하나님 스스로 먼저 충족시키셨다.

야곱의 말은 에서의 얼굴에 대한 정확한 판단이자 그의 내면을 드러내는 정직한 표현이다. 사람들은 부담스럽거나 싫거나 미워하는 사람과는 되도록 얼굴과 눈을 마주치지 않으려고 한다. 앉아 있는 자세를 보면 안다. 비스듬히 앉아서 바로 보려고 하지 않는다. 시선은 딴 데를 향한다. 야곱이 만약 그런 태도를 취했다면 결코 그런 놀라운 고백을 할 수 없을 것이다. 그리고 거짓이라도 마찬가지다. 사람은 영물이다. 꾸며낸 말인지 내면에서 우러나온 말인지 안다. 잔뜩 겁에 질린 눈초리로 조심스럽게 또는 호들갑을 떨면서 뱉는 아양과는 전혀 차원이 다르다.

야곱 안에 무엇이 있기에, 야곱에게 어떤 일이 벌어졌기에 그토록 두려워하던 형에게서, 그것도 하나님의 얼굴을 본단 말인가. 이는 한편, 자신감의 발로다. 간밤에 하나님의 얼굴을 보고도 살아남은 야곱이다. 하나님을 보고도 산 자가 어찌 일개 사람의 얼굴을 두려워하겠는가. 게다가 지난밤에 하나님과 겨루어 이겼다. 하나님과 싸워 이긴 자가 어찌 고작 인간에 불과한 자를 무서워하겠는가. 아무리 그가 뛰어난 사냥꾼이자 용맹하고 날쌔기로 이름난 에서라 할지라도 야곱에게는 손가락 하나, 머리카락 한 올도 다치게 할 수 없다는 자신감이 펄펄 살아 있다. 그러니 자기 형의 얼굴을 똑바로 쳐다볼 수 있다.

여기에 하나를 덧붙여야 한다. 이것이 야곱이 한 말의 실체이리라. 밤에 하나님과 씨름할 때, 야곱은 처음에 하나님을 제대로 인식하지 못했다. 하나님이 야곱에게 싸움을 걸 만한 하등의 이유가 없을 뿐더러, 밤새도록 자신과 힘겨루기를 하는 이가 하나님일 줄 꿈엔들 생각했겠는가. 야곱에게 퍼뜩 든 생각은 이랬을 것이다. '십중팔구 에서다. 아니면 에서가 보낸 자객이거나.' 그렇게 야곱은 에서인 줄 알고 싸웠는데 하나님이었다. 에서가 아닌 하나님! 원수가 아닌 하나님!

여기에 야곱의 말의 실체가 오롯이 담겨져 있다. 에서인 줄 알고 지금껏 속이고 빼앗기를 마다하지 않았는데, 하나님이라니! 야곱이 밤새 씨름한 자는 결과적으로 하나님이지만, 실상은 에서였다. 하나님에게서 에서를 본 야곱은 에서에게서 하나님을 본다. **하나님이 에서이고 에서가 하나님이라면, 에서는 없다. 더 이상 원수는 없다.** 신학적으로 말하면, 모두가 하나님의 형상이요, 인간적으로 말하면 에서는 형이다. 한 가족이다. 가족이 원수지만, 원수는 가족이다. 그러니까 거룩한 하나님 안에 참으로 싫었던, 두려웠던, 미웠던, 꼴도 보기 싫었던 형이 있다. 반대로 자신을 너그럽게 용서하는 형 안에 자비로우신 하나님이 계신다. 야곱은 문자 그대로 하나님의 얼굴을 보고 있다.

마지막으로 하나님의 얼굴을 본 자는 타인의 얼굴에서 하나님의 얼굴을 본다. 야곱이 하나님의 얼굴을 보았기에 에서에게서도 본 것이다. 야곱의 내면 지도를 그린다면, 그것은 하나님의 모습일 것이다. 하나님의 인자한 얼굴을 보았기 때문에 자신의 얼굴도 변하고 세계관도 성품도 변했다. 야곱 안에 하나님이 꽉 차 있으니 그가 만나는 사람들, 그가 설령 원수라 할지라도 하나님으로 보이는 것이다. 입으로 들어가는 것보다 입에서 나오는 것이 사람을 더럽게 한다는 주님의 말씀은 그 마음에 들어 있는 것이 그의 언어와 생활로 표출된다는 진실을 일깨운다. "마음에 가득 찬 것을 입으로 말하는 법이다"(눅 6:45). 야곱은 마음에 가득 찬 하나님을 말하고 있고, 그러기에 에서에게서 하나님의 얼굴을 보고 있는 것이다.

이렇듯 수직적으로 전능하신 하나님의 얼굴을 보는 것과 수평적으로 이웃에게서 하나님의 얼굴을 보는 것은 일맥상통한다. "누가 하나님을 사랑한다고 하면서, 자기 형제자매를 미워하면, 그는 거짓말쟁이입니다. 보이는 자기 형제자매를 사랑하지 않는 사람이 보이지 않는 하나님을 사랑할 수 없습니다"(요일 4:20). 칼뱅은 「기독교 강요」를 이렇게 시작한다. "하나님에 관한 지식과 우리 자신에 관한 지식은 서로 연결되어 있다." 하나님을 알지 못하면 자신이 누구인지 알지 못하고, 자신을 알지 못하면 하나님을 알지 못한다. 이 둘은 매우 밀접하게 연결되어 있어서 어느 것이 먼저고, 어느 것이 근거인지를 밝히는 것이 쉽지 않을 정도다.

이는 벧엘의 하나님을 만난 경험의 연장선에 있다. 벧엘에서 그는 **사물에 대한 새로운 시야**를 획득한다. 자신이 거주하는 공간, 일하고 잠자고 쉬는 모든 거처가 다름 아닌 하나님의 집이라는 인식을 통해 야곱은 모든 "곳", 모든 "것"을 예배로 승화시킬 수 있었다. 이것이 하란에서의 승리와 성공을 낳은 원동력이다.

브니엘은 **사람에 대한 새로운 시각**을 확보한다. 마지못해 가야 했던 하란에도 하나님이 계시고, 그곳에서 하는 모든 일이 하나님의 일이었다. 동일한 원리가 사람에게도 적용된다. 그가 꺼리는 에서의 심중에도 하나님이 계시다. 하나님은 야곱을 사랑할 뿐만 아니라 에서도 극진히 사랑하신다. 하나님이 사랑하는 자를 우리가 뉘라서 정죄하리오.

야곱과 에서의 재회는 형제 상봉이지만 원수와의 대면이라는 이중성을 띠고 있다. 둘의 만남에서, 형제이자 원수인 에서의 얼굴에서 하나님을 발견하는 것은 복음의 본질이 용서라는 것을 재확인하는 동시에 용서하는 삶이 제자 된 삶의 척도임을 웅변한다. 월터 윙크는 그 누구보다도 원수 사랑이 기독교 신앙에서 차지하는 비중을 강조한다. 그에 따르면, 우리 시대에는 원수 사랑이 참다운 기독교 신앙의 기준이 되어버렸다.

> 오늘 궁극적으로 중요한 종교적 질문은, 종교개혁 때의 질문이었던 "내가 어떻게 은혜로우신 하나님을 발견할 수 있을까?"가 아니라, 오히려 "우리는 어떻게 원수들 안에 있는 하나님을 발견할 수 있을까?"이다. 우리를 몰아 하나님께로 향하게 하는 몰이 막대기가, 루터에게는 죄책감이 문제였듯이 우리에겐 원수들이 문제다.[4]

그렇다. 원수를 어떻게 대우하는지에서 내 신앙의 유무가, 그리고 내 신앙의 고저가 고스란히 드러난다.

야곱은 복음과 신앙의 정점과 절정에 접근한다. 참으로 하나님을 만난다는 것은 내가 만나는 모든 사람 속에 계신 하나님을 보는 것이다. 이러한 깨달음에 도달하기 위해 두 가지 전제가 있다. 하나는 벧엘이다. 앞서 말했듯이, 모든 곳에 계신 하나님을 인식해야 모든 사람 안에 계신 하나님을 본다. 다른 하나는 얍복강 나루터에서의 영적 씨름이다. 밤을 지새우며 하나님과 씨름한 자, 바로 그가 날마다 대면하며 씨름해야 할 가족과 이웃, 원수의 얼굴에서 하나님을 본다.

용서와 화해

눈물겨운 만남의 온기가 채 가시기도 전에 야곱에게 예의 그 사기꾼 기질이 재발한다. 몹시 반가운 마음에 형 에서는 먼 길을 걸어 온 동생을 배려한다. 동생을 호위하겠다고 자청한다. 야곱이 극구 사양하자, 에서는 부하 몇 사람만 남겨서라도 돌봐주겠다고 한다. 그래도 야곱은 에둘러 거절한다. 지난 과오를 너그럽게 용서하는 형의 호의는 받아들이면서 지금 동생의 처지를 배려하는 형의 친절을 거절하는 건 왜일까? 마땅한 자기 보호 수단이 없는 야곱이 마다할 이유가 있었을까? 거짓말을 해가면서까지 말이다.

먼저 에서에게 거짓말을 한다. 그는 세일로 가겠다고 하고서는 세겜과 가까운 숙곳으로 간다. NIV와 NRSV 성경에는 에서가 세일로 가고, 야곱은 숙곳으로 갔다는 문장 사이에 "그러나"^{but}라는 접속사가 있다. 그리고 하나님에게도 거짓말한다. 20년 전, 벧엘로 돌아와서 하나님을 예배하고 십일조를 바치겠다는 서원과 달리 세겜에 정착해 살아간다. 하나님과 원수에게서 하나님의 얼굴을 본 자가 금세 하나님과 형제에게 거짓말을 하고 있다. 아직도 예전 버릇을 고치지 못한 걸까?

그럴지도 모른다. 그렇지만 조금이라도 냉철하게 따져보면 전혀 달리 보인다. 속임수보다는 지혜의 측면이 훨씬 강하다. 우선 두 사람은 함께 살 수 없다. 서로 다른 성격, 판이한 삶의 경험과 인생관, 신앙이 이중삼중으로 겹쳐 있다. 같이 살면 다시 갈등이 불거지고 관계는 파탄나기 십상이다. 둘째, 야곱이 에서를 따라 세일로 가면 다시 나오기가 어려울 뿐더러 그의 영향력 아래 들어가게 된다. 셋째, 두 사람은 이미 용서하고 화해했으므로 크게 문제가 안 된다. 나중에 두 사람이 함께 아버지 이삭을 장례지낸 것으로 보아 이번 일은 그리 문제되지 않은 것 같다. 마지막으로 야곱이 정착할 땅은 가나안이지 에돔 족속이 거하는 세일 산 근처가 아니다.

그렇지만 반문이 생긴다. 서로 용서하고 상처가 치유되었다면 왜 굳이 야곱이 피하는 걸까? 용서는 다름 아닌 화해가 아닌가? 맞다. 그렇지만 용서가 반드시 재결합은 아니다. 어떤 성도가 내게 전화를 했다. 그 성도는 교회 문제로 인해 몹시 크고 깊은 상처를 입었다. 때로 흐느끼며 울고 때로 격앙된 목소리로 분통을 터뜨렸다. 너무 힘들어서 새로 옮긴 교회에서 정말 인격적인 목사님, 그분 말대로 예수님 같은 목사님을 만나면서 많이 치유되었다. 그런데 새벽기도회를 하기 위해 동네에 있는 예전 교회를 가게 되었다. 본인 스스로 해결된 듯싶고, 출석 교회 목회자들과 상의한 결과 새벽기도회만이라도 나가기로 한 것이다. 그런데 그게 화근이 되어 전화를 한 것이다.

루이스 스미디즈는 "용서는 재결합이 아니다"라는 말로 우리의 오해를 교정해 준다. 용서한다고 해서 반드시 이전으로 돌아가야 하는 것은 아니라는 말이다. 예컨대, 재결합할 수 없는 경우가 있다. 이혼한 뒤

다른 사람과 재혼했거나 사별했을 수도 있고, 상대방이 멀리 이사를 가거나 이민을 갔을 수도 있다.

재결합이 해로운 때도 있다. 여전히 습관적인 폭력과 음주, 마약이나 노름에 빠져 있다면 재결합은 도리어 치명적인 위험이 되어 돌아온다. 용서했다고 해서 학대받던 이전 상황으로 되돌아가라는 것은 도리어 용서하지 못하게 하고 치유할 기회를 빼앗는다. "용서하지 못하게 하는 가장 확실한 방법은, 용서하려면 그들에게 상처를 준 이들에게 돌아가야 한다고 말하는 것이다."[5]

하여 거짓말일 수도, 정중한 사양일 수도 있는 방식으로 에서와 동행하지 않은 것은 두 사람이 서로 용서하고 화해한 것을 무위로 돌리는 것이 아니다. 용서라는 미명 아래 야곱과 에서를 붙여놓는 것은 그야말로 고양이와 개를 한 방에 놓고 키우는 것과 다르지 않다. 그것은 은혜에 의한 용서의 행위를 의무에 의한 용서의 율법으로 변질시키는 것이다. 물론 어떠한 경우에도 재결합을 반대한다는 것은 아니다. 때로 그렇다는 말이다. 앞서 언급한 성도와 야곱의 경우를 보라. 이중적 언행이 용서하고 용서받는 행위의 가치를 희석하기도 하지만, 그래도 야곱이 진정한 용서와 화해의 행동을 하고 있다는 점은 확실하다.

야곱이 진정으로 에서에게 사죄를 청하고 회개했다는 명백한 증거가 있다. 그가 보낸 선물과 일곱 번 엎드려 하는 절이다. 야곱이 형에게 선물을 받아달라고 했을 때(33:11) 그 선물은 축복을 말한다. 축복은 곧 선물이다. 달리 말하면 형에게 축복을 받아달라는 강청이다. 그토록 갈망한 장자권과 축복을 고스란히 반납하고 있다. 놀라운 일이다! 그것을 어떻게 얻었는지, 그것이 얼마나 중차대한 의미를 지녔는지 잊었단 말인가? 다급하다고, 위기에서 탈출하겠다고 급한 대로 거짓을 고하는 것은 팥죽 한 그릇으로 장자권을 팔아넘긴 에서와 다를 바 없지 않은가?

얍복강에서, 브니엘에서 용서하는 하나님과 에서를 대면한 것이 진실이라면, 그는 하나님뿐 아니라 에서에게도 용서를 빌어야 마땅하다. 회개 없이 구원이란 있을 수 없다. 지금 야곱은 에서에게 자신의 지난 과오에 대해 용서를 청하고 있다. 일곱 번 절한 의미는 다름 아닌 사죄다.

> 그는 에서가 받을 축복을 속여서 가로챈 크나큰 사기 행각을 원상태로 되돌리려는 중이다. 이 장면 전체에서 야곱은 자신이 갖고 있던 축복(33장 11절을 참고하라)을 그에게 되돌리려고 시도함으로써 에서에게 선물을 주고 있다는 점을 역설하고 있는 것이다.[6]

간밤의 일을 겪으며 야곱은 축복이란 하나님에게서 오는 것이지 형을 속여서 탈취하는 것이 아님을 깨달았다. 축복이 선물이라면, 그것은 은총이다. 값없이 거저 주시는 은혜야말로 최대 축복이다. 우리가 누리는 물질적 재화도 마찬가지다. 하나님의 선물이며, 선물로 인식할 때에 축복이 된다. 야곱의 축복은 하나님에게서 오며 전적으로 그분의 선택과 은혜에 의한 것이지, 공로나 업적으로 말미암지 않는다. 그러니 집어삼킨 에서의 것을 본래 주인에게 되돌려주는 것은 삭개오의 행동에서 보듯이 용서받고 구원받은 자가 보이는 합당한 행동이다. 야곱은 변했고, 회개에 합당한 열매(마 3:8, 눅 3:8)를 맺고 있다.

나는 왜 아직도 그대로일까?

그, 런, 데, 그런데 말이다, 내게 쉽게 풀리지 않는 영적 질문이 하나 있다. 그것은 내가 잘 변하지 않는다는 점이다. 하나님을 경험했음에도 말이다. 분명 하나님을 뜨겁게, 새롭게 경험한 적이 몇 번 있다. 그럼에도 그 경험을 한 이전이나 이후 모습을 비교해 보면 그다지 큰 변화를 볼 수 없다. 하나님을 만난 사실 자체를 부정하지 않고서는 현재 내 모습이 마뜩치 않다. 그러면서도 목사로서 말하고, 작가로서 글을 쓴다. 나 스스로 자괴감에 시달린 적이 한두 번이 아니다. 나는 왜 아직도 그대로인가?

그 대답은 야곱이다. 야곱은 여전히 이중적이다. 예전처럼 자신의 식솔과 가축을 세 무리로 나누지만 자신이 맨 앞에 선다(33:3). 형에게 준 파격적인 선물, 가신이 주군에게나 하는 일곱 번 절하기, 형을 "내 주"(33:8, 개역개정)라고 호칭한 것은 형의 호의를 얻어내려는 비겁한 처신인 동시에 형에게 사죄하는 몸짓이다. 하나님과 겁도 없이 싸운 자가 사람 앞에서 이렇게 비굴하기 짝이 없는 모습을 보이는 것은 그야말로 에서에게 호의를 얻어내려는 얄팍한 행동이 아닐까? 하나님을 의지하면서 인간에게도 기대는 양다리 작전의 전형이 아닐까?

이것은 야곱 이야기를 기술하는 성경 저자의 시각이기도 하다. 아브라함과 사라의 경우에서 보듯이 이름이 바뀌는 일은 그 사람의 인생과 일생에서 의미심장한 사건이다. 그의 존재와 성품, 미래가 확 바뀐다. 그래서 아브라함과 사라는 다시는 "아브람"이나 "사래"라고 불리지 않았다. 그런데 야곱은 다르다. 하나님이 다시는 야곱이라 하지 말라

(32:28)고 하셨건만, 계속해서 야곱이라는 이름이 사용된다. 게다가 이름이 바뀐 시점부터 창세기 이야기가 끝나는 50장까지 이스라엘은 23번 등장한 반면, 야곱은 무려 45번 사용되었다.[7]

이유가 무엇인가? 바로 야곱이 아직 이스라엘로 변하지 않았기 때문이다. 근거는 두 가지다. 하나는 두 사람의 재회에서 야곱이 보여준 이중적 행동에서 볼 수 있다. 다른 하나는 창세기의 야곱 이야기 전체 흐름 속에서 야곱과 이스라엘이라는 두 이름이 사용된 용례를 살펴야 한다. 야곱은 한 개인을 가리킬 때 주로 사용되었고, 이스라엘은 백성 전체를 포괄할 때 나타난다. 간혹 이스라엘이 개인을 의미할 때는 지도자를 암시하고, 그의 인간적 약함이 명백히 드러날 때에 야곱이라는 이름이 사용되었다.[8]

그런 점에서 야곱은 겨우 한 걸음 영적 진보를 내디뎠을 뿐이다. 나는 그런 그에게서 위안을 얻는다. 나도 그처럼 철저히 이중적인 모습으로 산다. 사람들은 아는지 모르는지 모르겠다. 그러나 나는 안다. 내가 누구인지를. 내 안의 야누스적 모습 때문에 얼마나 힘이 드는지. 분명히 하나님도 알고 계시면서 참고 기다려주셔서 그렇지, 그분의 인내와 인자가 덜하거나 다한다면 나는 벌써 벼락을 맞아도 몇 번은 맞았을 것이다. 복음서, 특히 마가복음을 보면 제자들이 예수님과 3년 넘게 동고동락하면서도 끝까지 철저하게 영적으로 무지하고 예수님의 진의를 왜곡하여 악용하는 모습을 볼 수 있다. 나는 야곱의 족속이고, 그런 제자들의 후예다!

아브라함과 이삭과 야곱의 하나님이라 불릴 만한 하나님의 사람 야곱이 그토록 이중성을 벗어나지 못한 것에 비하면, 그리고 예수님을 직접 대면하고 생활하면서도 예수님께 큰 책망을 받은 제자들(물론 제자들보다 더 오랜 시간 예수를 믿었고 목사를 하면서도 덜 변했으니 면목이 없지만)에 견주면, 그럭저럭 핑계할 만한 것이 내게 있다. 나도 은연중에 예수 팔아 밥 먹는 경우가 왕왕 있는 것이 사실이지만, 아무렴 제자들보다 낫지 않나 싶다. 내가 제자들보다 낫다는 것이 아니라 나도 제자들과 별반 다를 바 없으며, 제자들도 나보다 뭐 그리 대단하지 않다는 것이다. 바로 여기에 희망이 있다. 내가 야곱과 제자들을 닮았다면 그들처럼 성숙할 수 있다는 희망도 생기지 않는가!

한 걸음 더 내디뎌 보자. 야곱의 이중적 모습이 씁쓸하다. 그러나 예전과 달리 부정보다는 긍정적 측면이 더 크고 강하다. 이전에 야곱은 악의적으로 속였으나 지금은 지혜로 행한다. 두 가지가 공존하지만 말이다. 분명 야곱은 변했고 긍정적이다. 비록 느리고 더디기는 하지만, 그의 삶 전체를 놓고 볼 때 변화는 확연하다. 영적 성장의 정상에서 보자면 아직 멀기만 하다. 그러나 시작점에서 보면 아주 멀리 나아왔다. 벧엘과 브니엘을 한 단면으로 놓고 볼 때, 브엘세바에서 남의 발뒤꿈치나 물고 늘어지던 그 야곱이 정녕 아니다. 이게 야곱이 맞나 되물을 판이다. 여기에 딱 맞는 고사성어가 있으니, 괄목상대刮目相對다. 눈을 씻고 봐야 할 정도로 야곱은 변했다.

하나님은 야곱을 있는 그대로 사랑하신다. 그것이 우리에게 위로요 소망이다. 그런 야곱의 성장과 변모는 도전이요, 고발이다. 야곱의 이중적 모습, 영과 육이 교묘하게 혼합된 모습이 갈수록 정제되는 것을 본다. 그는 제자리에 머물러 있지 않다. 하나님을 온전히 닮기에는 턱없이 부족하지만, 그래도 하나님의 얼굴을 닮아가고 있다. 이 진리를 맥스 루케이도가 정말 멋지게 표현했다. "하나님은 당신을 있는 그대로 사랑하신다. 그러나 그대로 두시지는 않는다. 하나님은 당신이 예수님처럼 되기 원하신다."9 나는 왜 아직도 그대로인가? 아직도 변하고 있기 때문이다. 나는 아직도 변해야 한다.

9장

열정과 실용 너머

세상 안 vs. 세상 밖

사흘 뒤에, 장정 모두가 아직 상처가 아물지 않아서 아파하고 있을 때에, 야곱의 아들들 곧 디나의 친오라버니들인 시므온과 레위가, 칼을 들고 성읍으로 쳐들어가서, 순식간에 남자들을 모조리 죽였다. 그들은 하몰과 그의 아들 세겜도 칼로 쳐서 죽이고, 세겜의 집에 있는 디나를 데려왔다. 야곱의 다른 아들들은, 죽은 시체에 달려들어서 털고, 그들의 누이가 욕을 본 그 성읍을 약탈하였다.

_창세기 34장 25-27절

"뭐? 디나를 달라고? 뻔뻔한 인간들 같으니라고!"
"우리가 살 땅이 없어서 여기 있는 줄 아나? 우리도 충분히 부자라고! 누구더러 여기서 살라 마라야!"
세겜과 그의 아버지 하몰이 하는 이야기를 듣고 난 뒤, 안 그래도 디나가 당한 일로 화가 나 있던 형제들은 더욱 분노에 휩싸였다. 형제들은 세겜 부자가 내놓은 제안에 뭐라고 답할지 의논하려고 한 곳에 모여 있었다. 그들을 곱게 보낼 수는 없다.
"이렇게 하면 어때?"
시므온의 눈에 살기가 어려 있었다.

창세기 34장 1-31절

왜 나는 다시 실패하는가?

"왜 나는 변하지 않나?" 앞장에서 에서와 재회하는 야곱에게서 그 해답을 찾았다. 그의 이중적 모습은 변하지 않지만, 예전과 비교하면 몰라보게 성장했다. 그것에서 희망을 발견한다. 하나님의 얼굴을 직접 보는 전무후무한 경험을 하고도 아직도 옛 본성과 습성을 버리지 못하는 야곱에게서 예나 지금이나 잘 변하지 않는 내 모습을 얼마간 두둔할 수 있는 위안거리를 얻었다. 물론 내 미숙함과 정체된 상태를 변명하는 핑계거리로 삼아서는 안 된다. 날마다 자라나야 한다. 좌우간 야곱은 변했다. 조금씩이나마 발전했다. 그러니 나는 완성될 종말의 지점에서 보자면 아직 개선되어야 할 부분이 참 많지만, 처음 시작한 곳에서 보자면 그래도 얼마간 자랐다.

그러나 이번에는 "왜 나는 다시 실패하는가?"라고 묻지 않을 수 없다. 예수님을 믿는다고 했을 때의 믿음은 주관적이고 내면적이며 사적인 면으로 축소되지 않는다. 정반대로 외부를 향하고, 공공 영역에서도 믿음을 공개적으로 증거한다. 구두로 선포하고, 온몸으로 증언한다. 그렇지 않다면 그저 입으로만 주여, 주여 하는 자와 다를 바 없다. 내가 성경을 읽을 때마다 전율하는 구절이 있으니, 바로 이 말씀이다. 선지자 노릇하고도 얼마든지 버림받을 수 있다는 것, 그 원인은 다름 아닌 말씀대로 행하지 않고 그저 입으로만 말씀을 전했기 때문이다. 그것이 내게 무슨 유익이며, 남들에게는 무슨 공해란 말인가.

다나가 세겜에서 욕을 본 이후로 촉발된 일련의 사건, 거짓말과 술수, 폭력과 살인, 약탈이 난무하는, 그야말로 아수라장 상황에서 보여준 야곱의 모습은 영락없는 내 모습이다. 벧엘에서 모든 곳에 계신 하나님의 현존을 확인한 이후, 하란 생활 20년 동안 야곱은 그 믿음을 따라 살았다. 탁월하고 성공적이었다. 에서를 만나는 과정 중, 얍복강 나루터에서 하나님과 씨름하며 하나님의 얼굴을 보았고, 그로써 자기 자신과 화해했다. 그리고 브니엘에 이르러 원수처럼 미워하고 두려워하던 형에게서 신성한 하나님의 얼굴을 본다. 전날 밤 본 하나님의 얼굴이 원수 같은 가족 관계에 큰 영향력을 발휘하였다.

승승장구, 연전연승에 제동이 걸렸다. 세겜에서 보여준 야곱은 나약하기 짝이 없다. 상황과 필요에 따라 침묵했고, 일관되게 영적인 모습보다는 실용적인 방식을 유지한다. 지금껏 그는 이중적 태도를 취하기는 했어도 조금씩 진전했다. 그랬기에 때로 그의 양면적 모습이 얄밉고 교활해 보여도 지혜라 여겨졌고, 남아 있는 이중성도 조금씩 퇴색한다고 판단했다. 그런데 세겜에서 야곱이 보인 이중성은 견고하다는 점에서는 다르지 않으나, 어둡고 부정적인 면이 훨씬 도드라진다. 그

동안의 이중성이 지금의 야곱을 만들었다면, 이 이중성은 야곱을 무너뜨린다. 이중성의 어느 축이 강하냐에 따라 그는 흥하기도 하고 망하기도 한다.

세상 속에 있으나_ 디나

야곱의 딸 디나가 세겜 여자를 보러 나갔다가 봉변을 당해 세겜이 청혼하고 형제들이 할례를 이용하여 세겜의 모든 남자를 몰살시키고 도시를 약탈하여 불살라버린 일련의 사건과, 그를 두고 벌이는 야곱과 두 아들 시므온과 레위의 언쟁을 읽어내기란 여간 힘든 일이 아니다. 무엇보다도 워낙 윤리적인 딜레마가 많이 포진하고 있어서 설교하기에 영 난감하다. 야곱의 아들들 편을 들자니 그들의 분노는 십분 이해하면서도 형제들이 저지른 할례의 악용, 극악한 살인과 약탈은 고개를 가로젓게 만든다. 그렇다고 야곱을 옹호하자니 걸리는 것이 한둘이 아니다. 소수라는 약자의 한계 상황 때문에 야곱인들 어찌할 수 있었겠느냐며 정당화하려고 해봐도 그가 딸의 고통을 보고 침묵으로 일관한 것은 사실이다. 이밖에도 따지고 들면 야곱은 허점투성이다.

창세기 1-2장은 야곱 이야기에서 삐져나온 모서리를 해석하는 지렛대다.[1] 창세기 1-2장은 에덴동산, 그 주위의 에덴, 그 바깥의 땅이라는 세 개의 동심원을 그리며 퍼져나간다. 동산은 성소로서 예배를 드리는 장소고, 에덴은 가정, 그리고 그 밖의 땅은 세상을 말한다. 하나님의 의도는 성소가 특정한 한 장소로 국한되지 않고 세상 전체로 동심원의 파장을 그리며 확장되는 것, 그래서 모든 세상이 에덴 또는 벧엘이 되는 것이다. 그래서 모든 세상이 하나님의 집이 되는 것, 요한계시록의 언어로 말하면 새 하늘과 새 땅이 되는 것이 그분의 최종 계획이다.

이를 야곱에 적용하면 동산은 얍복강 나루터다. 하나님과 밤새 씨름하며 하나님 얼굴을 뵙고 자신과도 화해한 곳이 동산이다. 에덴이 가정이므로, 형과 화해한 곳인 브니엘은 에덴이다. 세겜은 에덴 너머 세상에 대응한다. 야곱의 사명은 수직적으로 하나님의 얼굴을 구하고, 수평적으로 세상과의 관계에서 하나님의 얼굴을 드러내는 것이다. 그래서 하나님이 야곱의 할아버지 아브라함을 부르실 당시 주신 소명대로 축복의 근원이 되고 축복의 통로(12:1-3)가 되어야 한다. 이런 맥락에서 보면 난해한 세겜 사건은 하나님의 백성이 세상과 어떤 모습으로 관계를 맺어야 할지에 관한 이야기다. 그런데 그곳에서 야곱은 실패했다.

야곱은 숙곳에 잠시 머물다가 곧 세겜에 정착했다(33:18). 세겜 추장 하몰에게 돈을 주고 땅을 산 것이다. 추정하건대 10년 정도 시간이 흘렀다. 디나의 나이나 시므온과 레위가 독자적으로 무력을 행사할 정도로 장성했다는 것을 감안하면 그렇다. 이 세월 동안 야곱가※는 여러 가지 정황으로 보건대 세겜에 철저히 동화되었다. 그 증거는 수두룩하다. 아버지 야곱부터 형제들과 디나에 이르기까지 그들에게서 하나님의 백성다운 맛은 찾아볼 수 없다. 세속적인 모습이다. 세겜이 벧엘이 되지 못하고, 브니엘의 관점에서 생활하지 못하고 있다.

디나를 보자. 디나가 세겜 여자들을 보러 나갔다는 것은 우리에게 흔히 있을 법한 일상적 만남으로 보인다. 10여 년 살았는데 아는 친구들이 없을라고. 놀러 오기도 했을 테고, 가기도 했을 터. 그렇게 오가

던 어느 날, 정말 재수 없이 못된 건달 하나 잘못 만나 추행당했다. 문장을 액면 그대로 읽으면 아무 문제가 없다. 그러나 문맥 속에서 읽으면 디나의 세겜 나들이는 하루 이틀이 아니라 자주 있던 일이고, 그곳 문화에 상당히 노출되었음을 알 수 있다. 발달된 세겜 문화와 문명에 대한 동경, 그곳의 유행과 문화를 추종했음을 미루어 짐작할 수 있다.

디나의 어머니 레아가 라헬과의 약속에 따라 야곱과 동침하기 위해 만나러 나갔다고 했을 때의 바로 그 단어다(30:16).[2] 어원이 같은 아카드어에서 이 단어는 주부가 자기 집 밖에서 부적절하게 행동하는 것을 묘사한다. 탈굼은 아예 성전 창기로 번역한다. 동네의 행실 나쁜 여자 친구들과 어울렸고, 그들 가운데 한 명이 디나를 문제의 인물, 세겜에게 소개시켜준 것이다. 사단은 여기서 생겨났다. 디나를 행실 나쁜 아이로 몰아세워서는 안 된다. 허나, 이미 그의 마음에는 세겜의 가치관과 문화가 깊숙이 배어 있다. 세상에 있으면서 세상이 되어버렸다.

세상과 싸우되_ 시므온과 레위

사도행전의 교회는 모여서 말씀을 배우고, 같이 밥을 먹으며, 물질적 삶도 유무상통하고, 어려운 이웃을 보면 아끼지 않아서 주변 사람들에게 부러움과 두려움의 대상이었다. 허나, 요즘은 리처드 도킨스의 말마따나 종교가 없는 세상이 상상력의 원천이 되어버렸다. 교회가 실수나 과오 차원이 아니라 아예 크나큰 범죄를 저지르기 일쑤다. 「기독교 죄악사」(평단)라는 두꺼운 책이 나올 정도다. 십자군 전쟁, 마녀사냥, 아메리칸 인디언 학살, 노예와 인종차별 등이다. 종교가 신의 이름으로 정당화한 이 일들은 살인과 전쟁, 폭력과 결부되어 있다. 신앙적 열심으로 그런 못된 짓을 서슴지 않았던 것이다.

지식을 기초로 하지 않는 열정은 곧 하나님을 대항한다는 사실을 만민이 알아차리기에는 바울 한 사람만으로 부족한 모양이다. 시므온과 레위가 그랬다. 여동생이 당한 일을 듣고 어느 누구보다도 가슴 아파한 사람은 같은 어머니 레아의 아들들인 시므온과 레위다. 친오라버니인 이들이 가장 격정적으로 분노하였다. 디나를 추행한 세겜을, 침묵하며 수수방관하는 아비를 용납할 수 없었다. 그래서 세겜을 처치하고, 야곱에게는 추궁하다시피 항변한다. 두 사람은 주도적으로 계략을 꾸미고 세겜 성의 남자란 남자는 모조리 죽여버린다. 다른 형제들은 이때를 노려 죽은 시체에서 값나갈 만한 것들을 약탈하고, 가축들을 빼앗고, 아이들과 여인들을 사로잡는다.

이런 형제들의 반응에는 이중적 성격이 보인다. 긍정적인 면을 보도록 하자. 이 사건을 보도하는 창세기 기자는 제의적 차원에서 접근한다. "세겜이 야곱의 딸을 욕보여서, 이스라엘 사람에게 부끄러운 일 곧 해서는 안 될 일을 하였으므로"(34:7). "부끄럽다"는 종교적 제물로서 깨끗하지 못하다, 부정하다는 말이다. 흠 없고 점 없는 제물을 하나님께 드려야 할 하나님 백성이 부정한 제물을 드린 것과 진배없고, 바로 자신이 거룩한 제물인 이스라엘의 부정함을 의미한다. 더는 하나님이 받으실 수 없는 제물이 된 것은 이스라엘 공동체로는 생사를 걸 중대 사안이다.

이와 견줄 수 있는 것이 민수기의 비느하스다. 이스라엘 백성이 모압과 어울리면서 신앙적 순수성을 상실하자 하나님이 진노하신다. 바로 그때 이스라엘의 한 지도자가 미디안 여인을 안고 공동체로 들어온다. 이를 본 비느하스가 창을 들고 두 남녀를 죽이자 하나님의 진노로 창궐한 염병이 사라진다. 하나님이 비느하스의 열정을 보시고 진노를 푸신 것이다. 그리고 그의 자손들이 대대로 제사장이 되리라는 평화의 언약을 체결하신다(민 25:11-13).

이런 점에서 시므온과 레위의 행동은 이스라엘 공동체의 종교적 순결성을 사수하려는 열정으로 읽을 수 있다. 소수의 공동체가 이질적인 문화 가운데서 외부와 소통하더라도 자신의 정체성을 우선 확보하는 것은 반드시 필요한 생존전략이다. 에스라와 느헤미야가 안식일을 어기고 장사하는 이들을 불러서 때리고, 십일조를 거두고, 이방 여인과 결혼한 이들을 떼어놓는 일련의 행동은 수직적 관계에서 종교적 순결을 유지하고, 수평적 관계에서 자기를 보호하려는 차원으로 해석할 수 있다. 이런 행동이 갖고 있는 종교적 과격성은 논란의 여지가 많고 재해석해야 할 소지가 다분하지만, 종교적 급진성은 예수님의 성전 청결 사건에서도 볼 수 있듯이 마냥 부정적이지만은 않다.

그러나 비느하스의 열정과 정신, 신앙적 급진성과 달리 이 사건에서는 과격함이 압도한다. 단적으로 비느하스는 "눈에는 눈, 이에는 이"라는 탈리오법lex talionis에 저촉되지 않았다. 반면, 야곱의 아들들은 정당성의 한계를 넘어섰다. 세겜 한 사람이 아니라 한 도성의 모든 남자를 죽인 것은 아무리 좋게 해석하려고 해도 종교적 열정과 거리가 멀다. 그냥 학살이다.

형제들의 반응에 담긴 이중적 성격의 또 다른 측면인 종교적 열정을 빙자한 탐욕은 정당성 자체를 와해시킨다. 그들은 이 기회를 이용해서 한몫 단단히 챙긴다. "그들은 양과 소와 나귀와 성 안에 있는 것과 성 바깥들에 있는 것과 모든 재산을 빼앗고, 어린 것들과 아낙네들을 사로잡고, 집 안에 있는 물건을 다 약탈하였다"(34:28-29). 말 그대로 약탈이다. 거룩한 하나님의 전쟁이 아니라 불결한 인간의 욕망을 충족시키기 위한 노략질이다. 하나님의 이름으로 죄를 지은 교회사의 어두운 그늘과 맞닿아 있다.

신앙과 신념이 자신과 다른 타자와 함께 사는 법을 그들은 알지 못했고, 알려고 하지도 않았다. 자신과 다른 이들은 죽여 없애야 한다는 차별과 배제의 인식론이 그들을 지배하고 있었다. 서로 협력하며 더불어 사는 평화의 정신에 대해 철저히 무지했고, 그것이 얼마나 위험천만한 불장난인지 도무지 알지 못했다. 하나님 신앙에도 어긋나고 살인하지 말라는 도덕에도 벗어났으며 공존을 통한 번영과 그로 말미암아 생기는 경제적 이익에는 눈을 감았다. 충돌로 빚어지는 위험부담만 고려했을 뿐 협력과 화해가 창출하는 가치는 안중에 두지 않았다.

무엇보다도 신앙의 독특성이 사라진 것이 결정적 패착이다. 그들은 세겜과 동일한 방식으로 이 사건을 처리하여 하나님 백성과 세겜 사이의 구별을 상실했다. 세겜은 타인의 의사에 반하는 방식으로, 그것도 폭력적 방식으로 자신의 욕망을 채웠다. 그에게서 타인은 그저 자신의 성적 허기를 달래기 위한 수단일 뿐이다. 형제들도 다르지 않다. 세겜과 동일한 멘탈리티와 메커니즘으로 움직였다. 그들에게 세겜은 자신의 분노를 표출하는 대상이었다. 야곱의 아들들은 그들과 마찬가지로, 아니 그들보다 더한 폭력으로 대응하였다. 집단 살인이다.

이들의 행동은 세속 이데올로기에 찌든 행동이다. 폭력이야말로 세상의 핵심이요, 타락한 종교의 실상이다. 그들은 예나 지금이나 세상과 시대의 정신인 폭력에 어떤 의구심도 없다. 용서와 화해의 하나님, 브니엘의 하나님이 아니라 폭력이라는 이름의 종교, 폭력이라는 신을 숭배하고 있다. 왜? 그 폭력이 자신들을 지켜줄 것을 확신하기 때문이다. 과연 그런가? 폭력은 폭력을 낳기 마련이다. 폭력은 폭력으로 중지되는 것이 아니라 걷잡을 수 없이 확대된다. 갈등은 정리되지 않고 증폭된다. 야곱의 집안은 잽싸게 도망가야 했다. 그리고 자신을 정화해야 했다. 철저히 세속에 물들어 있으니 그러한 통과의례야 당연하지 않겠나.

무술 영화를 보면 대부분 서사 구조가 비슷하다. 절친한 두 친구가 서로 자신의 아들과 딸을 결혼시키기로 했는데, 피치 못할 사정으로 한 사람이 배신한다. 겨우 살아남은 아들 또는 딸은 당대 최고의 무술 고수인 괴짜 스승을 만나 천신만고 끝에 무술의 달인이 된다. 그리고 우여곡절 끝에 복수를 한다. 자신의 부모와 가정을 풍비박산 낸 원수의 집안을 응징하는 모습을 보고 우리는 정의가 실현되는 것으로 여기고 통쾌해한다.

그렇지만 원수를 갚는 과정에서 허망하게 죽어간 사람들은 도대체 뭔가? 그들의 아들과 딸이 복수를 하겠다며 또 다른 스승을 찾아 무술을 연마하고 몇 년 후에 나타나지 말란 법이 있는가? 라이언 일병 하나 구하기 위해 몇 명이 죽어야 하나? 그들은 또 다른 라이언 일병이 아닌가?

벧엘의 하나님은 세겜의 하나님이기도 하다. 세겜에도 하나님이 계시며, 그곳도 하나님의 성소다. 그러나 야곱의 아들들에게 그곳은 성소가 아니다. 도리어 그곳을 창조 이전 세계, 곧 혼돈과 공허, 흑암으로 뒤덮인 세계로 뒤집어놓았다. 브니엘의 하나님은 원수의 얼굴에서 하나님의 얼굴을 보게 하신다. 원수는 박멸 대상이 아니다. 그들 눈에는 살육해도 될 짐승으로 보였을 테지만 말이다. 그 마음이 하나님의 얼굴로 가득한 자는 원수에게서 하나님을 본다고 했다. 그 순간 그들의 마음을 무엇이 지배하고 있었는지 명약관화하다.

자기가 신이 되어 선악을 결정하고, 스스로 집행자가 되었다. 그들은 아담의 후손이고, 라멕의 제자(4:23-24)며, 바벨의 백성이다(11:1-9). 아담은 스스로 신이 되고자 했고, 라멕은 자신이 조금 받은 상처를 몇 배의 살인으로 되갚아주며, 바벨은 똘똘 뭉쳐 죄악을 모의했다. 하나님이 아담을 쫓아내시고 바벨의 사람들을 흩으셨듯이, 나중에 단짝이 되어 음모를 꾸미고 살인을 저지른 두 형제, 시므온과 레위를 야곱은 흩어버린다(49:7). 세상과 싸우되 세상과 같은 방식으로 싸우는 것은 세상에 동화되는 것에 지나지 않는다. 그들은 세상과 싸운 것이 아니라 세상이 되었다. 아닌 게 아니라 그들 자신이 세상이다.

세상을 사랑하지 말고_ 야곱

디나가 당한 일, 아들들이 세겜에서 벌인 일을 듣고 야곱이 보인 반응은 예상을 빗나간다. 디나의 일에는 침묵하고, 아들들의 일에는 분노한다. 딸을 위로하지 않고, 아들들을 타이르지 않는다. 이런 그의 태도는 의문을 자아낸다. 딸이 그런 고통을 당하는데 입을 다물고 있다는 것이 쉬 이해하기 어렵다. 아들들이 종교적 열정으로 행한 일들을 나무라는 그의 말은 수긍하기 어렵다. 세겜 사람들에게 보이는 유화적인 몸짓은 아들들의 열정에 비해 노련하기보다 노회하다. 얍복강 나루터에서 감히 하나님과도 대거리하며 씨름하던 야곱은 어디 간 걸까? 이 야곱이 형 에서에게 용서를 구하고 화해를 구하던 그 야곱인가?

야곱의 행동을 한 발짝 뒤로 물러나서 보면 이해 못할 바 아니다. 딸의 고통에 침묵한 것은 가부장적 문화에 푹 젖은 이 땅의 많은 아버지처럼 딸이 안쓰럽기 그지없지만 뒤에서 묵묵히 바라보는 것이라고 좋게 해석할 여지가 있다. 아들들이 저지른 패악에 분노하는 것은 수가 적은 무리요, 남의 땅에 붙어사는 자로서 어찌할 수 없는 비굴함이라고 변명해 줄 수 있다. 소수라는 자신의 처지를 잘 인식하고 신중하게 처신한 지혜라고 곱게 봐줄 수 있다. 야곱은 고립무원이다. 주변이 동맹을 맺고 한꺼번에 덤벼들면 야곱으로는 속수무책으로 당할 수밖에 없다.

천둥벌거숭이 같은 자식들의 철딱서니 없는 행동으로 화를 자초한 것에 비하자면, 아무래도 인생을 오래 산 노인의 지혜가 낫다. 앞뒤 재지 않고 달려드는 자식들과 달리 그는 이 사건이 가져다 줄 파장을 잘 안다. 경제적 풍요와 평화로운 공존과 정착이 물거품이 되었다. 그는 부끄럽다. 할아버지 아브라함은 경제적 거래의 방식으로 땅을 구했고, 아버지 이삭은 몇 번이고 거듭 양보한 끝에 지역 사회에 안착했다. 그런데 자신은 뭔가? 죽고 죽이는 전쟁의 방식으로 문제를 키우고 있다.

그동안 야곱의 양가성에서는 아무래도 긍정적인 측면이 부각되었지만, 이 경우는 다르다. 예의 그 비열함이 팍팍 묻어난다. 거칠게 말하면, 제 버릇 개 못 주는 야곱이다. 먼저 디나에게 한 행동을 보자. 창세기 기자는 디나를 희한하게 소개한다. "레아가 야곱에게 낳은 딸 디나"(34:1, 개역개정). 일반적으로는 "야곱이 레아에게서 낳은 딸 디나"라 해야 한다. 그런데 반대다. 그러니까 야곱의 행동거지는 디나를 자기 딸로 여기기보다는 레아의 딸로 간주하고 있다. 자기 딸로 생각하지 않는다. 있으나 마나한 딸이다.

그리고 디나는 이스라엘의 딸로 묘사된다(34:7). 여기서 이스라엘은 한 개인 야곱이 아닌, 야곱의 공동체를 가리킨다. 더 나아가 오라비들은 디나를 "우리 누이"(34:31)라 말한다. 자기 딸이라는 언급(34:3, 5)이 없는 것은 아니지만, 대세는 결정적이다. 디나는 아버지에게 사랑받지 못한 어머니 레아의 딸이고, 그도 사랑받지 못하고 있다. 그런데 디나와 달리 요셉에 대해서는 전혀 딴판이다. "내가 울면서, 나의 아들이 있는 스올로 내려가겠다. 아버지는 잃은 자식을 생각하면서 울었다"(37:35. 42장 38절을 참고하라). 딸의 고통을 묵묵히 지켜보는 아비의 통절함이 아니라 애당초 딸의 안위는 관심조차 없었던 것이다. 야곱은 딸 디나를 버린 것이다.

그래서인지 요셉 이야기에서는 정반대 처지가 된다. 레아의 아들들이 적극적으로 요셉을 팔자 디나 사건에서는 꿈쩍도 하지 않던 야곱이 몹시 괴로워한다. 요셉이 형제들에게 죽을 뻔하고 노예로 팔린 원인도 따지고 보면 야곱 본인에게 있다. 야곱의 행동이 훗날 요셉의 고통을 잉태한 것으로 보아도 무방하겠다. 야곱에 대한 하나님의 징계로 보아도 되리라.

게다가 창세기 기자는 세겜의 아비 하몰을 디나의 아비 야곱과 대조한다. 그는 즉각 아들을 위해 직접 찾아와 화해를 주선하고, 원하는 대로 결혼을 적극적으로 청원하며, 양 공동체를 중재하고 자기 부족을 이중 플레이로 설득해낸다. 반면 야곱은 자기 딸에 대해 침묵하고 아들들이 돌아오기를 기다린다. 아들들더러 속히 오라고, 집안에, 동생 디나에게 문제가 생겼으니 얼른 귀환하라는 어떤 기별도 보내지 않았다. 그 사이 디나는 세겜의 집에서 볼모처럼 지내야 했을 것이다. 비록 세겜이 친절하게 굴었다손 치더라도 그 호의가 편치 않았을 것이다. 그러니 자녀들을 설득하기는커녕 자식들에게 호되게 책망받는다(34:31).

야곱이 이방 족속과 화해를 추구하면서 보인 행동은 자기모순적이다. 서로의 아들과 딸들이 결혼하는 것에 마음이 은근히 기운 것은 지금껏 야곱이 에서에 대해 가진 정당성을 무위로 돌린다. 성경은 이방인과의 결혼에 결코 우호적이지 않다. 솔로몬이 시행한 이방 여인들과의 결혼정책은 이스라엘 분열의 씨앗이고, 그 죄악이 후손들에게 남아 멸망의 뿌리가 되었다. 야곱이 하란으로 간 명분이 무엇이었나. "너는 가나안 사람의 딸들 가운데서 아내를 맞이하지 말아라"(28:1). 그런데 이제 와서 딸을 이교도에게, 불신자에게 보내고, 그들의 딸들과 열두 아들을 결혼시킨다는 것은 이율배반이다.

그러면 야곱은 무엇 때문에 몰인정한 아비, 무능한 아비, 영적인 정당성마저 상실한 아비가 된 것일까? 야곱이 아들들에게 화를 내며 하는 말에 그 대답이 있다. "너희는 나를 오히려 더 어렵게 만들었다. 이제 가나안 사람이나, 브리스 사람이나, 이 땅에 사는 모든 사람이, 나를 사귀지도 못할 추한 인간이라고 여길 게 아니냐?"(34:30) 야곱은 아들들이 저지른 행동이나 세겜이 디나에게 저지른 추행 때문이 아니라,

자기에게 닥칠 위험 때문에 움츠리고 두려워하고 분노한 것이다. 야곱을 지키는 것도, 복을 주는 것도 벧엘의 하나님(28:13-15)이 아닌가? 그래서 그는 벧엘로 다시 가야 했다.

다른 하나는 하몰의 제안에 있다. 함께 살기 위해서는 통혼해야 한다. 하몰과 세겜 사람들에게는 재물을 얻기 위해 신앙을 잠시 접어두는 것이 그리 큰 문제가 아니다. 종교란 자신들의 이익을 위해 존재하는 것이니까. 야곱의 고민과 침묵, 분노는 여기서 비롯된다. 불행한 사건이지만, 잘만 하면 큰 이문을 남길 수 있다! 돈만 된다면, 한번 질끈 눈감을 수도 있지 않을까? 야곱은 세속적인 욕심과 실용적인 계산을 따지느라 머리에 열이 날 지경이다. 그런 상황에서 디나를 칭찬할 수도 없고 위로할 수도 없으니 입을 벙긋하지 못하는 것이며, 좋은 기회를 날려버린 아들들이 미워 죽을 지경이니 나무라지 않을 수 있겠는가?

세상으로부터

야곱이나 아들들이나 돈에 눈이 멀기는 매일반이다. 종교적 열정이나 경제적 실용 모두 돈에 통제받는다. 야곱은 디나가 욕본 사건으로 얻게 될 부를 생각하고, 아들들은 정의라는 이름으로 재물을 약탈하기에 급급하다. 돈에 환장하지 않고서야 어찌 딸의 고통에 눈감을 수 있으며, 학살당한 자들의 울부짖음을 외면할 수 있단 말인가? 그러기에 예수님은 하나님과 재물을 겸하여 섬길 수 없다며(마 6:24) 양자택일을 요구하신 거다. 돈의 권세와 위세는 실로 신과 동급이다. 신과 맞먹는다. 신이 할 수 없는 일이 없듯이 돈이 할 수 없는 일은 없다. 돈이면

다 된다. 돈이 최고다. 돈만 있으면 최고다. 돈이 신이다. 돈만 있으면 신이 난다. 돈은 무서운 놈이다. 아주 나쁜 놈이다.

그러다 보니 야곱도 어느 순간 하나님을 믿는 것처럼 말하지만, 결정적인 순간에 믿음의 논리보다는 돈의 논리를 따라 행한다. 돈이 되느냐 안 되느냐가 선택 기준이 되고, 행동 지침이 된다. 바로 내게 유익이 되느냐 마느냐가 척도다. 그런 이들에게 타인은 안중에도 없다. 오직 자신의 유익과 덧붙여 체면치레가 중요하다. 이 일 때문에 하나님의 영광이 드러났는가, 이웃에게 유익을 끼쳤는가는 중요하지 않다. 하나님 사랑, 이웃 사랑이라는 사랑의 이중 계명 척도는 그냥 성경에 쓰여 있을 뿐이다.

야곱이 영적인 세계관보다는 현실이라는 잣대로 사태를 수습하려고 했다면, 아들들은 열정이 넘쳐서 폭력과 살인의 방식으로 해결하려 했다. 둘 다 세상의 핵심 정신인 돈과 폭력적 사유에 찌들어 있는 셈이다. 그렇게 야곱 안에 이미 세겜이 들어 있었다. 세겜에 살면서도 벧엘의 사람, 브니엘의 은혜로 살아야 할 야곱이 세겜에 동화되고 있었다. 세상을 변화시키기는커녕 도리어 세상에 의해 변화되었다. 빛으로 어둠 가운데 있는 세상을 비추고 밝혀야 할 야곱 자신이 점차 어둠을 닮아간 것이다.

요한복음 17장은 예수님이 제자 공동체를 위해 기도한 내용이다. 그분은 우리가 세상 속에서 어떠해야 하는지 그 기준을 제시한다(17:16-19). 요약하면 이렇다. 첫째, 우리는 세상에서 살아야 한다. 둘째, 그러나 세상에 속하지는 않는다. 셋째, 세상에 살되 거룩하게 살아야 한다. 넷째, 거룩한 삶이야말로 우리를 세상으로 파송하신 까닭이다. 더 간단히 줄이면 세상에 살면서도 세상과 다른 방식, 곧 진리와 거룩한 삶을 사는 것이 주님 뜻이다. 세상 안에 있으나 세상과 구별되라! 그것이 우리를 위해 중보하시는 예수님의 간절한 마지막 기도다.

안타깝게도 야곱은 세상에서 세상처럼 살고 있다. 죽은 물고기처럼 시세와 대세를 따른다. 이것이 그가 침묵한 까닭일 것이다. 그랬기에 세겜의 아비 하몰은 제안한다. "우리와 함께 섞여서 여기에서 같이 살기를 바랍니다"(34:10). 하몰의 바람이기도 하지만, 야곱의 의중을 적절히 간파한 말이다. 하나님은 우리가 그들과 함께 살되 구별된 삶을 살도록 부르신다. 그것이 우리의 소명이다. 그런데 야곱은 머뭇거린다. 이렇듯 양쪽 사이에서 어정쩡하게 서 있는 야곱은 그 사회를 변화시키기는커녕 동화되어 있다.

야곱은 돈이 무소불위의 권력을 행사하는 세겜과 세상에 섞여 서로 거래하며 매매의 법칙을 따라 살고자 했다. 허나, 그는 어머니의 태에 있을 때부터 자신의 행위와 수고와 무관하게 은혜로 선택받았다. 하나님을 찾지도 않았는데 벧엘에서 하나님이 친히 왕림하셔서 온갖 축복을 약속하셨다. 브니엘에서는 그분의 얼굴을 보여주시는 특별 은총을 허락하셨고, 에서와의 묵은 원한을 해소시키셨다.

이 모든 것이 거저 주시는 하나님의 은혜라고밖에는 달리 설명할 방도가 그에게는 없다. 그래서 그는 다시 벧엘로 가야 했다. 세겜 한복판이 아니라 벧엘의 하나님에게로 말이다. 하나님의 이름으로 폭력을 행사하고 이득을 취하는 삶이 아니라 만물과의 평화를 추구하는 벧엘의 하나님에게로 말이다. 자본의 법칙이 아니라 은혜의 법칙을 따라 살기 위해서는 한 번 더 벧엘이 필요하다. 그가 그토록 얻고자 한 축복은 돈이라는 신을 통해서가 아니라 하나님의 은총을 통해서만 누릴 수 있다는 것을 다시금 각성하지 않으면 안 된다. 의인은 열정과 실용을 넘어 오직 믿음으로 산다.

세상과의 관계에서 기독교는 늘 이중적 위기에 봉착한다. 적절성과 정체성이다. 세상과 관계를 맺을수록 정체성을 상실하기 쉽고, 그렇다고 정체성을 강화하는 방향으로 나아가면 그만큼 세상과 소원해진다. 이 둘의 긴장을 유지하면서 과업을 성취하기란 간단치 않다. 그러니까 주님이 특별히 기도하신 것이다. 야곱은 경제적 실용에 따라 이해관계를 재느라 침묵하였고, 아들들은 종교적 열정에 따른 폭력으로 문제를 풀려고 했다. 그것은 대답도, 대안도 아니라는 점이 세겜 사건으로 여실히 드러났다. 살길은 브니엘의 하나님이다! 벧엘의 하나님이다!

10장

내 나그네 길의 세월

살아온 날 vs. 살아갈 날

하나님이 야곱에게 말씀하셨다. "어서 베델로 올라가, 거기에서 살아라. 네가 너의 형 에서 앞에서 피해 도망칠 때에, 너에게 나타난 그 하나님께 제단을 쌓아서 바쳐라."

_창세기 35장 1절

다시 벧엘을 찾기까지 얼마나 세월이 흐른 걸까. 야곱은 이곳을 너무 늦게 찾았다고 생각했다. 세겜에서 아들들이 벌인 살육과 약탈을 뒤로 한 채, 야곱은 하나님의 음성을 따라 다시 벧엘로 왔다. 자신을 죽이려는 형을 피해 하란으로 가는 도중 지쳐 잠든 그를 하나님이 만나주신 곳, 그곳을 이제는 아들들이 흘린 피를 안은 채 찾은 것이다.
수많은 생각을 떨쳐버리고 벧엘에 제단을 쌓고 돌아온 야곱에게 하나님이 나타나셨다.
"이제부터 네 이름은 야곱이 아니다. 이스라엘이다."

창세기 35장, 47장 9절

끝나지 않은 여행

사람은 나그네요, 인생은 여행이다. 야곱은 자신의 인생을 술회하면서 나그네 길 세월이라 말한다. 예수님의 생애와 사역을 기록한 복음서, 특히 마가복음과 누가복음은 길이라는 동인으로 기록되어 있다. 예수는 길인 분이고, 길을 가는 분이며, 길을 개척한 분이다. 하여, 예수의 길을 따르는 자만이 예수를 알고 사랑한다. 성경만 그런 것이 아니다. 최희준의 노래 "하숙생", 박목월의 시 "나그네"와 같은 것은 물론 동양이나 서양, 어느 종교에서나 같은 생각이다.

창세기 35장은 야곱의 말년을 적고 있다. 매우 다양하고 잡다한 이야기로 구성되어 있다. 본문의 역할은 야곱 이야기를 정리하는 데 있다. 창세기의 중추적인 세 인물, 곧 아브라함과 야곱, 요셉 이야기는 시작하고 끝마치는 구조가 흡사하다.[1] 흔히 "이것은 누구누구 가족의 역사다"로 시작해서 그의 죽음과 장사 또는 그의 아들들의 죽음과 장사로 종결된다. 그렇지만 단순히 야곱 이야기를 마무리하는 것이 전부일까?

이야기 구조를 뜯어보면 진의가 하나둘 드러난다. 창세기 35장은 야곱이 세겜에서 벧엘로 간 뒤 에브랏 근처에서 죽은 라헬을 땅에 묻고 떠나 에델 망대에 자리를 잡았다가 마므레에 도착하는 것으로 마친다. 그러면서 리브가의 유모 드보라와 라헬, 이삭의 죽음, 르우벤의 간통과 베냐민의 출생, 자녀들의 이름이 등장한다. 그리고 뒤이은 36장은 에서와 그의 후손 이름이 지루하게 나열되는 족보다. 좀 더 간추리면 이렇다. 35장 전반부는 벧엘에서 하나님을 다시 만나는 대목이고, 후반부는 인생에서 다반사로 벌어지는 태어나고 고통당하고 죽는 이야기다. 족보를 기록한 36장은 야곱으로서는 껄끄러운 에서와의 관계를 암시한다.

창세기는 야곱 생애의 마지막 사건을 파노라마처럼 압축적으로 보여주면서 마무리한다. 그리하여 야곱이 회고했듯이 우리 삶은 나그네 인생이며, 그냥 왔다 가는 그런 삶이 아니라 사명이 있는 나그네 길임을 웅변한다. 그 여정은 세 가지다. 하나는 하나님을 만나러 가는 벧엘로의 여정이고, 다른 하나는 사랑하는 이들의 죽음을 통해 움켜쥔 모든 것을 내려놓고 죽을 수밖에 없는 존재라는 인식의 심화고, 마지막으로 불편하거나 상처를 주고받은 에서 같은 이들과의 관계 정립이다. 그러니까 나그네 인생은 하나님, 자신, 이웃과의 만남이다. 그 만남과 관계가 인생이고 소명이다.

벧엘 가는 길_ 여정

야곱은 벧엘로 간다. 고향 떠나는 길에 들른 벧엘에서 그는 하나님을 경험했는데, 그때 벧엘로 다시 돌아와 하나님과 맺은 서약을 이행하기로 약속했다. 가나안 땅으로 돌아오자마자 벧엘에 갔어야 했는데, 형과 씨름하고 세겜에 정착하여 살다가 화를 입고 나서야 약속을 떠올렸다. 최종 정착지는 아버지 이삭이 살던 마므레다. 그곳은 아브라함이 최초로 가나안에서 획득한 땅이다. 약속의 성취를 맛본 곳이자 아브라함의 자손들이 돌아가야 할 곳이다.

그러면 왜 다시 벧엘로 가야 하나? 흘러간 물은 물레방아를 다시 돌릴 수 없다. 고장 난 전축처럼 "왕년에"를 반복해서 듣는 것은 고역이다. 노년에 옛 추억 더듬어 유람 가는 것도 아니다. 왜 하나님은 다시 벧엘로 올라오라고 야곱을 소환하시는 걸까? 앞서 보았듯이 야곱은 세겜에서 철저히 세겜화되었다. 세겜 사람 이상으로 세겜에 동화되었다. 세겜에서 벧엘과 브니엘은 온데간데없다. 세겜에서 벧엘의 사람으로, 브니엘의 야곱으로 살아야 하는데, 세겜의 아비 하몰보다 못했다. 야곱은 다시 새로워져야 했다.

그 증거가 그의 집안에서 나온 이방 신상과 귀고리다. 귀고리가 우상으로 사용되었는지 여부를 확인할 정확한 고고학적 증거나 문헌 자료는 찾을 수 없다. 아론이 금귀고리로 황금송아지를 만들고 기드온이 에봇을 만든 것에서 우상 숭배와 연관 지을 수는 있지만, 그 자체가 우상으로 기록된 것이 적어도 성경에는 없다. 다만, 본문 맥락과 이야기 전개 정황상 이방 신을 섬기는 것과 모종의 관계가 있었다고 추정된다. 이방 신상의 출처는 그들이 세겜에서 약탈한 물건에서 나왔을 것이다. 그리고 하란에서 돌아오는 여정에 라헬이 라반에게서 훔쳐온 드라빔이 포함된다.

여기에 하나를 더 추가해야겠다. 야곱과 그의 가족이 세겜에서 이방신을 섬겼을 가능성이다. 세겜에서 보여준 야곱 일족의 행태가 간접적 증거다. 맘몬을 사랑한 야곱이나 폭력을 숭상한 아들들의 모습은 외적으로 가나안 종교와 분리되었다 해도, 정신적으로 긴밀히 소통했다는 추론을 가능케 한다. 그리고 성경 전체에 걸쳐 우상은 특정한 모양의 형상 이전에 우상이 상징하는 바, 정신에 있었다는 점을 복기하면 앞의 추정이 틀리지 않을 것이다.

사실, 다른 사람도 아니고 야곱과 그의 집안에 우상이 있었다는 것은 좀체 납득하기 어렵다. 그에게도 우상이 있었다는 점이 외려 놀랍다. 그러나 가만 생각해 보면 이상할 것도 없다. 애굽의 문명과 정신에서 탈출한 이스라엘 백성에게 하나님이 주신 첫 계명은 다름 아닌 하나님 외에 다른 신을 섬기지 말라는 것이다(출 20:3). 여호수아의 고별 설교도 강 건너편 애굽의 신과 그들의 구원자 하나님 가운데 선택하라는 요구였다(수 24:14). 예언을 하고 기적을 일으켜도 도무지 알지 못한다는 주님의 말씀에 비추어보건대, 이스라엘은 그리고 우리는 언제나 우상 숭배의 위험 앞에 직면한다.

야곱이 집안을 샅샅이 뒤져 찾아낸 우상을 땅에 묻은 것은 "자신의 가슴속 깊은 내실에 이방 신앙을 품고 살았음을 인정하고 있으며, 그의 공동체가 세겜 세력에 얼마나 동화되었는가를 인정하"는 것이다.[2] 이제 데살로니가 교회처럼 우상을 버리고 살아 계신 참된 하나님께 마음을 드린다(살전 1:9). 하나님께로 귀향하기 위해 하나님 아닌 것을 하나님으로 모신 과거를 참회하고 버려야 한다. 세속화되고 혼합된 야곱의 식구들은 하나님을 예배한다. 벧엘에서 제단을 쌓고 기둥을 세우며 기름을 붓는다. 이는 통상적인 예배 행위다. 그 행동이 뒤로는 우상을 버리는 것으로, 앞으로는 하나님을 예배하는 것으로 나타난다. 그래서 바울은 우상을 포기하는 것과 하나님 섬기는 것을 나란히 표기한 것이다.

그러면 왜 예배인가? 예배란 인생 최고의 가치인 하나님께 전일적으로 충성을 다짐하는 행위다. 그 충성을 가로채는 것은 그것의 이름이 무엇이든지, 형태가 어떠하든지 간에 우상이다. 나는 다른 곳에서 이렇게 말한 적이 있다. "우리가 무엇을 가장 사랑하는지, 최종적으로 무엇에 의존하는지, 어디에 가장 높은 충성을 바치는지를 묻고 답하는 것이 예배"라고.[3] 단적으로 내가 하나님을 사랑하는지, 돈을 좋아하는지는 예배하는 태도를 보면 안다. 돈을 더 사랑한다면 예배를 시간 낭비로 여겨 등한시하고, 아예 헌금은 질색할 것이다. 그리고 가난한 이웃을 위해 구제하는 데 인색할 것이다.

하나님은 예배하는 야곱을 축복하신다(35:10-12). 축복의 내용은 야곱이 새 이름을 얻으며, 생육하고 번성하며 땅을 차지하고 많은 후손이 생겨난다는 약속의 재확인이다. 후자의 축복은 야곱 이야기에서 누차 나온 것이지만, 인상적인 대목은 전자다. 야곱의 이름을 다시 이스라엘로 부른 것은 희한하다. 벧엘을 루스라 부른 것도 이상하다(35:6). 하나님이 망각하신 건가? 이전 벧엘 사건은 꿈이란 말인가? 얍복강 나루터 사건은 무용지물인가?

그동안 야곱은 이스라엘이라는 이름에 제값을 하는 삶을 살지 못했다. 그간의 여정이 설사 얼마간의 변화라는 것을 인정함에도 근본적으로 그는 제자리에 서 있었다. 세겜에서의 10년이 증거다. 야곱은 아직 다 변하지 않았다. 덜 변했다. 세겜에서 야곱은 세겜에도 현존하시는 하나님을 인식하지 못했고, 그들의 얼굴에서 하나님의 얼굴을 찾아내지 못했다.

하나님도 그대로다. 야곱이 어머니 태중에 있을 때부터 그가 어디서 무엇을 하든지 간에, 설령 세겜에서 난장판을 벌일 때에도 하나님은 변함없다. 안 변하는 야곱도 대단하지만, 그런 야곱을 보시면서 포기하지 않고 변하지 않는 하나님도 참 대단하다. 하나님이 거듭 동일한 언약을 체결하고 이름을 다시 바꾸어주는 것은 야곱을 향한 하나님의 사랑과 축복이 불변하다는 메시지다. "네 모습과 상관없이 너에게 주마고 약속한 모든 축복은 결코 취소되지 않는다." 행여 야곱이 불안해할까 봐 재차 그리고 먼저 확답을 주시는 것이다. 바로가 같은 꿈을 연거푸 꾼 것을 두고 요셉이 말한 바와 같다. "어김없이 하시기로 정하셨고 또 지체 없이 그대로 하시리라는 것을 말해 주는 것입니다"(41:32, 공동번역).

그래서 야곱은 벧엘을 다시 벧엘이라 하지 않고 "엘벧엘"이라 부른다(35:7). 벧엘이 "하나님의 집"이라면, 엘벧엘은 말 그대로 "하나님의 집의 하나님"이 된다. 줄여서 "벧엘의 하나님"이다. 벧엘에서 강조는 집이다. 다시 말해 장소다. 공간이다. 이스라엘 신앙에서 공간space과 자리place는 구별된다.[4] "공간"은 그저 텅 빈 영역에 불과하여 채워지기만을 기다리는 욕망의 땅이다. 허망한 것들로 채우느라 결국 우상을 섬긴다. 그러나 "자리"는 역사적 의미를 가진 공간이다. 정체성이 형성되고, 소명을 확정지으며, 미래를 결정짓고, 언약을 체결하며, 말씀을 선포하고, 서로 사랑하는 공간이다.

벧엘이 공간이라면, 엘벧엘은 자리다. 엘벧엘에서 강조는 하나님이다. 하나님의 집에 계신 "하나님"이니까. 성전이 성전인 것은 건물을 구성하고 있는 부분과 요소가 거룩하기 때문이 아니다. 바로 그곳에 하나님이 임재하시기에 성스럽다. 벧엘이 하나님의 집인 것은 그곳에 거처를 삼으시고 하나님이 생활하시기에 그러하다. 삶이 엉망진창이어도 성전에서 예배만 드린다면, 적이 쳐들어와도 성전으로 피신하면 살 수 있다는 미신에 빠졌다가 이스라엘 백성은 망했다(렘 7:1-14). 하나님 없는 성전을 방패삼은 것이다.

내가 쓴 책 「예배, 인생 최고의 가치」(죠이선교회)는 아직도 책 제목 때문에 찝찝하다. 예배가 아니라 하나님이 우리 인생에 둘도 없는 최고, 최대의 가치다. 그런데도 하나님보다 예배를 더 고귀한 것으로 묘사한 것이 아닌지 염려스럽다. 주 예수보다 더 귀한 것은 없기에 그분을 높여드리는 예배야말로 가장 가치 있는 일이라는 것이 본시 의도다. 그러나 제목만 놓고 본다면, 하나님보다 예배가 더 중요하다는 오도된 생각을 심어줄 수 있다. 그래서 때 아닌 걱정을 하는 것이다. 예배하는 것이, 예배 받는 대상이 다름 아닌 하나님 그분일 때에만 예배는 가치 있다. 그런 점에서 예배를 인생 최고의 가치라고 말할 수 있다.

하나님이 계신 자리, 하나님을 만난 자리 이전에 그 자리에 계셨던 하나님, 그곳에서 우리를 만나주셨던 하나님이 다른 무엇과 건줄 수 없으리만치 중요하다. 예배 자체가 최고의 가치가 아니라 최고의 가치인 하나님을 예배할 때에만 가치를 지니는 것처럼, 벧엘 자체가 하나님의 집이기에 하나님이 머무르시는 것이 아니라 하나님이 임재하여 계시기에 하나님의 집인 것이다.

야곱은 벧엘이 아니라 벧엘에 계시는 하나님을 본다. 그 하나님께로 돌아간다. 마치 탕자처럼 말이다. 세상의 욕망과 하나님을 향한 야망 사이에서 양다리를 걸치고 허우적대던 야곱은 하나님 안에서 쉼을 누린다. 그의 나그네 길의 세월은 길고 고단했지만, 결국 하나님께로 나아가는 영적 여정을 마칠 수 있었다. 그는 마침내 하나님께로 귀향했고, 하나님과 함께 훌륭한 여행을 한 것이다.

떠나는 사람들_ 인생

야곱의 말년은 참 쓸쓸하다. 벧엘로 가서 하나님을 만나 뵙고 영적으로 회복된 시점에 거듭 약속을 확언받은 후, 그에게 일어난 일은 놀라입이 벌어질 지경이다. 어머니 리브가의 유모 드보라가 죽고, 라헬이 베냐민을 낳다가 죽고, 이삭마저 죽는다. 죽고 죽었다는 이야기는 칙칙하고 음울하다. 철학 개론 시간에 모든 사람은 죽는다는 사실로 삼단 논법을 전개하는 것을 듣고 철학이 인간의 죽음을 그토록 무심하게 말할 수 있다는 것에 놀랐다. 그런 식으로 죽음을 말할 수 있나?

무엇보다도 아내를 길가에 묻어야 한 참담한 그의 심정을 C. S. 루이스에게 기대어 짐작해 본다. 루이스는 아내와 사별한 통절한 심정을 속속들이 파헤친다. 하나님에게 대들기를 마다하지 않는다. 그토록 강인하던 기독교 지성이 서슴지 않고 하나님을 나쁜 신, "우주를 다스리는 가학적인 신, 악의에 찬 얼뜨기"라고 말한다. 그리고 아내를 생각하며 운다. "그 목소리를 생각하면 나는 또다시 훌쩍이는 어린아이가 되어버린다." 그리하여 어떠한 위로도 거절한다.

> 내게 종교적 진리에 대해 말해 주면 기쁘게 경청하겠다. 종교적 의미에 대해 말해 주면 순종하여 듣겠다. 그러나 종교적 위안에 대해서는 말하지 말라. "당신은 모른다"고 나는 의심할 것이다.[5]

야곱도 루이스와 같았으리라. 하나님께 물었고, 아내를 위해 울었다. 어떤 위로도 받지 못한 와중에 첫째 아들 르우벤이 사고를 친다. 라헬이 죽은 지 얼마 안 되어 자기 아내 빌하를 겁탈한 것이다. 그간 라헬에게로만 향하던 아버지의 사랑이 라헬을 잃은 뒤 빌하에게로 향할 것을 두려워 그런 몹쓸 짓을 저지른 것인지, 아니면 압살롬이 아버지 다윗에게 반역할 때 다윗의 첩들과 동침한 것에서 보듯이 아버지의 유산에 대한 장자권을 행사하려고 무력 시위한 것인지 장담하기 어렵다. 야곱은 보고도 못 본 척, 들어도 못 들은 척, 알아도 모른 척한다. 속으로 삭혔다가 임종 직전에 열두 아들에게 축복할 때 이 사건을 언급하며 그의 장자권을 박탈한다(49:3-4).

일련의 사별과 사건의 기록은 슬픔과 눈물, 분노와 원망이 가득할 법한데도 의외로 담담하다. 간명하다. 야곱의 가슴 아픈 사연을 들어 볼라치면 며칠 밤을 지새워도 모자랄 판인데 말이다. 연이은 죽음에 따른 체념은 아니다. 으레 그러려니 하는 동양적 달관의 경지에 다다른 것도 아니다. 기독교적 용어로 말하자면, 그는 초월의 지점과 시각을 얻었다고 해야 할 것이다. 그 첫째 증거가 이야기 구술 방식이다. 울고 짜고 하지 않는다. 아주 오래전 이야기인 듯 눈을 지그시 감고 추억처럼 들려주는 폼이 영적으로 깊어졌을 뿐만 아니라 삶을 바라보는 시선 또한 깊이가 더해졌음을 짐작케 한다.

둘째 증거는 르우벤의 대형 사고를 처리하는 방식이다. 그가 하릴없이 입을 다물고 있었던 것은 아닌 듯싶다. 그동안 드물게 사용되던 야곱의 새 이름 이스라엘이 르우벤의 사고를 기록하면서 짧은 두 구절에 세 번이나 등장한다. 하나님과 겨루어 싸워 이긴 자, 얍복강 나루터에서 생사를 건 혈투를 벌이고 받은 이름, 이스라엘. 미루어 짐작건대, 그는 세겜에서처럼 부도덕하게시리 상황을 계산하며 비열하게 침묵하지 않았음이 분명하다. 에서를 만나기 전날 밤처럼 하나님 앞에서 숱한 밤을 기도했을 것이다. 하나님 앞에서 울었고, 르우벤을 저주했고, 자식 잘못 키운 자신을 자책했다. 머리를 바닥에 짓이기며 가슴을 치며 통곡했다. 그렇게 기도하는 야곱은 더 이상 야비한 야곱이 아니다. 이스라엘이다.

셋째, 베냐민의 이름 짓기에서 볼 수 있다. 라헬이 산고 끝에 나은 아들의 이름을 "베노니", 곧 슬픔의 아들이라고 작명하고 죽자, 그는 오른손의 아들이라는 뜻의 "베냐민"으로 이름 짓는다. 비록 아내의 생명과 맞바꾼 아들이라 기쁨보다 슬픔이 더 컸을 텐데도 말이다. 본시 이스라엘 민족에게 오른쪽이란 축복과 행운의 상징이다(신 27:12-13, 마 25:33). 나쁜 기억을 보호와 은혜의 자리를 의미하는 오른쪽과 남쪽을 뜻하는 이름으로 바꾸었다. 죽음이 아니라 생명의 시각으로, 슬픔에 잠겨 있으면서도 슬픔 너머 하나님의 관점으로 들여다보면 그것은 은총이요, 축복이다.

마지막으로, 그가 이스라엘로 불린다는 점이다. 야곱은 움켜쥔 자라는 뜻이다. 형의 것을, 아버지의 것을, 라반의 것을, 세겜의 것을 빼앗던 자다. 그것들을 모두 가로채는 데 성공했다. 그런 그일지라도 속수무책일 수밖에 없는 것이 죽음이다. 사실 모든 죽음은 피동적으로 당하는 것이다. 야곱은 더 이상 자신이 어찌할 수 없는 현실, 어떤 수단과 방법을 동원해도 장악할 수 없는 세계가 있음을 사랑하는 자들의 죽음을 맛보면서 알아버린 것이다.

중학교 3학년이 되기 전 겨울, 2년간 투병 생활하신 끝에 아버지가 돌아가셨다. 아직 어린 탓에 죽음이 멀게만 느껴졌다. 그냥 울었다. 아버지의 죽음을 실감하게 된 것은 장례를 치른 후 집으로 돌아와서 맞이한 식사 시간에서다. 아버지가 늘 앉으신 자리는 약속이나 한 듯 아무도 앉지 않았다. 그리고 아무 말도 하지 않았다. 나도 모르게 밥상 밑으로 손을 내밀어 아버지 계시던 자리를 휘휘 내저어 보았다. 무nothing. 텅 비어 있음empty. 상실lost. 아버지의 부재를 그제야 알았다. 죽음이란 손으로 만질 수 없는 것이다. 죽은 자는 거머쥐고 있던 손을 힘없이 떨어뜨리고, 산 자는 죽은 자를 잡을 수 없다.

"삶은 소유할 재산이나 움켜쥘 물건이라는 생각, 사람은 관리하거나 조종할 대상이라는 생각이야말로 우리의 일대 환상이다."[16] 헨리 나우웬의 말이다. 우리는 이런 환상에 사로잡혀 자아실현이라는 미명 아래 손으로 잡을 수 있는 모든 것에 광적으로 집착할 따름이다. 그러나 위기나 고난(결정타는 죽음이다)을 겪으면서 그럴 수 없는 것이 존재하고, 바로 그것이 내가 누구인지를 알게 해준다는 사실을 그제야 깨닫는다. 내가 쌓아 올린 것, 소유로 평가하지 않는다. 그것으로 인생의 성

패를 가늠하지 않게 된다.

스캇 펙에 따르면, "죽음보다 더 많이 배울 수 있게 해주는 것은 아무것도 없다."[7] "죽음이란 의미를 빼앗아가는 것이 아니라 의미를 주는 것"이기 때문이다. 그런 점에서 야곱은 죽음을 무의미하게 받아들이지 않았다. 죽음을 통해서 삶의 진실을 깨닫는다. 움켜쥘 수 없는 것이 있다는 것을. 나도 죽는다는 것을. 인생이란 죽음을 향해 내던져진 존재라는 것을. 인생은 왔다가 가는 순례자라는 것을. 무엇보다도 펼친 손으로 하나님이 거저 주시는 선물을 받아들이는 것임을 나그네 길 세월을 통해 알았다. 내가 통제하는 삶에서 통제받는 삶으로. 죽음 앞에 속수무책인 자신을 통해 자신을 알고, 하나님께 나아간다.

해묵은 문제_ 관계

성경을 읽을 때, 복잡한 제사와 복장, 음식과 관련된 정결법 등이 잔뜩 기록되어 있는 본문은 대충 눈으로 훑고 지나가는 경우가 많다. 그런 경우가 하나 더 있는데 바로 성경 군데군데 마주치는 족보다. 그 본문도 분명 하나님의 말씀이기에 의미심장할 것이라 여겨 진득하게 앉아 읽어볼라치면 어느새 듬성듬성 건너 뛰고 있다. 대충 읽기 십상이다. 지루하고 따분하다. 더군다나 창세기 36장의 족보는 재미도 없고 배울 것도 별로 없어 보인다. 재미없다는 것은 우리 눈에 익지 않고 입에 걸리지 않는 낯선 이국 이름이 죽 나열된 까닭이고, 배울 바 없다는 말은 야곱의 족보도 아니고 에서의 족보이기 때문이다.

창세기에는 족보가 총 열 개나 등장한다. 천지 창조의 대략(2:4), 아담(5:1), 노아의 사적(6:9), 셈과 함과 야벳의 후예(10:1), 셈(11:10), 데라(11:27), 이스마엘(25:12), 이삭(25:19), 에서의 대략(36:1), 마지막으로 야곱의 약전(37:2)이다. 야곱 이야기를 살피면서 주목할 바는 왜 창세기에 이다지도 많은 족보가 등장하느냐가 아니라 왜 야곱 이야기 마지막을 에서의 족보가 장식하느냐다. 안 그래도 야곱을 설교할라치면 열에 여덟, 아홉이 "그러면 에서는?"이라고 묻는데, 왜 성경은 또다시 까다로운 복병을 매복시켜두었을까? 언제까지 에서라는 만만치 않은 혹을 달고 다닐 심산이란 말인가?

야곱과 에서의 후손, 그러니까 이스라엘 민족과 에돔 족속 간의 역사적 갈등을 관찰하면 질문은 증폭한다. 가깝게는 두 형제의 갈등이 있었고 더 시간이 흘러 이스라엘이 출애굽하여 가나안 땅으로 들어올 때에는 에돔이 길을 열어주지 않아 멀리 돌아가야 했다. 결정적으로 남유다가 바벨론에 패망할 때, 에돔은 형제국가를 배신하고 바벨론 편을 들었다. 예루살렘이 몰락할 때, 도와주기는커녕 도리어 한통속이 되어 거들었다. 그래서 기록된 것이 오바댜서다. 하나님이 에돔에 보복하신다는 내용이다. 가깝고도 먼 나라의 관계가 이스라엘과 에돔이다. 역사적으로 서로 불편하다.

그런데도 에서의 후손과 그들이 세운 나라의 왕과 족장들의 이름을 빠짐없이 기록한다. 더 놀라운 것은 모세오경이 야곱의 후손과 에서의 후손이 한 형제임을 끊임없이 상기시킨다는 사실이다.

너희가 세일에 사는 에서의 자손 곧 너희 친족의 땅 경계를 지나갈 때에는, 그들이 너희를 두려워할 터이니, 매우 조심하여라. 그들의 땅은 한 치도 너희에게 주지 않았으니, 그들과 다투지 말아라. 세일 산은 내가 에서에게 유산으로 주었다(신 2:4-5).

구약성경 대부분이 바벨론 포로기를 거치면서 완성되었다는 점을 감안하면, 그리고 역사적으로 두 민족의 애증관계를 고려하면, 야곱 이야기에서 에서와 에서의 후손에 대한 어떠한 적대감도 찾을 수 없다.

굳이 야곱의 전 생애를 마무리하는 이 대목에 에서의 족보가 기입되어야 하는 이유는 뭘까? 게다가 에서의 족보는 야곱과 요셉 이야기 사이에 위치한다. 야곱에서 곧바로 요셉으로 건너가지 않고 건조한 족보를, 그것도 에서의 족보를 구태여 포함시켜야 하는 걸까? 그만큼 에서의 가계도가 중요하다는 것일 텐데, 에서와 에서의 후손을 후히 대접하는 까닭은 무엇인가? 무엇보다도 놀라운 것은 야곱 이야기의 마지막을 에서의 족보로 마무리한다는 것이 의외다 못해 당혹스럽다. 야곱 일생은 에서 이야기를 하지 않고서는 마칠 수 없다는 태세다. 에서를 말하지 않고서는 야곱이 야곱 될 수 없으며, 야곱의 야곱다움은 에서와의 관계에 의해 결정된다는 뜻이다. 야곱에게 에서가 뭐길래?

그 답은 에서의 행동 자체가 변했다는 데서 찾을 수 있다. 야곱의 귀향을 맞이하는 에서의 태도는 거칠거나 가볍지 않다. 형제 관계에서는 형다운 태도를 보이고, 동생의 과거 잘못을 너그러이 용서하며, 세심한 배려를 마다하지 않고 보호를 자청한다. 오히려 까칠할 것으로 예상한 에서는 부드럽고, 밤새 하나님과 씨름한 야곱은 거룩하면서도 예의 그 얍삽한 면이 사라지지 않았다. 누가 야곱이고 누가 에서인지 모를 정도로 뒤바뀐 형국이다. 그리고 아버지 이삭을 동생과 함께 정성껏 장례

한다. 그리하여 에서는 이 이야기 전편에서 신중하고도 정중하게 다루어진다. 에서의 변화를 있는 그대로 성경은 인정하고 있는 것이다.

다른 하나는 하나님의 구원 경륜에서 중심 역할은 야곱에게 돌아갔지만, 그렇다고 에서가 배제된 것은 아니기 때문이다. 더 이상 에서 이야기는 등장하지도, 발전되지도 않는다. 그래도 그와 그의 후손에 관해 간략한 형태로나마 존재한다. 삭제되거나 배제하지 않았다.

> 이처럼 선민의 적통을 계승하지 못한 에돔도 자신 나름의 구원사 기억과 축적된 지혜 전승을 가지고 문명을 이루도록 배려하신 하나님이, 바로 온 세계를 하나님의 사랑으로 품으려던 예수 그리스도의 하나님이시다. 적통 구원사 계보는 구원을 독점하지 않고 방계 족보와 더불어 함께 누리려고 할 때 그 위대성이 인정될 것이다.[8]

"이것 아니면 저것"either or인 경우도 많고, "이도 저도 아닌"neither nor 때도 부지기수지만, "이것과 저것 둘 다"both and인 때도 많다. 인생이라는 드라마에는 주연만 있는 것이 아니다. 주연 배우 자리를 꿰차지 못했다고 인생이 끝난 것도 아니다. 전도서 말씀처럼 다 때가 있고, 바울의 몸의 비유로 말하면 은사와 재능이 다 다른 법이다.

마지막으로 에서의 족보가 우리에게 귀띔해 주는 바는, 나그네 인생길에서는 껄끄럽고 불편한 이웃(여기에는 자기 자신을 비롯해서 가족과 친구, 직장 동료, 교회 식구 등이 모두 포함된다)과의 관계가 엄청 중요하다는 것이다. 인생은 누구를 만나느냐, 그리고 어떻게 만나느냐가 결정한다고 해도 과언이 아니다. 단적으로 하나님을 만난 사람과 그렇지 않은 사람이 그렇다. 그래서 마르틴 부버는 온갖 참된 삶은 만남이라고 했다. "나와 그것"의 관계를 "나와 너"의 관계로 변화시키는 것, 바로 그것이 인생이다.

헨리 나우웬은 영적인 삶이란 하나님에게로, 자기 자신에게로, 그리고 이웃에게로 발돋움하는 것이라고 정의한 바 있다. 내가 아닌 낯선 타인과의 조우는 대부분 두려움에서 비롯된 적개심에서 시작된다. 하여, 그리스도인의 영적 삶이란 적개심에서 환대로 나아가는 것, 낯선 이들을 위해 자리를 마련해 주어 동료, 그러니까 친구가 되는 것이다. 성경이 에서에게 자리를 마련해 준 것은 그 때문이다.

> 호스티스(hostis)를 호스페스(hospes)로 바꾸는 것, 다시 말해서 원수를 손님으로 바꾸는 것, 그리고 형제애와 자매애가 이루어지고 온전히 느낄 수 있는 자유롭고 두려움 없는 자리를 마련하는 것이 우리의 소명이다.[9]

이는 브니엘 신앙의 연장선이다. 원수의 얼굴에서 하나님의 얼굴 보기. 원수 역시 하나님의 모습을 닮은 같은 피조물이고, 하나님이 사랑하는 백성이며, 십자가에서 피 흘려 죽어도 아깝지 않은 고귀하고도 소중한 존재다. 하나님은 날 만드시고, 예수님은 날 사랑하시며, 성령님은 날 보호하신다. 우리네 도둑놈 심보는 내가 싫어하는 이도 그 "나"에 포함되는 것이 요나처럼 무진장 기분 나쁘다. 그래서 우리는 내심 이렇게 생각한다.

"그런 사람은 하나님이 사랑하지 않을 거야, 아니 사랑하면 안 돼! 암, 안 되고말고. 그렇다면 그건 사랑의 하나님이 아니지."

"나, 나 말입니까? 나 같은 죄인 살리신 주님의 은혜가 그저 놀라울 뿐이죠."

그 같은 죄인 살리신 주님의 은혜는 해괴하고, 나 같은 죄인 살리신 주님의 은혜는 해방이다. 그가 죄인이라면 나도 죄인이고, 그가 못된 놈이라면 나도 못된 놈이다. 더하고 덜하고는 차후 문제다. 그나 나나 모두 하나님의 자녀다.

젖과 꿀이 흐르는 약속의 땅, 가나안 땅 입성을 험상궂은 얼굴로 가로막는 에서의 후손들 때문에 야곱의 자손들이 분노하고 있을 때, 하나님은 모세를 통해 말씀하신다. 에서도 하나님의 자녀요 우리와 한 형제자매라고. "너는 에돔 사람을 미워하지 말라. 그는 네 형제임이니라"(신 23:7, 개역개정). 나그네 인생은 원수와의 관계에 좌우된다. 나그네 길의 세월은 사람을 사랑하는 것, 특별히 까다롭고 꺼림칙한 이를 브니엘의 신앙으로, 십자가의 사랑으로 관계 맺는 여정이다.

앞에서 내가 만난 원수, 그가 내게 준 크나큰 고통과 엄청난 축복을 이야기했다. 그날 주님이 내게 말씀하신 것 가운데 상당히 감당키 어려운 말씀은 내 원수도 하나님의 자녀요, 하나님이 끔찍이 사랑하신다는 언급이다. 청천벽력 같은 소리였다. 그날 내가 절실히 바란 것은 그분의 위로였다. 나를 사랑한다는 음성과 어루만져주는 손길 말고는 어떤 것도 내게 위안이 될 수 없었다. 그 하나님이 몹시 야속했지만, 그분은 나를 깨뜨리심으로 새롭게 하시길 원했다.

그 은혜가 신기하고 놀라워 이런 일이 정말 있을 수 있나 싶다. 그러던 것이 언젠가부터 내게 힘이 아니라 짐이 되기 시작했다. 은혜가 내게 올무가 되고, 간증이 족쇄가 되기 시작한 것이다. 아직도 나는 관계

맺기에 쩔쩔 맨다. 한때나마 나를 힘들게 한 이웃을 용서한 드문 체험을 하고 난 다음에는, 내가 만나는 까다로운 모든 사람을 힘들이지 않고 이해하며 잘못에 대해 관대해야 함에도 불구하고 실제로는 그렇지 않다. 그것으로 끝난 줄 알았다. 웬걸, 더 힘들다. 그때 그 사람은 용서가 되었는데, 왜 이 사람은 용서가 안 되는 건지. 기가 찰 노릇이다.

사람으로 태어났다고 해서 단번에 성숙한 인간이 되는 것은 아니듯이, 날마다 주의 자비를 맛보면서 매번 용서하는 연습을 하지 않으면 안 된다는 것을 절실히 깨닫는다. 주기도문을 항상 읊조려야 하는 까닭은 우리가 항상 용서받고 용서하지 않으면 안 될 존재이기 때문이다. 에서의 족보를 야곱 이야기 맨 마지막에 배치함으로 우리는 두고두고 기억해야 한다. 내 인생에 에서와 같은 원수는 언제든 있다는 사실, 그리고 원수의 얼굴에서 하나님의 얼굴을 만나지 않고서는 하나님께 이를 길이 없으며, 내 인생의 성숙도 가능하지 않다는 사실을 말이다.

나그네 여정은 한걸음에 다다를 수 없다. 즉, 단번에 완성되지 않는다. 다시 벧엘로 올라가 새로운 이름을 부여받은 것은 야곱이 이스라엘 되는 것이 한방에 끝나지 않는다는 진리를 상기시킨다. 얍복강 나루터의 하룻밤 씨름이 야곱을 단번에 바꾸지는 못했다. 하나님은 긴 시간 동안 반복적으로 야곱의 인격을 조련하고 담금질하신다. 야곱의 생애를 보면, 그는 참 속물적 인간이면서도 거룩한 인간이다. 질길 정도로 잘 변하지 않지만, 그래도 조금씩, 아주 조금씩 변했다. 그가 변하지 않는 모습에서 위로를, 그가 조금씩 변해가는 모습에서 소망을 얻는다. 야곱 같은 우리, 야곱보다 못한 우리, 야곱보다 더한 우리에게도 위로와 소망이 있다.

에필로그

최후 승리를 얻기까지

야곱이 바로에게 대답하였다. "이 세상을 떠돌아다닌 햇수가 백 년 하고도 삼십 년입니다. 저의 조상들이 세상을 떠돌던 햇수에 비하면, 제가 누린 햇수는 얼마 되지 않지만, 험악한 세월을 보냈습니다." 야곱이 다시 바로에게 축복하고, 그 앞에서 물러났다.

_창세기 47장 9-10절

창세기 47장 7-10절

인생_ 아, 험악한 세월!

"아, 내 나이 백삼십이올시다."

바로가 나이를 묻자, 야곱은 뜬금없이 지난 삶을 술회한다. "이 세상을 떠돌아다닌 햇수가 백 년 하고도 삼십 년입니다. 저의 조상들이 세상을 떠돌던 햇수에 비하면, 제가 누린 햇수는 얼마 되지 않지만, 험악한 세월을 보냈습니다"(47:9). 인생 험악했다? 지금 시각으로 보면 130년 살았으면 장수를 누렸고, 원한 것을 모두 손에 넣었으니 어찌 불행하다 할까. 장자권, 아버지의 축복, 라헬과의 결혼, 많은 자식과 재물에 이르기까지 하나님이 약속하시고, 그가 간구한 모든 축복을 다 받았다. 그런데도 "험악하다"(새번역, 개역개정), "궂은 일"(공동번역), "불행"(가톨릭성경), "고통스럽다"(쉬운성경)와 같은 단어를 사용하여 인생을 회고해야 할 정도인가?

이면을 들여다보면 고달픈 나날이었다. 원하는 것을 얻었지만, 원치 않은 것도 함께 얻었다. 형을 속이고 아버지를 기만하여 결국 장자권을 쟁취했지만, 형의 살의를 피해 도망가야 했고, 사랑하는 어머니를 다시는 만나지 못했고, 외삼촌 라반의 집에 얹혀살며 라반에게 시달려야 했다. 라헬을 얻었지만 레아와 결혼해야 했고, 두 아내의 끝없는 갈등에 시달렸다. 라반의 집에서 엄청난 부자가 되었지만, 또다시 살기 위해 도망쳐야 했다. 하나님께 이스라엘이라는 새 이름을 얻었지만, 대신 환도뼈를 잃고 평생 절룩거려야 했다. 베냐민의 탄생과 더불어 사랑하는 라헬을 잃었다. 많은 자식을 낳았지만, 자녀들 사이의 불화로 요셉을 잃은 줄 알고 살았다. 세겜 지방 사람을 집단 살해했고, 아들이 소실과 간통하는 일까지 생겼다. 이렇듯, 그의 생은 험난한 시련과 투쟁의 연속이었다. 잠시 기쁨을 누리는가 하면, 곧 이어 시련이 닥쳤다. 고통과 불행의 연속이었다. 그러니 험악했다 할 만하다.

    그러면 왜 야곱의 인생은 험악했는가? 우선, 인생 자체가 고통이기 때문이다. 고통 없는 인생은 없다. 인간으로 태어난 이상, 고통을 피할 수 없다. 비슷하기는 하나 무엇 하나 똑같은 것이 없는 인생을 엮어주는 한 가지 공통된 핵심어가 고통이다. 인간이란 다름 아닌 고통 받는 존재다. 그리하여 인생, 단 하나의 물음이 있으니, 바로 고통이다. 모든 사람이 예외 없이 고통을 당하기에 한 사람도 빠짐없이 묻는다. 왜 내게 고통이 있는가? 그리고 언제까지 고통을 당해야 하는가? 왜 착한 사람이 눈물짓고, 악한 사람은 늘 잘 되는가? 하나님의 아들 예수 그리스도께서도 십자가에서 물었다. 왜 내가 버림 받아야 하는가?

    고통이라는 눈금만으로 인생을 본다면, 역사의 진보니, 생물의 진화니, 문명의 발전이니 하는 거창한 말들은 한갓 헛된 수고에 지나지 않는다. 아프게 만드는 것들의 모양과 형태만 달라졌을 뿐, 아프다는 사실 자체에는 아무런 변화가 없기 때문이다. 그래서 고통이 없다면 구원의 필요성도 없을 테고, 자연히 종교도 더 이상 존재할 이유가 없다. 구원은 구원받아야 할 필연적 상황을 전제로 한 것인데, 그 상황이란 죄, 악, 고통 따위들이다. 그렇기 때문에 고통이 없다면 적어도 구원의 필요성도 많이 약화될 것이고, 종교가 존재하더라도 지금과는 그 형태가 많이 다를 것이다.

뿐만 아니라 인생도 달라졌을 것이다. 인생은 고난이다. 하여, 고난이 없으면 인생도 없다. 역으로 말하면, 고난이 있기에 종교가 있고 인생의 의미도 있다. 고난을 어떻게 대처하느냐가 인생을 좌우한다. 어찌되었건, 야곱 또한 한 인간이라는 점에서 고통의 격랑 속에서 살 수밖에 없다.

그러나 야곱의 일생에는 단지 그가 인간이라는 이름만으로 설명할 수 없는 그만의 고난이 있었다. 그의 남다른 고통은 목적과 수단의 괴리에서 생겨났다. 예수님이 광야에서 받은 유혹의 본질도 따지고 보면 방법의 문제다. 마귀도 안다, 예수가 하나님의 아들이라는 사실을. 다만 마귀는 높디높은 성전에서 뛰어내려도 무사한 이적을 보여서 신성을 입증하라고 꼬드긴다. 어차피 하나님의 아들이라는 사실은 일점도 변하지 않는다. 그러나 예수님은 단호하게 거절하신다. 그분은 성전에서 뛰어내리는 쇼를 하시지 않는다.

그분은 그냥 십자가에 매달리셨다. 아버지를 향해 왜 그러시느냐고, 꼭 이 방법 밖에 없느냐고 거친 질문을 던지면서도, 사람들의 온갖 조롱과 멸시를 감내하면서도 그냥 계셨다. 피조물 전체를 구속하시려는 하나님의 뜻은 하나님의 방법에 의해서 이루어져야 한다고 확신했기 때문이다.

우리가 대적해야 할 대상은 마귀의 방법이다. 마귀는 하나님의 뜻에 명백히 반하는 것으로 우리를 유혹하지 않는다. 애매모호한 경계에 서 있는 지점, 곧 대의의 정당성에 기대어 수단의 정당화를 꾀하는 것이 바로 마귀의 본질이자 방법이다. 예배가 쇼가 되고, 전도가 마케팅이 되고, 목사가 CEO가 되고, 목회가 경영이 되고, 교회가 기업이 되고 있다. 우리는 목적과 수단이 전도된 모습을 보고 있고, 목적 달성이라면 어떤 수단이든 환영한다. 방법이 목적에 부합한지를 묻지 않는다.

또한 야곱의 파란만장한 삶은 그의 이중적 욕망에서 기인한다. 송봉모 신부는 야곱의 삶이 험난한 이유를 통합되지 못한 것, 즉 영과 육의 대립에서 찾는다.

> 야곱의 생애를 결정짓는 특징 하나는 둘로 분리되어 갈등 대립하는 것이다. …… 둘로 분리된다는 것은 둘 사이에 대립과 갈등이 존재한다는 것이다. 그러기에 야곱의 삶은 한평생 대립과 갈등으로 일관되었고 그만큼 불안하고 곤고한 삶이 될 수밖에 없었던 것이다.[1]

신성한 벧엘이나 브니엘에서조차도 야곱은 이중적 행태를 보였다. 그러면서도 그는 거룩한 척, 티내지 않는다. 오히려 감추지 않는 솔직함이랄까, 거친 면이 야곱다운 맛이요 멋이다.

야곱이 통합되지 못해 영과 육이 싸움을 하는 통에 고단하게 살 수밖에 없었다는 것은 반쪽 진실이다. 이중성이 잘 통합된 경우는 다윗이다. 우리는 다윗에게서 아름답다는 감탄이 나올 정도로 영성과 정치가 통일된 모습을 본다. 자신을 죽이려는 사울을 대하는 다윗의 모습이 그렇다. 그런 점에서 야곱이 온전한 품성을 도야하지 못했기에 거친 인생을 살았다는 것은 일리 있는 말이다. 그러나 우리는 다윗이 아니다. 야곱은 야곱일 뿐 다윗이 아니다. 바로 그 때문에 야곱은 야곱이고, 하나님의 축복을 받았으며, 믿음의 가문을 계승하고, 이스라엘 공동체의 시조가 되었다.

나는 순수한 야망과 더러운 욕망이 내 안에 공존하는 것을 본다. 평생 목사로서 하나님 나라와 의를 구하는 일을 위해 살고자 하는 순수한 꿈이 있다. 그렇지만 수천, 수만의 청중 앞에서 설교하는 폼 나는 목사가 되고 싶고, 내가 쓴 책이 대박 났으면 하는 바람에 조바심이 난다. 성도 한 사람 한 사람의 내면과 영혼을 위해 기도하며 운다. 소중하고 아름다운 사람들인데, 기도를 부탁하면 내 일인 양 힘들고 아프다. 그렇지만 성도를 위한 기도나 눈물보다 교인수가 적다는 것 때문에 더 많이 기도하고 운다. 나는 그런 못되고 못난 목사다.

그래서 야곱을 그렇게 보는 건지, 야곱이 그러하기에 내 그런 모습이 두드러지게 보이는 건지 모르겠다. 나는 이중적인 내 모습 때문에 퍽 힘들고 무척 싫다. 그래도 감사한다. 그렇게라도 기도하게 되니까 말이다. 그렇지 않으면 훨씬 적게 기도했을 것이다. 문제는 우선성이다. 세상의 일용할 양식을 구하는 것은 주기도문의 한 축이고, 기도하게 만드는 핵심 동인이다. 다만, 주기도문에서도 하나님의 뜻과 나라를 구하는 것이 내 일용할 양식을 구하는 것에 선행한다. 그것을 먼저 간청할 때에 우리가 구하는 "이 모든 것을 너희에게 더하여 주실 것이다"(마 6:33).

내 이중성이 본회퍼의 것에 어찌 견주랴마는, 그도 자신의 이중적 모습에 예민하다.[2] 그래서인지 자신이 누구인지 헷갈려 한다. 사람들이 보기에 성문을 드나드는 성주인 양 감방을 드나들며 간수들과 대화하는 모습은 누가 죄수인지 모를 정도고, 명랑한 모습은 불행한 나날을 잘 극복하는 것처럼 보인다. 그렇지만 내면은 다르다. 약혼자와 가족, 친구들이 그립고, 세상일에 분노하며, 작은 일에도 의기소침하다. 그는 묻는다. 도대체 어떤 것이 진실한 자기 모습인지. "오늘은 이런 사람이고 내일은 다른 사람인가? 양자가 동시에 나일까?"

그의 최종 결론은 이렇다. "내가 어떤 사람이건, 오 하나님, 당신은 나를 아십니다. 나는 당신의 것입니다." 분열된 자아, 끊임없이 불안하게 흔들리며 도달한 본회퍼의 대답은 하나님이 자신을 아신다는 것이다. 그리고 그런 자신도 다름 아닌 하나님의 것이라는 인식에서 위로를 얻는다. 그런 이중적 모습에 환멸을 느끼지만, 동시에 그런 자신을 이미 알고 계신다는 믿음, 그리고 알고 계신 분이 자신을 받아주신다는 믿음이 본회퍼가 승리한 원천이다. 나는(아마도 야곱도 그러하리라 믿는다) 역겨운 이중적 내 모습이 정말 싫다. 그래서 인생 고달프고 험난하지만, 그런 나를 있는 그대로 받아주시는 하나님으로 인해 다시 일어선다. 그것이 인생이다.

은혜_ 엇갈린 손! 엇갈린 선택!

야곱이 나이 들어 병들었다. 소식을 들은 요셉은 두 아들, 므낫세와 에브라임을 데리고 아버지를 방문한다. 이때 야곱은 요셉의 두 아들, 곧 손자를 자기 아들로 삼는다. 이는 요셉이 야곱의 장자라는 뜻이다. 본시 이스라엘 법은 장자가 차자에 비해 두 배의 몫을 받도록 규정하고 있다. 형제가 둘이면 삼등분해서 둘은 장남이, 나머지 하나는 둘째가 갖는다. 그래서 요셉이 한 지파가 되지 않고, 두 아들이 각각 한 지파가 되어 두 지파를 이룬 것이다. 그래서 열두 지파에는 요셉 지파가 없고, 므낫세 지파와 에브라임 지파가 있다.

요셉은 므낫세와 에브라임을 아버지 앞으로 데리고 가 축복을 받는다. 아버지의 오른손이 첫째 아들 므낫세의 머리에 얹도록 하고, 둘째 에브라임은 왼편에 세운다. 그런데 야곱은 손을 엇갈려서 내민다. 오른손을 둘째인 에브라임의 머리에, 왼손을 첫째인 므낫세 머리 위에 올린다. 축복 내용도 에브라임이 형보다 더 많이 받는다는 것이다. 못마땅하게 여긴 요셉의 항의에도 아랑곳하지 않고 야곱은 선언한다. 므낫세도 큰 복을 받겠지만, 아우인 에브라임이 더 크게 될 것이다. 첫째가 둘째 되고, 둘째가 첫째 되는 일이 또다시 반복된다.

야곱의 이런 행동은 심리적 투사로 볼 수도 있다. 장자로 태어나지 못한 설움이 쌓여 한(恨)이 되었을 법한 야곱은 둘째로 태어난 에브라임의 심정을 속속들이 알고 있었을 것이다. 그 한이 너무 많아 은연중에 첫째라 불리는 것에 거부감을 느끼고, 둘째라면 그저 편드는 편애가 있었는지 모른다. 그 옛날 자신이 한창 젊었던 시절, 속에서 들들 끓던 열정과 비슷한 열망을 에브라임 속에서 봤는지도 모른다. 나이가 들면 지혜가 생겨 사람을 보면 안다.

그러나 이것이야말로 현대인의 자기 투사일 뿐이다. 첫째, 야곱이 에브라임을 앞세우는 대목에서 성경은 일관되게 야곱을 야곱의 새 이름, 이스라엘로 부른다. 한 노인의 지혜나 심리적 투사가 아니란 뜻이다. 둘째, 야곱 자신도 손을 반대로 올렸다는 것을 명확히 인식하고 있다. "나도 안다. 내 아들아, 나도 안다"(48:19). "눈먼 이삭의 경우는 속임수로 둘째를 축복하였다면, 이번 경우 눈먼 야곱은 동생 에브라임을 축복하기 위해 의도적으로 선택한다."[3] 야곱은 의도를 갖고 행동했다. 무의식적으로 행한 것이 아니다.

무엇보다도 결정적인 것은 히브리서의 증언이다. "야곱은 죽을 때에, 믿음으로 요셉의 아들들을 하나하나 축복해 주고, 그의 지팡이를 짚고 서서, 하나님께 경배를 드렸습니다"(히 11:21). 열두 아들 모두를 축복한 사건이 아니라 요셉의 두 아들을 축복한 사건을 히브리서는 믿음으로 한 행동으로 판정한다. 놀랍지 않은가? 야곱의 일생에 벌어진 많고 많은 사건 가운데 히브리서는 야곱이 믿음으로 행한 대표로 유독 이 사건을 지목한다. 그렇다면, 형제의 순서가 뒤바뀐 것도 믿음으로 한 행동임이 틀림없다.

그러면 우리는 다시 물어야 한다. "왜 야곱은 두 형제의 순서를 바꾸었는가?"에서 "왜 순서를 바꾼 것이 믿음의 행동인가?"라고 말이다. 그리스인들이 어리석게 여기고 유대인인 요셉이 못마땅하게 여긴 것에서 보듯 거리낄 만한 행동이다. 그렇더라도 성경의 세계에서는 순서가 뒤바뀌는 경우가 비일비재하다. 가인과 아벨, 이스마엘과 이삭, 에서와 야곱, 에브라임과 므낫세, 사울과 다윗, 마리아의 노래, 고린도 교회의 성도. 이들은 하나님이 기존 질서를 뒤집어엎는다는 것을 증언한다.

이것이 의미하는 바는 두 가지다. 우리 인생에는 결정된 것이 없다!

"어쩔 수 없는 숙명이라는 말은 무신론자나 하는 말입니다." 존경받는 독일의 전 대통령 요하네스 라우의 말이다. 인생은 쓰여 있는 것이 아니라 써나가는 것이다. 인생은 결정된 것이 아니라 결정하는 것이다. 지금 내 삶은 지금까지 내가 내린 선택의 결과고, 앞으로의 내 인생은 지금부터 내릴 선택의 열매다.

하나님은 생물학적 질서상 작은 자를 더 크게 번성시키셔서 장자보다 앞세우신다. 체제 전복적 축복이다. 이것은 세상의 모든 큰 자가 누릴 기득권이 영속적으로 보장된 것이 아니며, 하나님의 우발적이고 자유의지적인 결정이 인습이나 관습보다 더 중요함을 보여준다. 하나님의 축복은 자연적 혈통의 이름으로 오지 않고 오직 하나님의 자유로운 선택을 통하여 오기 때문에 누구도 자랑할 수 없다.

인생에는 결정된 것이 없다는 증거를 구약과 신약에서 하나씩 찾아보자. 우선 야곱의 열두 아들 축복에도 나타난다. 잇사갈 지파는 기름진 좋은 땅을 축복으로 약속받지만, 게으름과 소극적 대처로 가나안의 노예가 되기도 한다.

> 잇사갈은 안장 사이에 웅크린, 뼈만 남은 나귀 같을 것이다. 살기에 편한 곳을 보거나, 안락한 땅을 만나면, 어깨를 들이밀어서 짐이나 지고, 압제를 받으며, 섬기는 노예가 될 것이다(49:14-15).

유다와 요셉 지파는 산악 지대지만, 더 큰 풍요를 누린다. 베냐민 지파는 막내로 귀염을 받고, 그러면서도 큰 형들이 자기 형 요셉을 죽이고 노예로 파는 일련의 사건을 경험하면서 받은 충격 때문인지 상당히 호전적이다. 그래서 야곱은 베냐민을 "물어뜯는 이리"라고 했다(49:27). 드보라가 가나안 왕 야빈과 그의 군대 시스라를 몰아낼 때 베냐민 지파의 활약은 대단했다. 해서, 드보라는 베냐민을 한껏 추켜세운다(삿 5:14). 그러나 레위 사람의 첩을 죽인 일로 전 이스라엘 지파와 싸우기를 마다하지 않는다(삿 19-21장).

이번에는 신약 차례다. 바울은 왜 하나님이 헤아릴 수 없는 축복과 특권을 부여받은 이스라엘 백성 대신 교회를 새 이스라엘로 삼으셨는지를 로마서 9-11장에서 설명한다. 그 선택은 한편으로 하나님의 전적인 주권인 동시에 자비로운 은혜다. 그러면서도 인간의 자유를 봉쇄하지 않는다. 하나님이 이스라엘을 선택한 것은 이스라엘의 행동이나 모습과는 아무 상관없으니 그저 은혜다. 하나님이 이스라엘 백성 가운데 아직도 남은 자를 남겨놓으시고 구원하신다는 점에서 선택은 변덕이 아니며, 지금도 유효하다.

하나님의 선택은 인간의 자유, 곧 어떤 선택을 하더라도 무의미하게끔 만드는 결정이 아니다. 이스라엘 백성이라도 에서처럼 하나님의 은혜를 저버리며 목이 곧은 백성으로 교만하고 하나님의 축복을 소중히 여기지 않는다면, 하나님의 인자하심을 받은 것이 도리어 준엄한 심판의 근거가 된다(롬 11:22). 바울은 그들 대신 선택받은 신약 교회도 교만하고 우쭐대면 동일한 운명에 처하게 될 것이라고 경고한다. 구원은 은혜로 받는 것이지 결정된 것이 아니다. 이스라엘을 대신하여 교회를 선택했듯이, 언제든 교회도 이스라엘이 될 수 있다. 이것이 바울이 경고한 바의 요체다.

야곱의 엇갈린 손에서 성경적 세계관의 둘째 차원을 볼 차례다. 하나님의 은혜다. 은혜라는 단어가 무척 식상하게 들리고, 이런 대목에서 은혜를 들먹이면 불편하다. 야곱을 에서 대신 선택한 것이 어찌 은혜란 말인가? 편애나 편견을 은혜라는 거룩한 이름으로 정당화하려는 것 같아 영 찜찜하다. 게다가 에서의 실수는 작은 것이지만, 야곱의 행동은 범죄에 가깝다. 그래서 성경은 에서를 도덕적으로 그리 막돼먹은 인간으로 묘사하지 않고, 야곱을 품성이 바른 도덕적 인간으로 그리지 않는다. 그런데도 하나님은 왜 자꾸 순서를 바꾸는가? 정해진 질서를 마구 뒤흔드시는 이유가 무엇인가?

그런 생각 이면에 이것이 하나님의 은혜와 선택, 축복을 하나님께 청구할 근거 자료가 된다고 여기는 심보가 자리한다. 그들은 하나님이 언제까지나 내 편이라고, 내가 무슨 짓을 하더라도 나를 응원할 것이라고 암묵적으로 생각한다. 이는 하나님을 우리가 조종하거나 통제할 수 있다는 말과 다르지 않다. 이야말로 하나님을 우상으로 전락시키는 짓이며, 유대주의자의 행위 구원에 저항하여 은혜 구원을 말한 바울의 투쟁을 무위로 돌리는 일이고, 중세 가톨릭의 공로 사상을 척결하고 오직 은혜만 주창한 개혁자들의 사상에 반하는 것이다.

또한 자기 자신을 에서라고 생각하기 때문이다. 자신의 당연한 권리를 빼앗긴 사람이라면 응당 분노하겠지만, 언감생심 꿈에서조차 기대할 수 없던 것을 양손에 받아든 사람이라면 감지덕지 모든 게 은혜다.

전 공정거래 위원장을 지낸 현 서울대 법대 권오승 교수가 하나님을 만난 이야기를 들어보면 은혜가 어떤 것인지 알게 된다. 안동의 작은 시골마을 출신인 그는 아무도 하라고 하지 않은 공부를 혼자 악착같이 하여 중학교에 진학하고, 입주과외를 하면서 서울에서 고등학교를 마쳐 재수 끝에 서울대학교에 합격했다. 이런 일련의 삶은 그로 하여금 인간이 제 스스로 노력하면 무엇이든 이룰 수 있다는 생각을 심어주었지만 한편으로는 노력한 만큼의 대가를 충분히 보상받지 못했다는 생각을 갖게 만들었다.

경희대학교에서 교편을 잡고 있던 그에게 모교인 서울대학교로 옮길 수 있는 기회가 왔으나 영 자신이 없었다. 하는 수 없이 하나님께 기도하기로 했다. 그리고 여자나 어린아이나 간다고 여긴 전교인 여름 수련회도 마지못해 참석했다. 하나님께 이직을 놓고 간절히 기도하는 처지에 그런 것도 가지 않는다는 것은 염치없는 일이라고 여겼기 때문이다. 해서, 참여하게 된 수련회에서 성경공부 인도까지 맡게 되었다.

정작 낭패는 여기서 생겼다. 마지막 날 성경공부는 인도자가 먼저 크든 작든 그동안 받은 은혜를 나누는 것이었다. 본인의 표현을 그대로 빌리자면 "현기증이 날 정도로 아찔했다." 그때까지 살아오면서 하나님께 받은 은혜가 하나도 없다고 생각했기 때문이다. 무릇 은혜란 공짜인데, 아무리 생각해 봐도 자신의 인생에서 공짜로 받은 것은 하나도 없는 것 같았기 때문이다. 공짜는커녕 노력에 대한 보상도 제대로 받지 못하고 있는 듯했다. 게다가 노력하지 않고도 노력한 사람 이상으로 잘 되는 사람은 수두룩해 보였다.

아무리 생각해도 은혜 받은 것이 없어 답답한 그는 작은 은혜라도 주셔서 간증할 수 있게 해달라고 기도했다. 교수로서 가르치는 것에 최선을 다하는 성격에 안동 권씨 35세손이라는 자부심까지 겹쳐 그날 성경공부를 허투루 인도하고 싶지 않았다. 그의 기도는 갈수록 더 절실하고 진실해졌다. 성경공부를 인도해야 하는 날, 새벽기도를 하던 중 하나님의 음성이 들렸다. "뭐, 은혜 받은 것이 없다고? 네가 태어나서 지금까지 살아온 것이 모두 하나님의 은혜인데, 뭐, 은혜 받은 것이 없다고?"

> 갑자기 지난 40여 년의 삶이 주마등처럼 뇌리를 스쳐가기 시작했다. 그 모습을 통하여 나는 지난날 삶의 고비마다 때로는 "운이 좋았다" 혹은 "정말 다행이다"라고 생각하고 지나쳤던 일들이 모두 하나님의 은혜였다는 사실을 깨닫게 되었다. 그것을 깨달은 후 얼마나 울었는지 모른다.[4]

거저 얻었다고 생각하면 감사하게 된다. 그러나 은혜를 은혜로 인식하지 못하고, 자신의 노력으로 달성한 것인 양 어깨에 힘을 줄 때, 감사는 사라진다. 장자니까 당연히 하나님의 축복을 받아야 한다고, 장자권을 떼놓은 당상쯤으로 여기는 이들은 심히 교만한 것이고, 은혜를 오독하는 것이다. 에서에게서 보듯이 소중하게 여기지 않다가 잃은 다음에야 앗아간 하나님과 야곱에게 심히 분노한다. 왜 그런가? 내 것이기 때문이다. 하나님의 거저 주시는 선물이 아니라 누구에게도 양보할 수 없는 권리요 특권이라 여기기 때문이다. 하여 "이스마엘이, 에서가, 그리고 야곱의 다른 아들들이 그랬듯이 하나님은 그들이 장자권에 대해 내세우는 주장을 무시하신다."[5]

성경신학자들은 창세기를 출애굽기 정황에서 읽어야 한다고 말한다. 나면서부터 죽을 때까지 억압받는 노예로 살아야 하는 서럽고 서러운 인생의 자리에서, 그리고 그런 못난 히브리인을 배타적으로 사랑하시는 하나님의 눈으로 창세기를 읽어야 한다. 애굽은 나면서부터 부여받은 인종, 민족, 성, 신분이 자동으로 결정되는 세계다. 애굽인은 히브리인을 학대하면서도 평생 떵떵거리며 잘 산다. 히브리인은 단지 히브리인이라는 것 하나만으로 아들을 강물에 던져야 하는 참담한 삶을 살았다.

이런 체계에 일말의 의문을 품는 것조차 허용되지 않는 제국의 질서에 히브리인들은 순응하지 않았다. 400년이라는 기나긴 시간을 애굽에서 지내면서도 동화되기를 거부했다. 흑인으로 태어났다는 단 한 가지 이유만으로 차별받기를 거부하고 피부색이 아니라 인격으로 평가받는 세상을 꿈꾼 마틴 루터 킹의 꿈은 창세기와 출애굽기, 곧 성경적 세계관의 연장선에 있다. 한 사람의 인생이 그가 하지 않은 것으로 전부 결정되는 세계관은 강자와 부자, 아니 더 정확히 말해 악인의 철학이다. 무슨 짓을 해도 용납되고 무슨 일을 해도 인정받지 못한다면, 그 사회는 몹시 병들고 나쁜 공동체다.

하나님은 어떠한 변경의 여지도 없이 우리 인생을 결정하는 분이 아니며, 그렇다고 우리가 움켜잡고 조종하거나 통제할 수 있는 우상도 아니다. 야곱은 운명에 안주하거나 운명을 곧이곧대로 받아들이지 않았다. 인생은 얼마든지 엇갈릴 수 있다는 상하도치의 세계관이 야곱의 세계관이자 성경의 정신을 천명한다. 그래서 자신의 운명을 하나님의 뜻 안에서 개척하고 닥치는 불행을 숙명으로 여기지 않고 창조적으로 도전하면 새로운 길을 열어갈 수 있다고 우리는 믿는다. 하나님의 축복은 순서대로 받는 게 아니다. 하나님은 한 사람이 서 있는 위치나 지위가 아니라 그의 중심과 성품을 보신다.

야곱은 그 비밀을 알고 있다. "나도 안다." 야곱의 엇갈린 손은 인생이란 정해진 순서가 아니라 엇갈림이라는 것을, 인간의 계획이 아니라 하나님의 은총이라는 것을 알고 있다고 말한다. 자신의 인생이 엇갈린 것, 그 모든 것이 하나님의 주권이요 은혜였음을 안다.

이제 나도 안다. 은혜 아닌 것이 없다는 것을. 바로 내가 은혜의 증거라는 것을. 그리고 내가 은혜의 증인이 되어야 한다는 것을.

사명_ 축복하는 자로

야곱을 읽는 열쇠는 단연 축복이다. 어떠한 수단과 방법을 동원해서라도 야곱이 쟁취하고자 한 것은 정녕 축복이다. 나면서부터 그랬고, 성장하고 장성한 다음에 빚어진 사건들도 복을 받아 형통한 사람이 되고자 하는 그의 집념 때문이다. 축복에 대한 갈망이 그의 삶을 이끌어 온 동력이고, 그의 삶을 꼬이게 만든 주범이며, 동시에 하나님께로 인도하고, 하나님과 동행하는 여정의 비밀이다. 하나님은 다른 방법으로 야곱을 인도하셨겠지만, 성경에서 보듯 야곱의 욕망을 통해 하나님은 야곱에게 역사하셨다.

야곱의 생애가 축복을 둘러싸고 벌어지는 일이라는 점이 극명하게 보이는 대목이 바로 그의 말년에 대한 기록이다. 요셉과 재회한 이후 그의 행적은 대부분 축복과 관련되어 있다. 애굽에 도착하여 바로를 만나 대화를 나누며 축복을 빌어준 것(47:7, 10), 요셉에게 자신을 이집트가 아니라 가나안 땅에 묻어달라고 부탁한 것(47:29-30), 그리고 에브라임과 므낫세를 축복해 주는 이야기(48장), 열두 아들을 그들의 장래와 관련하여 축복하는 장면(49장)이 이어진다. 그리고 50장은 그의 죽음과 장사, 마지막으로 요셉과 나머지 형제들의 용서와 화해, 요셉의 죽음과 장례를 담고 있다.

요셉과 관련된 것과 자신의 장지에 관한 것을 빼면, 나머지는 전부 축복을 빌어주는 이야기다. 바로를 축복하는 대목은 축복이라고 하기에는 미심쩍다. 황제나 왕을 만나 만세수를 빌어주는 것은 동양의 자연스러운 문화요 관습이다. 야곱이 바로에게 구체적으로 어떤 축복을 해주었는지 언급되지 않았기 때문에 그저 왕 앞에서 인사한 것으로 볼 여지가 많다. 몇몇 번역과 주석은 의례적인 인사나 경의를 표하는 것으로, 주요 영어와 우리말 번역 성경은 축복을 빌어준 것으로 되어 있다. 그러니까 야곱처럼 이 단어도 이중적 의미로 해석될 수 있다.

그렇지만 바로를 만난 다섯 형제는 축복을 빌어주었다는 것이 명시적으로 기록되어 있지 않다는 점, 면담 후 바로가 요셉의 지혜를 빌려 기근을 극복하고 번성한다는 내용이 전개되고 있다는 점, 축복하는 자를 축복하신다는 아브라함과의 언약(12:3), 그리고 야곱 생애 내내 축복을 갈망했다는 점에서 야곱이 바로를 축복한 것으로 볼 수도 있다. 설사 그것이 겉으로는 의례적인 인사였다 하더라도 성경의 시각은 그것을 도드라지게 부각시켜(야곱은 바로를 두 번이나 축복했다) 아브라함에게 주신 약속이 성취되고 있으며, 야곱 역시 축복하는 자가 되었음을 강조한다.

여기서 성경이 말하는 축복의 의미를 확인한다. 첫째, 축복이란 변화다. 내면의 변화다. 자기 밖의 어떤 것을 소유하여 자기 삶의 안전과 성취를 확보하는 것이 아니다. 얍복강에서 야곱은 에서의 위협에서 보호와 구원을 간청하였지만, 하나님에게서 돌아온 것은 그의 이름을 바꾸고 절뚝거리게 만드신 것이다. 야곱은 축복을 구했다. 하나님은 야곱을 변화시켰다. 그것이 그에게 축복이다. 하나님이 주시는 축복이다. 하나님은 야곱에게 새로운 정체성, 그러니까 야곱을 새로운 존재로 바꾸신 것이다. 진정한 축복은 하나님과의 만남이고, 그로 인한 자기 변화다. 벧엘과 브니엘에서 야곱을 만나주신 하나님이 그를 축복하셨지만, 그 축복의 이면과 행간을 읽어보면, 하나님을 만났다는 자체가 축복 중의 축복인 셈이다.

둘째, 축복은 받는 것이 아니라 주는 것이다. 이것은 진정한 하나님의 축복에 따른 변화의 결과이자 변화의 내용이기도 하다. 거저 받았으니 거저 주는 것(마 10:8), 받을 것을 기대하지 않고 기대조차 할 수 없는 이에게 주는 것(눅 14:14)이야말로 하나님의 은혜를 따라 사는 삶의 요점이다. 동시에 성경이 말하는 축복의 요체다. "복은 '버는 것'earned이 아니라 '받는 것'received이다. 이것이야말로 성경이 가르치고 있는 강력한 가르침들 중 하나가 아닌가!"[16] 축복은 은총의 산물이지 투쟁의 결과가 아니다.

성 프란시스코의 "평화의 기도"의 한 구절이다. "우리는 줌으로써 받고 용서함으로써 용서받으며 자기를 버리고 죽음으로써 영생을 얻기 때문입니다." 받기 위해 주는 것이 아니라 거저 받았으니 거저 주는 것이고, 그것이야말로 하나님께 축복받은 자의 모습이다. 야곱은 거저 주는 자로 변화되었다. 이동원 목사의 설명이다.

> 지금까지 야곱은 "받는 자"의 삶을 살았습니다. "빼앗는 자"의 삶을 살았습니다. 빼앗고 취하고 모으고 하는 것이 지금까지의 야곱의 삶의 모습이었습니다.

> 그러나 야곱은 어느 틈에 서서히 "주는 자"로 변신해 가기 시작한 것입니다. 그래서 말년에 이르자 그는 모든 것을 "베푸는 자"로 변화되었습니다.[7]

그러니까 야곱의 생애는 주는 것이 받는 것보다 복되다는 주님의 가르침을 깨달아가는 과정이고, 그 진리를 예증하는 삶이다. 사도 바울은 에베소 교회를 떠나면서 "주 예수께서 친히 '주는 것이 받는 것보다 더 복이 있다' 하신 말씀을 반드시 명심해야"(행 20:35) 한다고 신신당부하였다. 평생 잊지 말아야 할 주의 말씀이다.

셋째, 축복하는 것은 사명이다. 하나님은 아브라함을 특별히 부르셨다. 부르심의 목적은 아브라함 한 사람이나 그의 일가친척만 복을 받아 형통을 누리는 데 있지 않다. 이스라엘이 실패한 까닭도 사실 하나님의 축복을 배타적으로 이스라엘 자신에게만 적용하려고 한 데 있다. 요나는 자신이 심지도 수고하지도 않은 박 넝쿨의 시원함을 좌우를 분간치 못하는 사람 12만 명의 생명보다 소중히 여기다가 하나님께 혼쭐이 났다(욘 4:10-11).

하나님은 아브라함이 엄청 복 받은 자가 아니라, 복의 근원 되기를 원하셨다. 복의 근원이라 함은 복을 많이 받고, 그 복을 주는 통로가 된다는 뜻이다.

성경이 말하는 축복과 우리가 바라는 기복은 그리 다르지 않다. 내용은 같다. 영적이면서도 육적인 축복을 동시에 누리는 것이다. 다만, 방향과 목적이 다를 뿐이다. 축복은 하나님을 추구하지만, 기복은 재물을 지향한다. 나 하나 잘되겠다는 것이 기복이고, 모두 함께 잘되는 것은 축복이다. 내가 목적이면 기복이고, 하나님과 이웃이 목적이면 축복이다. 젊은 날 축복을 쟁취하기 위해 기만하던 야곱이 이제 축복의 원천이다. 그것도 그의 가족에 국한되지 않고 지상의 모든 가족에게 축복의 원천이 되었다. 야곱은 말년에서야 축복하는 자가 됨으로 자신을 부르신 하나님의 소명에 응답한 것이다.

마지막으로 축복하는 자로의 변화는 오래 걸린다. 아브라함도 그랬고, 요셉도 그랬고, 모세도 그랬고, 다윗도 그랬고, 베드로와 바울도 그랬다. 조금씩 다듬어진 것이다. 우리의 초점은 그렇게 잘 변하지 않는 하나님의 사람들과, 그런 사람들을 하나님의 일꾼으로 매만지는 하나님의 인자와 인내다. 특히 야곱은 오래 걸렸다. 정말 느리고 더디게 성장했다.

> 야곱은 새 성품(이스라엘)이 옛 성품(야곱)을 지배하도록 허용하기가 몹시 어려운 사람이었다. 그래서 그의 영적 성장은 매우 천천히 진보하고 있었다. 그의 옛 성품은 결코 근절되지 않았지만, 그가 이스라엘의 성품을 점점 더 많이 허용하고, 야곱의 성품을 점점 더 적게 허용함으로써, 새 성품은 서서히 옛 성품을 정복해 나갔다. 그러므로 야곱이 이스라엘로 변화되기 위하여 일어난 과정은 매우 서서히 이루어진 셈이다.[8]

야곱을 설교할 때 우리 교회 청중이 보인 반응은 각각 달랐다. 참으로 변하지 않는 야곱에게 위안을 얻은 성도, 야곱이 아주 서서히 변화되는 모습에서 은혜를 받은 성도, 야곱이 끝내 축복하는 자로 변화된 궁극의 모습을 보고 감동한 성도. 각자 처지에 따라 반응했을 것이고, 각자 필요에 따라 자신에게 적용했을 것이다.

그러나 세 가지를 전체적으로 봐야 야곱의 면모와 신앙의 실체, 인생의 진실을 파악한다. 동시에 강조점은 세 번째다. 야곱은 마침내 축복을 받았다. 야곱 인생의 마지막은 축복하는 것이다. 축복함으로써 야곱은 축복을 받은 것이다. 야곱은 인생의 승리자요, 사명의 성취자요, 축복의 전달자다.

"왜 야곱인가?"라는 질문으로 시작한 이 글을 또다시 "왜 야곱인가?"로 마무리할까 한다. 거룩한 척하지만 속물적인 야곱의 이중성, 은혜와 축복을 사모하면서도 세상적인 것에 마음을 두는 양다리의 대가, 여차하면 어떤 수단도 가리지 않는 모습, 질기게도 안 변하는 성격, 그래서 험악한 세월을 살아야 하는 야곱은 오늘 현대인의 전형과 비슷하다. 야곱은 나고, 나는 야곱이다.

내가 야곱이라면, 야곱의 하나님은 응당 나의 하나님이다. 버러지 같은 야곱을 더럽다, 나쁜 놈이다 하며 내팽개치지 않고 기다리는 하나님, 지지리 못나고 못된 놈을 포기하지 않고 끝내 이스라엘로 만드시는 전능한 하나님, 끝까지 인내하면서 야곱에게 희망을 걸고 온갖 사랑의 수고를 마다하지 않으신 하나님, 그분으로 인해 우리는 그 야곱이 된다.

그러기에 "야곱의 하나님이 우리의 피난처시다"(시 46:7). 내가 야곱 같은 인간이기에 야곱의 하나님이 좋고, 그분을 사랑한다. 야곱과 같은 이중적인 인간인 내게 단 하나의 희망은 야곱의 하나님이다. "야곱의 하나님을 자기의 도움으로 삼고 자기의 하나님이신 주님께 희망을 거는 사람은, 복이 있다"(시 146:5).

프롤로그

1. 김이곤, 「신의 약속은 파기될 수 없다」, 2판. 한국신학연구소, 2002, 154쪽.
2. J. M. 로흐만, 「그리스도냐, 프로메테우스냐?」, 손규태 옮김, 대한기독교서회, 1975, 19쪽.
3. 김진섭, "이삭-야곱에게 확장된 언약의 삼위일체적 복", 〈그말씀〉(2003, 2), 77쪽.
4. 마르바 던, "정사와 권세에 대항해 승리하라는 부르심," 유진 피터슨·마르바 던, 「껍데기 목회자는 가라」, 좋은 씨앗, 2000, 154-161쪽.

1장 출생의 비밀

1. 레슬리 뉴비긴, 「다원주의 사회에서의 복음」, 홍병룡 옮김, 개정판, IVP, 2007, 157쪽.
2. 같은 책, 168쪽.
3. Walter Brueggemann, *Genesis, Interpretation*(John Knox Press, 1982), 214쪽.
4. 스캇 펙, 「거짓의 사람들」, 윤종석 옮김, 비전과 리더십, 2003, 95쪽.
5. 천사무엘, 「창세기」, 대한기독교서회, 2001, 350쪽.
6. 빅터 프랭클, 「죽음의 수용소에서」, 이시형 옮김, 청아출판사, 2005, 120쪽.
7. 양용의, 「마태복음, 어떻게 읽을 것인가」, 성서유니온선교회, 2005, 200-201쪽.

2장 소중한 것을 먼저 하라

1. 스티븐 코비, 「소중한 것을 먼저 하라」, 김경섭 옮김, 김영사, 2002, 15-16쪽.
2. 송봉모, 「집념의 인간 야곱」, 바오로딸, 2002, 39쪽.
3. Bruce Waltke, *Genesis*(Grand Rapids: Zondervan, 2001), 364. 폴 스티븐스, 「내 이름은 야곱입니다」, 죠이선교회, 46쪽에서 재인용.
4. 스캇 펙, 「아직도 가야 할 길」, 신승철·이종만 옮김, 열음사, 2004, 21-33쪽.
5. Brueggemann, *Genesis*, 219쪽.

6. 필립 얀시, 「놀라운 하나님의 은혜」, 윤종석 옮김, IVP, 1999, 68쪽.

3장 축복을 탈취하다
1. 박철수, 「축복의 혁명」, 뉴스앤조이, 2007, 17-19쪽. 다른 두 가지는 성령론과 이원론이다.
2. 데오도르 에프, 「야곱: 하나님과 씨름하여 이긴 사람」, 정창균 옮김, 바울서신사, 1995, 47쪽.
3. Gordon Wenham, *Genesis 16-50*, 216쪽.
4. 송봉모, 「집념의 인간 야곱」, 54-55쪽.

4장 벧엘에서
1. 권정생, 「우리들의 하느님」, 개정증보판, 녹색평론사, 2008, 20쪽.
2. 김홍전, 「하나님의 백성 3: 이삭, 야곱, 요셉」, 성약출판사, 2000, 104쪽.

5장 사랑과 노동
1. 리처드 포스터, 「돈 섹스 권력」, 김영호 옮김, 두란노, 2003, 27쪽.
2. 도로테 죌레, 「사랑과 노동」, 박재순 옮김, 한국신학연구소, 1987, 12쪽.
3. Wenham, *Genesis 16-50*, 235쪽.
4. 정민, 「다산선생 지식 경영법」, 김영사, 2006, 493쪽.
5. Wenham, *Genesis 16-50*, 277쪽.

6장 하란에서 보낸 스무 해
1. 송봉모, 「집념의 인간 야곱」, 133쪽.
2. 스티브 도나휴, 「사막을 건너는 여섯 가지 방법」, 고상숙 옮김, 김영사, 2005, 113쪽.
3. 에프, 「야곱: 하나님과 씨름하여 이긴 사람」, 68쪽.
4. 월터 윙크, 「사탄의 체제와 예수의 비폭력」, 한성수 옮김, 한국기독교연구소, 2009, 417쪽.
5. 김기현, 「하박국, 고통을 노래하다」, 복 있는 사람, 2008, 210-213쪽.

6. 제임스 패커 외, 「광야의 은혜」, 이용복 옮김, 규장, 2002, 191쪽.

7장 얍복강에서

1. Jean Calvin, *Commentaries on the First Book of Moses, Called Genesis*, Translated by John King(Grand Rapids: Eerdmans, 1948), 190쪽. 류호준, "피치 못할 두 가지 만남," 〈그 말씀〉, 165호(2003. 3), 30쪽에서 재인용.
2. Brueggemann, *Genesis*, 263쪽.
3. 성 어거스틴, 「고백록」, 선한용 옮김, 대한기독교서회, 2003, 10권 33장 50절.
4. 한완상, 「예수 없는 예수교회」, 김영사, 2008, 272쪽.

8장 하나님의 얼굴

1. 맥스 루케이도, 「예수님처럼」, 윤종석 옮김, 복있는사람, 2003, 3판, 93-94쪽.
2. 디트리히 본회퍼, 「신도의 공동생활」, 문익환 옮김, 대한기독교서회, 1964, 17쪽.
3. 김회권, 「하나님 나라 신학의 관점에서 읽는 모세 오경 1」, 대한기독교서회, 2005, 169쪽.
4. 윙크, 「사탄의 체제와 예수의 비폭력」, 401쪽.
5. 루이스 스미디즈, 「용서의 미학: 어떻게 용서해야 할지 모를 때」, 이여진 옮김, 이레서원, 2005, 51쪽.
6. Wenham, *Genesis 16-50*, 298쪽.
7. 송봉모, 「집념의 인간 야곱」, 207쪽.
8. Wenham, *Genesis 16-50*, 351쪽.
9. 루케이도, 「예수님처럼」, 15쪽.

9장 열정과 실용 너머

1. 스티븐스, 「내 이름은 야곱입니다」, 192-193쪽에서 재인용.
2. Wenham, *Genesis 16-50*, 310쪽.

10장 내 나그네 길의 세월

1. Wenham, *Genesis 16-50*, 322쪽.

2. 김회권, 「하나님 나라 신학의 관점에서 읽는 모세 오경 1」, 174쪽.
3. 김기현, 「예배, 인생 최고의 가치」, 죠이선교회, 2009, 54쪽.
4. 월터 브루그만, 「성경이 말하는 땅」, 정진원 옮김, 기독교문서선교회, 2005, 26쪽.
5. C. S. 루이스, 「헤아려 본 슬픔」, 강유나 옮김, 홍성사, 2004, 52, 33, 46쪽.
6. 헨리 나우웬, 「춤추시는 하나님」, 윤종석 옮김, 두란노, 2002, 43쪽.
7. 스캇 펙, 「끝나지 않은 여행」, 김영범 옮김, 열음사, 2007, 57, 75쪽.
8. 김회권, 「하나님 나라 신학의 관점에서 읽는 모세 오경 1」, 178쪽.
9. 헨리 나우웬, 「영적 발돋움」, 이상미 옮김, 두란노, 1998, 76쪽.

에필로그
1. 송봉모, 「집념의 인간 야곱」, 254-255쪽.
2. 에버하르트 베트게, 「디트리히 본회퍼의 옥중서간」, 고범서 옮김, 대한기독교서회, 1967, 224-225쪽.
3. Wenham, *Genesis 16-50*, 465쪽.
4. 권오승, 「법으로 사랑하다」, 홍성사, 2010, 84쪽.
5. Brueggemann, *Genesis*, 364쪽.
6. 류호준, "피치 못할 두 가지 만남," 〈그 말씀〉, 165호(2003. 3), 32쪽.
7. 이동원, 「이삭, 야곱, 요셉: 첫 믿음의 계승자들」, 나침반, 1989, 158쪽.
8. 에프, 「야곱: 하나님과 씨름하여 이긴 사람」, 187쪽.

JACOB's DNA

너 지렁이 같은 야곱아, 벌레 같은 이스라엘아, 두려워하지 말아라. 주님께서 말씀하시기를 '내가 너를 돕겠다. 나 이스라엘의 거룩한 하나님이 너를 속량한다'고 하셨다.   _이사야 41장 14절

내 안의 야곱DNA

초판 발행	2011년 2월 21일
2판 2쇄	2024년 2월 25일
지은이	김기현
발행인	손창남
발행처	(주)죠이북스(등록 2022. 12. 27. 제2022-000070호)
주소	02576 서울시 동대문구 왕산로19바길 33, 1층
전화	(02) 925-0451(대표 전화)
	(02) 929-3655(영업팀)
팩스	(02) 923-3016
인쇄소	송현문화
판권소유	ⓒ(주)죠이북스
ISBN	979-11-93507-09-4 03230

책값은 뒤표지에 있습니다.
잘못된 도서는 교환하여 드립니다.
이 책 내용을 허락 없이 옮겨 사용할 수 없습니다.